WESTEND

MARKUS KOMPA

Innere
Unsicherheit

WESTEND *CRIME*

Eine Übersicht über staatliche Organisationen und Ämter,
die in diesem Roman vorkommen, finden Sie am Ende des Buches.

Mehr über unsere Autoren und Bücher:
www.westendverlag.de

Die Deutsche Nationalbibliothek verzeichnet diese Publikation in
der Deutschen Nationalbibliografie; detaillierte bibliografische Daten
sind im Internet über http://dnb.d-nb.de abrufbar.

ISBN 978-3-86489-283-7
© Westend Verlag GmbH, Frankfurt/Main 2020
Umschlag: Buchgut, Berlin
Satz: Publikations Atelier, Dreieich
Druck und Bindung: CPI – Clausen & Bosse, Leck
Printed in Germany

1

»Ich freue mich, dass Sie meine etwas kurzfristige Einladung angenommen haben. Auf Ihr Wohl, liebe Ellen!« Der ergraute Mann mit dem Menjoubärtchen erhob mit einem freundlichen Lächeln das Glas in Richtung seiner ein Vierteljahrhundert jüngeren Besucherin. Ellen erwiderte mit ihrer charmantesten Mimik, als ob sich das Paar zu einem privaten Anlass träfe. Der Privatkoch servierte beiden sensationell geratenes Lammfleisch, wies auf den bereitgestellten Nachtisch hin und zog sich zurück. Niemand würde das diskrete Gespräch in der im Wald gelegenen Villa belauschen, erst recht nicht die von Arno Breker gefertigten Statuen, die draußen in der Sommernacht den angelegten Teich säumten. Die Männer, die in den benachbarten Gebäuden auf dem hermetisch abgeschirmten Gelände rund um die Uhr professionell Gespräche aus aller Welt abhörten, verfolgten andere Zielpersonen.

Zuletzt Ende der 1960er Jahre hatten es etablierte Mitarbeiter des Bundesnachrichtendienstes (BND) gewagt, ihren eigenen Präsidenten hier in dessen Dienstvilla in München-Pullach abzuhören. Damals hatte das mit Willy Brandt neu besetzte Bundeskanzleramt den erzkonservativen Spionen einen neuen Chef von außen verordnet. BND-Präsident Jens Fricke allerdings genoss bei seinen Leuten großen Rückhalt. Der alte Fuchs hatte sogar die Snowden-Affäre überstanden, die den BND bei der Bevölkerung Ansehen wie Vertrauen gekostet hatte. Der großväterliche Kavalier alter Schule hatte mit seinem charismatischen Auftreten, eleganten Maßanzügen und dank nachhaltiger Kontaktpflege zu einflussreichen Medienvertretern alle Klippen souverän umschifft.

Als Fricke seine Amtskollegin vom Inlandsgeheimdienst zu einer überraschenden Besprechung »wegen neuer Erkenntnisse über den Islamischen Staat« ausgerechnet für einen Samstagabend eingeladen hatte, war Ellen sofort klar, dass der wahre Anlass ein anderer sein würde. Während der Snowden-Enthüllungen vor drei Jahren hatte sich Fricke wegen der NSA-Verstrickung mit dem BND auf eine drohende Entlassung vorbereitet und Ellen diskret gebeten, sich für seine Nachfolge bereit zu halten. Damals wäre wegen der Empörung über den NSA-Skandal kein Bewerber aus dem BND politisch vermittelbar gewesen. Umgekehrt lag Fricke erkennbar daran, Kandidaten aus dem Bundeskanzleramt zu verhindern. Denn es war der ehrgeizige Kanzleramtsminister, der Deutschland unbedingt in den legendären »Five-Eyes-Club« bringen wollte, in dem die USA, Großbritannien, Kanada, Neuseeland und Australien ihre Erkenntnisse teilten. Doch der Verrat von Geheimnissen der eigenen Bürger an die US-Geheimdienste war in der Bevölkerung inzwischen nahezu vergessen. Bei den Bundestagswahlen hatte Datenschutz für die Wähler keine Rolle gespielt, ebenso wenig waren im deutschen Geheimdienst Köpfe gerollt. Die Medien wandten sich ohnehin wichtigeren Themen zu wie der Bundesliga und dem Dschungelcamp.

Aus der Tatsache, dass er Ellen an seinen repräsentativen Dienstsitz eingeladen hatte, war zu schließen, dass der Taktiker sie nach wie vor noch als Kronprinzessin in Betracht zog. Die Karrierebeamtin, die 2004 das Gemeinsame Terrorabwehrzentrum der deutschen Sicherheitsbehörden mit aufgebaut hatte, genoss als Behördenchefin des Bundesamts für Verfassungsschutz einen exzellenten Ruf. Vor einigen Jahren hatte sie die Leitung des ungeliebten Inlandsgeheimdienstes übernommen, als dieser den Tiefpunkt des öffentlichen Ansehens erreicht hatte. Das Bundesamt und die ostdeutschen Landesämter für Verfassungsschutz waren tief mit dem Nationalsozialistischen Untergrund (NSU) verstrickt und mauerten bei der Aufklärung. Die charismatische Dr. Ellen Strachwitz hatte es nicht nur mit Sachverstand geschafft, den stets unheimlichen Inlandsgeheimdienst im Rahmen des Möglichen in der Öffentlichkeit zu rehabilitieren. Erstmals seit Bestehen der umstrittenen Behörde nahm man diese dank ihrer telegenen Chefin in den Medien auch ab und zu positiv wahr.

Dennoch war Ellen im Verfassungsschutz selbst eine Fremde geblieben, was Fricke kaum entgangen war. Während das Überwachen der eigenen Bevölkerung als anrüchig galt, war die Leitung des für das Ausland zuständigen BND hingegen eine reizvollere Aufgabe. Die Koordination von geheimen Missionen in fremden Ländern war ungleich spannender als das Verwalten von heimischen Spitzeln. Der personalstärkste deutsche Nachrichtendienst baute gerade in Berlin das größte Bundesgebäude überhaupt und genoss in der Bevölkerung ein gewisses Prestige. Hier in Pullach, gleich neben dem Nobelviertel Grünwald, residierte der BND-Präsident in einer dreistöckigen Villa mit Holztäfelung und Kronleuchtern. Als einziger deutscher Beamter verfügte er sogar über einen Learjet, während selbst die Bundeskanzlerin sich die »Konrad Adenauer« mit anderen Spitzenbeamten teilen musste. Und er hatte Zugang zu mehr Geheimnissen als irgendjemand sonst im Staat. Selbst die Vorgesetzten im Bundeskanzleramt waren faktisch Bittsteller.

»Was gibt es denn so Neues vom Islamischen Staat?«, fragte Ellen mit dem für sie typisch ironischen Unterton. Fricke förderte einen USB-Stick aus seiner Tasche und schob ihn Ellen rüber. »Das hier sind neue Erkenntnisse der Partnerdienste. Sie können sie gerne auf dem Rückweg studieren. Mir geht es heute Abend nämlich mehr um den deutschen als um den islamischen Staat … Könnten Sie sich vorstellen, sich sehr kurzfristig beruflich zu verändern?«

Dass Fricke, ein leidenschaftlicher Schachspieler, so direkt auf seine Nachfolge zu sprechen käme, hatte Ellen nicht erwartet. Verlegen widmete sie sich zunächst ihrem Teller. »Ist das Thema denn noch aktuell? Der NSA-Skandal ist doch lange vorbei, und Sie haben bis zur Pension noch einige Jahre vor sich. Wer weiß, was dann sein wird?«

»Was ist, wenn ich Ihnen sage, dass mein Platz hier sehr bald frei wird?«

Ellen hatte keine Vorstellung, warum Fricke überraschend abtreten sollte, verkniff sich jedoch neugierige Fragen hierzu. Natürlich würde sie ein solches Angebot nicht ausschlagen, doch die

Realistin wusste nur zu gut, dass man im Leben nichts geschenkt bekam. Schon gar nicht die Leitung über 6 000 karrierebewusste Geheimdienstler. Ellen wollte zum Weinglas greifen, entschied sich aber im letzten Moment für Wasser. »Würde man denn im BND eine Frau an der Spitze akzeptieren? Hier in Pullach soll in gewisser Hinsicht ja die Zeit stehen geblieben sein, hört man so …« Genauer wollte Ellen nicht werden, schnippte aber spöttisch an einen ihrer silbernen Ohrhänger.

Fricke lächelte verlegen. »Ja, wir haben hier beim BND nach wie vor auf allen Ebenen viel zu viele delikate Disziplinarverfahren, weil den Herren der Schöpfung ihre Rolle häufig zu Kopf steigt. Sie wissen selbst, dass qualifiziertes Personal im Geheimdienst ungleich schwerer zu bekommen ist als neue Sekretärinnen. Aber Sie werden sich schon Autorität verschaffen. Immerhin haben Sie sehr erfolgreich den Verfassungsschutz geleitet. Eine Frau an der Spitze des BND würde wohl automatisch einige zum Umdenken bewegen. Ob Sie es glauben oder nicht, auch in diesem Haus hier gibt es einen Generationenwechsel. Und als leidenschaftliche Tangotänzerin sind Sie im Nahkampf mit Männern doch wohl mehr als geübt, oder?«

Ellen entschied sich bewusst undiplomatisch für den direkten Angriff. Hätte sie an diesem Abend eine Brille getragen, hätte sie die jetzt demonstrativ abgenommen. »Jens, ich frage mich, warum Sie mich wirklich für Ihre Nachfolge in Betracht ziehen.«

Statt einer Begründung schwieg sie Fricke provokant grinsend an. Gespannt wartete sie, welchen Kuhhandel der beste Präsident, den der BND je hatte, ihr antragen würde.

»Aber Ellen, das wissen Sie doch. Meine Vertrauten hier im BND sind gegenüber dem Bundeskanzleramt chancenlos, und von dort will man bei uns niemanden sehen. Sie hingegen haben schon einmal einen Geheimdienst aufgeräumt und werden dem BND etwas geben, was ihm so sehr fehlt: Glamour!« Ellen lächelte verlegen, ihr Schweigen und ihre Blicke verrieten jedoch, dass sie sich damit nicht abspeisen ließ. Fricke grinste diplomatisch zurück. »Na schön. Ich werde es Ihnen verraten, wenn Sie mir Ihre Zusage geben. Wenn man Sie in wenigen Tagen fragt, ob Sie mein Haus übernehmen werden, kann ich da mit Ihnen rechnen?«

Ellen griff nun doch zum Weinglas, um Fricke auf die Folter zu spannen. Vermutlich wusste der Schachspieler genau, dass sein Angebot eines baldigen Wechsels seinem Gegenüber mehr als gelegen kam. Schon einmal hatte Fricke einen Plan Ellens durchschaut, in einem politisch opportunen Moment den Schleudersitz beim Verfassungsschutz gegen das Amt der Innenministerin einzutauschen. Die Leitung von Deutschlands umstrittenster Behörde war ein undankbares Geschäft. Jahrelang hatte Ellen den Kopf für die Mitarbeiter hingehalten, die sich vor ihrer Zeit die Hände am NSU schmutzig gemacht hatten. Entweder war man der ungeliebte Spitzeldienst oder aber der Versager, wenn tatsächlich ein Terroranschlag passierte.

»Natürlich dürfen Sie mit mir rechnen!«

Zufrieden schenkte Fricke Wein nach. »Wir sehen im BND nicht nur ein Problem im Kanzleramt, sondern vor allem im Innenministerium. Schon seit Jahren versucht man dort, die Kontrolle über die Geheimdienste zu übernehmen. Wie Sie wissen, gab es zwischen Ihren Vorgängern und den Innenministern stets eine gewisse Distanz, insbesondere mit Schwerd. Obwohl das Innenministerium die vorgesetzte Behörde ist, war es Ihrem Haus stets gelungen, den Verfassungsschutz gegen jegliche Kontrolle von außen faktisch abzuschirmen. Als Ihr Vorgänger den Hut nahm, hätte der werte Herr Innenminister Schwerd die Stelle am liebsten mit einem eigenen Mann besetzt. Damit das nicht passiert, hatten wir uns damals für Sie eingesetzt. Formal gehörten Sie zum Innenministerium, sodass Schwerd schlecht etwas gegen Ihre Berücksichtigung sagen konnte. Und nun habe ich läuten hören, dass Schwerd jemanden für meine Nachfolge aufbauen will. Ich will jedoch mein Haus bestellt sehen, wenn ich es verlasse. Und für Schwerd-Fische ist darin kein Platz.«

»Jens, ich bin ein bisschen verwirrt. Wieso sollte jemand aus dem Innenministerium für die Leitung des Auslandsgeheimdienstes in Betracht gezogen werden?«

»Weil Schwerd ein Arschloch ist. Glauben Sie mir, er plant den BND mit einem Vertrauten zu besetzen, genau wie er es in seiner Partei gemacht hat. Seine langfristigen Ambitionen auf das Bundeskanzleramt sind ja kein Geheimnis. Ich weiß es ganz sicher, dass er die Dienste im Sack haben will und dass er sie für seine Zwecke missbrauchen wird. Sie trauen ihm ja auch nicht weiter, als Sie einen Kühlschrank werfen können. Aber ich werde ihm zuvorkommen. Aktuell sind seine Leute gebunden, auch der neue Koalitionspartner wird sich nicht die Butter vom Brot nehmen lassen. Ich werde dafür sorgen, dass die Kanzlerin die Stelle sofort neu besetzen und keine Zeit auf eine Nachfolgediskussion verschwenden wird. Wir werden Schwerd vor vollendete Tatsachen stellen, bevor er überhaupt Chancen für seine Spezis erkennt.«

»Wer ist denn ›wir‹?«

»Ein paar Geheimnisse werden Sie mir wohl lassen müssen.«

Ellen zog verschmitzt die Augenbrauen hoch. »Und wegen Ihrer Feindschaft mit Schwerd wollen Sie wirklich Ihre Karriere beenden?«

»Feindschaft? Dazu müsste Schwerd erst einmal wissen, dass ich sein Feind bin. Ich beabsichtige auch nicht, meine Karriere zu beenden. In ein paar Monaten geht unser Botschafter in Indien in Pension, ich habe gute Aussichten, ihn in seinem Amt zu beerben. In Indien wäre ich weit weg von Berlin. Mit unserer neuen Regierung werde ich wohl nicht wirklich warm werden, ich stamme aus einer anderen Zeit. Daher kommt mir ein baldiger kontrollierter Abgang gelegen. Bitte halten Sie sich bereit! Es wäre sehr ärgerlich, falls Sie dann etwa im Urlaub wären – so wie es Schwerd sein wird, wenn wir demnächst handeln …«

Ihr Schweigen verriet, dass sie noch immer nicht glaubte, dass Fricke ihr die spannendste Aufgabe im deutschen Staatsdienst ohne Gegenleistung zu Füßen legen würde.

»Eines aber müssen Sie mir versprechen: Wenn unser Plan aufgeht, müssen Sie mir einen Tango schenken.«

»Tango Argentino?«

»Was sonst?«

Ellen fuhr sich durchs Haar und erhob das Glas. »Auf den BND!«

»Auf den BND!«

2

Das Wasser war stockdunkel. Zwei Seemeilen vor dem Ziel tauchte Jörg zur Wasseroberfläche auf. Der Seegang des Indischen Ozeans und die Nacht erschwerten es ihm, den noch über eine Seemeile entfernten Frachter zu sichten. Das unter deutscher Flagge fahrende Containerschiff »Juanita« war vor zwei Tagen von somalischen Piraten geentert worden. Der Großteil der Crew hatte sich in einen speziellen Panikraum gerettet, der in den Ballasttanks versteckt war, doch die gefangenen Matrosen hatten unter Folter den Standort der getarnten Tür verraten. Es war nur eine Frage der Zeit, bis die Piraten mit Werkzeugen zur restlichen Besatzung vordrangen.

Die deutsche Marine durfte zwar Piraterie verhindern, das Entern gekaperter Schiffe war ihr jedoch aus juristischen Gründen, die niemand verstand, untersagt. Ein Bundespräsident war einst zurückgetreten, nachdem er militärisches Eingreifen mit dem Schutz wirtschaftlicher Interessen gerechtfertigt hatte. Außerdem scheute die Politik das Risiko missglückter Geiselbefreiungen. Vor Ort war auch kein Boardingteam verfügbar, Kampftaucher der Kommandospezialkräfte der Marine hätte man erst aus Eckernförde einfliegen müssen – unrealistisch bei nur zu 25 Prozent einsatzbereiter Flugbereitschaft. Alle sechs U-Boote der Marine, die man für eine geheime Kommandoaktion brauchen konnte, waren derzeit nicht einsatzbereit. Normalerweise hätte man in dieser Situation die US-Marine angefragt, doch aus irgendeinem Grund wollte das Einsatzführungskommando der Bundeswehr das Problem lieber selber regeln – diskret.

Eigentlich war Jörg beim Heer für konventionelle Aufgaben abkommandiert, doch seine Vergangenheit beim KSK war für die

Vorgesetzten trotz Vertraulichkeit bekannt. Als man ihm als dem erfahrensten Fachmann vor Ort die Leitung einer unkonventionellen Geiselbefreiung antrug, hatte er kategorisch abgelehnt. Als Profi kam für ihn nur ein eingespieltes Team mit exzellent ausgebildeten KSK-Kollegen infrage, nicht aber würde er mit Marineoffizieren improvisieren, deren Fähigkeiten er nicht aus erster Hand kannte. Stattdessen hatte er einen Alleingang angeboten. Entgegen aller Regeln hatte das Einsatzführungskommando den Plan akzeptiert.

Ein Piepton signalisierte, dass wieder Funkkontakt zur Einsatzleitung auf der »Zr. Ms. Karel Doormann« bestand. »Haifisch, bitte kommen!« Eine Drohne mit Nachtsichtfähigkeit überwachte seit Stunden, wer sich wo an Bord der gekaperten »Juanita« bewegte. Außer vier Piraten hatten sich die noch achtzehn weiteren offenbar zum Schlafen gelegt. Jörg, der unter seiner Sauerstoffmaske nicht reden konnte, betätigte die Ja-Taste am Handgelenk.

»Okay. An Bord ist alles unverändert. Zielpersonen ›Achim‹ und ›Bernhard‹ halten immer noch die Ankerwache, ›Cäsar‹ und ›Daniel‹ bewachen nach wie vor Deck und Geiseln auf der Brücke. Du hast grünes Licht. Dann viel Glück, Haifisch!«

Jörg korrigierte die leichte Kursabweichung auf dem Navigationsgerät, ließ sich von einem Tauchscooter drei Meter in die Tiefe ziehen und nahm Kurs auf das Zielobjekt.

Er machte sich keine Illusionen darüber, dass man seinen Alleingang wohl auch deshalb akzeptiert hatte, weil das Verteidigungsministerium im Fall eines letalen Verlustes mit ihm auch eine problematische Personalie elegant losgeworden wäre. Doch dieses Risiko akzeptierte Jörg, denn sein aktuelles Leben führte ohnehin zu nichts mehr. Der Einsatz bot ihm die Chance auf eine Rückkehr zum KSK, das für ihn sein Ein und Alles war. Ihn reizte allerdings nun einmal auch das Abenteuer und er wollte nicht nur den Helden spielen, sondern einer sein.

3

Regen klatschte an den Beton des Bundeskanzleramts. Das Gebäude fungierte nicht nur als Dienstsitz der Kanzlerin, vielmehr tagten dort neben dem Kabinett regelmäßig auch die Vertreter der Spitzen anderer Bundesbehörden.

Wie jeden Dienstag trafen sich in einem großen abhörsicheren Raum die Präsidenten der Nachrichtendienste des Bundes, des Bundeskriminalamts und der Bundespolizei, der Generalbundesanwalt, die beamteten Staatssekretäre des Bundesinnenministeriums, des Verteidigungsministeriums, des Auswärtigen Amtes und des Bundesjustizministeriums sowie des Bundeskanzleramts. Die Routinesitzung diente zum Informationsaustausch der beteiligten Behörden sowie zum Erteilen von ergänzenden Aufträgen und Weisungen durch die Bundesregierung.

Diesmal präsentierten die Staatssekretäre des Bundesinnenministeriums die Pläne für noch schärfere Polizeigesetze wie die Befugnis zur Onlinedurchsuchung, Präventivhaft und Bodycams. Vor allem die auf Big Data und künstlicher Intelligenz basierende Einschätzung von Verhalten, das sogenannte Predictive Policing, sollte künftig der Polizei die Arbeit erleichtern. Diesmal wurde das Speichern des Fingerabdrucks im Personalausweis propagiert, das aus Sicht von Bürgerrechtlern jeden Mensch auf eine Ebene mit auffällig gewordenen Kriminellen stellte.

Während die Ministerien normalerweise durch ihre Staatssekretäre vertreten waren, nahm überraschend Heimatministerin Felizitas Delius persönlich an der Sitzung teil. Die Kreation eines Heimatministeriums war ein Ergebnis der vor wenigen Wochen beendeten Koalitionsverhandlungen gewesen, den zähesten, welche die Bundesrepublik je gesehen hatte. Im Herbst 2017 hatte die rechtspopulistische Anti Euro Partei (AEP) mit einem Erdrutschsieg von über 27 Prozent die Wahlen zum 19. Deutschen Bundestag gewonnen und schließlich mit der knapp unterlegenen Union koaliert. Parteichef Thürmer verfügte jedoch naturgemäß nicht über Personal mit Regierungserfahrung, insbesondere hätte sich die Union nicht auf einen AEP-Kanzler eingelassen. Vor dem Eindruck der unprofessionellen Regierungsübernahme des 2016 gewählten US-Präsidenten kam man überein, dem Land solches Chaos zu ersparen und die Kontinuität der Regierungsarbeit zu sichern. Zähneknirschend hatte die AEP schließlich der knapp unterlegenen Union die Position des Bundeskanzleramts sowie des Innenministers zugestanden. Vom Bereich des unionsgeführten Innenministeriums, das nach wie vor von Schwerd geführt wurde, hatte man aber in einem Kuhhandel für die AEP ein sogenanntes Heimatministerium mit bislang unklarem Aufgabenbereich abgespalten.

Heimatministerin Delius war eine telegene Mittdreißigerin mit dunkelblond geflochtenem Haar, geheimnisvollen Augen und perfektem Auftreten. Während sich Rechtspopulisten häufig um Kopf und Kragen redeten und dumpfe Töne anschlugen, machte Newcomerin Delius stets eine zivile Figur und präsentierte ihre konservativen Themen mit Sachverstand, Eloquenz und Charme, dem weder politische Gegner noch TV-Moderatoren etwas entgegenzusetzen hatten. Als erfolgreiche IT-Managerin genoss die in Betriebswissenschaft promovierte Newcomerin Autorität und gesellschaftliches Ansehen. Den Grünen nahm Delius den Wind aus den Segeln, da sie nicht nur über ökologischen Sachverstand verfügte, sondern sogar Mitinhaberin eines Patents zur CO_2-Aufforstung der Meere durch schwimmende Pflanzen war und vehement alternative Energien propagierte. Selbst Kabarettisten taten sich schwer, der erfolgreichen Unternehmerin am Zeug zu flicken. Wie auch die Bundeskanzlerin hatte sich Delius nie in innerparteilichen Streitigkeiten verfranzt, sondern offenbar lange genug am Fluss gewartet, um irgendwann die Leichen ihrer Feinde vorbeitreiben zu sehen.

Im Anschluss an die »Große Lage« am Dienstag trafen sich stets die Präsidenten der drei Geheimdienste, Bundesnachrichtendienst, Bundesamt für Verfassungsschutz und Bundesamt für Militärischen Abschirmdienst, sowie des Bundeskriminalamts im siebten Stock zur sogenannten »Präsidentenlage«, wo man unter Führung des »Beauftragten für die Nachrichtendienste des Bundes«, Dr. Georg Klawitter, die sensibelsten Geheimnisse erörterte.

Klawitter war einst Ellens Stellvertreter im BfV gewesen, das er nach über zwanzig Dienstjahren faktisch kontrolliert hatte. In seinem Verantwortungsbereich hatte die umstrittene Beobachtung der Terrororganisation Nationalsozialistischer Untergrund (NSU) gelegen. Nachdem ihm nach dem NSU-Skandal die aus dem Innenministerium stammende Karrierebeamtin Ellen als neue Chefin vor die Nase gesetzt wurde, war die Zusammenarbeit lange gut gelaufen, bis es dann doch zu aufgestauten Rivalitäten kam. Vor vier Jahren jedoch war Klawitter ins Bundeskanzleramt zum Chef der Geheimdienste befördert worden. Ellens Verhältnis zu ihm war professionell, sie duzten sich noch unter vier Augen, aber seit dem Streit damals unterkühlt.

Erstaunlicherweise hatte Klawitter Ministerin Delius im Schlepptau. »Ich begrüße als neuen Gast der Präsidentenrunde Frau Ministerin Dr. Delius! Frau Delius wird zukünftig an unseren Sitzungen als Beobachterin teilnehmen. Dieses Recht wurde der AEP in den Koalitionsverhandlungen zugestanden, allerdings ist ihre Teilnahme vorerst streng geheim.«

Die anderen Anwesenden wechselten ungläubig Blicke.

»Ist denn Frau Dr. Delius für den Zugang irgendwelcher eingestufter Informationen überhaupt sicherheitsüberprüft?«, erkundigte sich BND-Chef Fricke. »Schließlich erörtern wir hier höchst sensible Staatsgeheimnisse, deren Bekanntwerden den Bestand der Bundesrepublik gefährden können.«

»Das muss sie nicht!«, dozierte Ellen, deren Behörde auch für die Sicherheitskontrolle von Beamten mit Zugang zu Verschlusssachen zuständig war. »Die Frau Ministerin ist als Mitglied eines

Verfassungsorgans keine vom Sicherheitsüberprüfungsgesetz betroffene Person.«

Frau Delius lächelte verschmitzt herüber. Das Charisma, das man der ungewöhnlichen Politikerin häufig zugestand, konnte Ellen nun ebenfalls bestätigen.

»Dann werden wir uns mal auf die schönen Augen von Frau Delius verlassen müssen«, stichelte Fricke.

»Danke, Frau Dr. Strachwitz! Sie waren letzte Woche beim Treffen der Landesämter für Verfassungsschutz zur Koordination der Abteilungen für Linksterrorismus. Bitte tragen Sie vor!«

»Am Donnerstag haben wir in Leipzig die bisherigen Ergebnisse bei der Gründung neuer linker Zellen erörtert,« referierte Ellen. »Vor dem Hintergrund der Ereignisse des letzten Jahres sowie der Verschiebung des politischen Spektrums nach rechts hat die Gefahr des in den letzten zwanzig Jahren kaum militanten Linksextremismus deutlich zugenommen. Wir verzeichnen einen erheblichen Zulauf bei antifaschistischen Gruppierungen, die häufig auch gewaltbereite, meist junge Personen anziehen. Wir beobachten derzeit eine bundesweite Serie von Anschlägen auf Autos von AEP-Politikern, zu der wir derzeit keine Ermitlungsansätze haben. Erfolge sind jedoch im Ausbau der Vorfeldaufklärung zu verzeichnen. Es ist den Kollegen in Frankfurt gelungen, zwei neue, voneinander unabhängige Zellen zu gründen, die von der Szene offenbar akzeptiert werden. Auch in München und Stuttgart sind wir auf einem guten Weg. In Berlin, Hamburg und Dresden ist das Potential für Gruppierungen in der linken Szene zwar bereits gesättigt, aber wir haben dort viele V-Leute an qualifizierten Stellen platzieren können. In NRW konzentrieren wir uns auf den Raum Dortmund, wo inzwischen das Bundesamt eine nativ gewachsene linksextreme Struktur durch V-Leute infiltriert und unter Kontrolle gebracht hat. In Hannover steht die Gründung einer autonomen Gruppe bevor, die Anspruch auf bundesweite Geltung erheben wird und entsprechende Aktionen plant. In München haben wir ein parteiübergreifendes Bündnis gegen den dort geplanten AEP-Parteitag gegründet. Insoweit steht derzeit ein Undercover-Mann meiner Behörde vor Gericht, weil er beim Diebstahl von AEP-Wahlplakaten erwischt wurde. Das wird ihm zweifellos weitere Streetcredibility einbringen.«

»Entschuldigung …«, unterbrach Delius. »Habe ich das gerade richtig verstanden, dass der Verfassungsschutz linksextremistische Zellen selber gründet? Und dass Ihre Mitarbeiter unsere Wahlplakate abreißen und sogar ein Bündnis gegen unseren Parteitag initiieren?«

Die Geheimdienstchefs sahen erst einander und dann Klawitter an, der schließlich Ellen ein Zeichen gab.

»Aber ja. Natürlich machen wir das! Das Gründen extremistischer Organisationen gehört zum Standardverfahren jedes Geheimdienstes. Es wäre bedeutend schwieriger, wenn wir erst das Entstehen solcher Gruppierungen abwarten und dann versuchen müssten, von außen in gefestigte Strukturen einzudringen. Das Unterwandern fremder Gruppen etwa wäre dann sogar nahezu unmöglich, wenn diese kein neues Personal mehr akzeptieren und sich konspirativ verhalten, wie etwa diese Autoanzünder, die Ihrer Partei ja gerade so viel Ärger machen. Seit Wochen fackeln unbekannte Personen bundesweit Autos von AEP-Politikern ab, hinterlassen ein Bekennerschreiben ›Nie wieder 33!‹, aber sonst keinerlei Spuren. Wenn sich aus diesen Aktivisten langfristig eine für Menschen gefährliche Organisation entwickelt, wird ein Eindringen sehr schwierig sein. Dort wird man im Zweifel keine Neumitglieder werben oder akzeptieren. Daher stellen wir sozusagen Honigtöpfe für gewaltbereite Personen auf, um solche Bewegungen von Anfang an auf der Führungsebene zu kontrollieren. Gerade vor Ihrem Parteitag sind solche Informationen wertvoll, um das Sicherheitskonzept von an Anfang an effizient zu planen.«

»Seit wann gründet der Verfassungsschutz denn selbst terroristische Organisationen?«, erkundigte sich Delius erstaunt.

Die Geheimdienstchefs tauschten erneut betreten Blicke aus, Klawitter nickte Ellen zu.

»Das ist ein Standardverfahren aller Geheimdienste. Fast alle extremistischen Gruppierungen seit den 50er Jahren waren ursprünglich solche Sting-Operationen des Verfassungsschutzes. Wenn sich dann tatsächliche Gewaltbereite den so legendierten Gruppen anschließen, hat man sie von Anfang an unter Kontrolle. Daher ist es nachrichtendienstlich wertvoll, solche Organisationen so früh wie möglich zu gründen und sie so lange wie möglich laufen zu lassen. Um unsere Methode zu schützen, nehmen wir kleinere und manchmal auch größere Delikte in Kauf.«

»Hatten Sie etwa auch die Rote Armee Fraktion gegründet?«

Die übrigen Anwesenden sahen verschämt zu Boden, Klawitter seufzte und nickte Ellen erneut zu.

»Das ist nach wie vor ein sehr sensibles Staatsgeheimnis. Ja, der Verfassungsschutz hatte die linksextremen Bewegungen ganz am Anfang weitgehend unter Kontrolle, auch später hatte man weitaus mehr V-Leute in der RAF, als bislang öffentlich bekannt ist. Haben Sie sich denn nie gewundert, warum bei der RAF die Zünder von Sprengsätzen so häufig versagten? Einige Attentate hat der Verfassungsschutz sogar selbst inszeniert, etwa den Sprengstoffanschlag auf die JVA Celle. Auch die ganzen Neonazis hatten wir durch selbst gegründete Gruppen überwiegend eingehegt und etliche islamistische Anschläge verhindert.«

»Na schön. Aber ich frage Sie noch einmal: Sie als Geheimdienst befehlen Ihren Leuten, unsere Plakate zu sabotieren?! Als Staat greifen Sie zu unseren Lasten in den Wahlkampf ein?«

»Aber selbstverständlich! Ich würde auch zulassen oder sogar anordnen, dass man Ihr Auto anzündet, wenn man hierdurch einen V-Mann plausibel legendieren könnte. *Wenn es hilft*, Personen zu finden, die einen tödlichen Anschlag auf Sie verüben wollen, sind ein paar gestohlene Plakate mehr doch wohl das weitaus geringere Übel. Die RAF hat 34 Menschen getötet, darunter auch aufwendig geschützte Politiker. Es wären sehr viel mehr Tote zu beklagen gewesen, hätte der Verfassungsschutz nicht mit V-Leuten weitgehend mitgespielt. Wir können nicht abwarten, bis etwa diese ›Nie wieder 33!‹-Leute eines Tages nicht nur Autos anzünden, sondern vielleicht auch Menschen töten. Also beobachten und unterstützen wir solche Organisationen und nehmen kleine

Straftaten in Kauf, um größere zu verhindern. So arbeiten nun einmal Geheimdienste.«

»Ich bin nicht sicher, ob ich das wirklich gut finde. Sie züchten extremistische Gruppierungen, die es ohne den Verfassungsschutz nicht gäbe.«

»Das tun wir doch in Ihrem ureigensten Interesse. Sie brauchen nur auf Twitter zu gehen, um zu erfahren, wie viele Leute Ihnen persönlich den Tod wünschen. Wenn ein Bombensatz erst einmal gelegt ist oder ein Schütze mit einem Präzisionsgewehr auf Sie zielt, wäre es zu spät, irgendetwas zu unternehmen. Jeder Teenager könnte eine Nagelbombe an eine Drohne hängen und bei einer Wahlkampfveranstaltung ins Ziel fliegen. Die beste Chance, die wir haben, sind die Vorfeldaufklärung und Vorfeldkontrolle.«

»Bei der RAF und dem NSU scheint dieses Konzept ja dann wohl deutlich aus dem Ruder gelaufen zu sein! Was macht Sie denn so sicher, dass sich Ihre Züchtungen nicht ebenfalls wieder selbständig machen?«

»Wir waren bei der RAF deutlich effizienter, als es der Öffentlichkeit bekannt ist, und heute haben wir moderne Überwachungstechnik. Zu Zeiten der RAF telefonierte man noch mit der Wählscheibe. Wir haben heute im Zeitalter von Smartphone, Big Data und Social Media dramatisch andere Möglichkeiten der Früherkennung und Überwachung.«

»Beim NSU hat das bekanntlich aber nichts genutzt! Die haben weder telefoniert noch Smartphones benutzt. Bereits im Nordirlandkonflikt in den 70er und 80er Jahren haben sich die IRA-Terroristen so konspirativ verhalten, dass keine Abhöraktion erfolgreich war. Sie haben ihre Besprechungen nicht in Häusern und nicht einmal in Autos gemacht, weil sie wussten, dass dort Abhörvorrichtungen installiert werden können. Warum sollten moderne Terroristen nicht auch lieber ihre fünf Sinne benutzen?«

Ellen war beeindruckt. Die Ministerin hatte ihre Hausaufgaben gemacht.

»Nach heutigem Stand der Technik würden sie erst recht auffallen. Wer sich heute ohne Handy bewegt, Benzin mit Bargeld bezahlt, nichts im Internet bestellt und keine Mails verschickt, macht sich automatisch verdächtig. Jeder Mensch unter 60 Jahren hat heute eine Social-Media-Story, bei der es auffallen würde, wenn sie abbricht. Oder Junge Leute, die nicht alle zwei Minuten ihr Smartphone checken, fallen aus dem Raster. Wenn heute jemand in den Untergrund geht, bemerken wir das digitale Schweigen sofort!«

»Entschuldigen Sie, meine Damen,« unterbrach Fricke paternalistisch. »Ist das hier die Präsidentenrunde, oder ist das der Anfängerkurs in der Spionageschule? Ich hätte nämlich noch dringende Sachen, die ich gerne erledigen würde.«

»Warum machen Sie nicht einfach einen Antrittsbesuch in meiner Behörde?«, rettete Ellen die peinliche Situation. »Dann nehme ich mir gerne die Zeit, Sie umfassend über unsere Arbeit zu informieren.«

»Sehr gerne«, konterte Delius lächelnd. »Ich komme dann morgen um 11.00 Uhr bei Ihnen in Köln vorbei. Sie können das doch einrichten?« Mit ihrer autoritären Verfügung über Ellens Terminkalender hatte Delius elegant kommuniziert, wer ihrer Ansicht nach Koch und wer Kellner war.

»Selbstverständlich!«, erwiderte Ellen lächelnd und verdrängte den Gedanken an das zu erwartende Unverständnis ihrer Kollegen darüber, dass sie der morgen anstehenden Beerdigung eines verdienten Verfassungsschützers fernbleiben würde. Das positive Arbeitsverhältnis zum politischen Personal hatte Vorrang.

4

Das Mehrzweckversorgungsschiff »Karel Doormann« galt Außenstehenden als solches der Königlichen Marine der Niederlande. Aufgrund eines zwar nicht geheimen, jedoch weitgehend unbekannten Partnerschaftsabkommens mit der Bundeswehr teilten sich beide Streitkräfte das 400 Millionen Euro teure Superschiff. Den wenigsten war die Existenz ausgerechnet dieses größten und modernsten Schiffs der Bundesmarine überhaupt bekannt. Das jederzeit mögliche Umflaggen der »Karel Doormann«, je nachdem, welcher Kapitän gerade auf der Brücke stand, erleichterte insbesondere die Tarnung heikler Missionen nach innen, indem man die Aufsichtsbehörden der jeweiligen Länder gegeneinander ausspielte. Gestern Nacht war offiziell nur ein »niederländisches Schiff« in der Nähe des deutschen Frachters »Juanita« gewesen.

Am Morgen fand sich Jörg ausgeruht beim Kapitän im abgeschirmten Funkraum ein. Pünktlich erschien auf dem Monitor der Führungsstab des Einsatzführungskommandos aus der Leitstelle bei Potsdam. Die Soldaten grüßten einander militärisch. »Herr Kapitän, wir sind schon sehr gespannt auf Ihren Bericht!«

»Um 02:18 Uhr MEZ betrat der Hauptfeldwebel verdeckt und ohne Hoheitszeichen das Zielobjekt. Zum Transport nutzte er einen Tauchscooter und ein Kreislaufsauerstoffgerät, beides von den niederländischen Kameraden gestellt. Unterstützt wurde er zu diesem Zeitpunkt nur von unserer Luftaufklärung, die eine Aufklärungsdrohne Luna X-2000 im Einsatz hatte. Der Hauptfeldwebel nutzte zum Boarding von der Wasseroberfläche aus eine pneumatische Harpune mit einem Seil und Greifhaken. Der Zutritt erfolgte am Bug, der vom Gegner nicht bewacht wurde, und blieb unbemerkt. Als Erstes blockierte der Hauptfeldwebel eine Tür zu einem Schlafraum, in dem neun Gegner nächtigten. Dann drang der Hauptfeldwebel durch eine Hintertür zu den beiden überlebenden Geiseln vor, evakuierte diese aus der möglichen Kampfzone in einen anderen Raum und leistete beiden erste Hilfe. Nach Sicherung des Raums griff der Hauptfeldwebel im Handstreich zwei Gegner an, welche die Nachtwache hielten. Der Hauptfeldwebel setzte beide durch Schläge mit dem Gewehrkolben außer Gefecht und fixierte sie mit Kabelbindern. Bei einem weiteren Handstreich gegen die Ankerwache kam es mit einem der beiden Gegner zu einem Gerangel, das ebenfalls ohne Gebrauch von Schuss- oder Stichwaffen beendet werden konnte. Nach Fixierung der Gegner drang der Hauptfeldwebel in die Offiziersräume ein, in denen der gegnerische Anführer mit vier Kämpfern übernachtete, und entwaffnete diese im Schlaf. Beim anschließenden Fixieren kam es zu weiteren Handgreiflichkeiten, allerdings konnte der Hauptfeldwebel auch hier das Überraschungsmoment nutzen und schließlich alle fixieren. Die Gegenseite erlitt mehrere Knochenbrüche, darunter einen Unterkieferbruch und zwei Rippenfrakturen, sowie fünf Gehirnerschütterungen. Um 02:57 Uhr traf per Schlauchboot ein vierköpfiges Team ohne Hoheitszeichen ein, sicherte den provisorisch blockierten Schlafraum der Piraten mit soliden Hindernissen und leistete medizinische Versorgung. Zudem wurde der verbarrikadierte Weg zum Rettungsraum geräumt und gesichert. Der vertäute Tauchscooter und das Kreislaufsauerstoffgerät wurden geborgen und umgeladen. Um 03:42 Uhr verließen sämtliche Einsatzkräfte den Frachter. Andere Spuren als die handelsüblichen Kabelbinder wurden nicht hinterlassen. Die Mannschaft wurde um 04:12 Uhr per Funk darüber in Kenntnis gesetzt, dass sie den Schutzraum gefahrlos verlassen konnte. Mit dem Kapitän der Juanita haben wir uns dahingehend verständigt, dass es offiziell seine Mannschaft war, welche die Piraten überwältigt hat. Akten über den Vorfall wurden hier nicht angelegt. Das geliehene Gerät wurde den Holländern übergeben und ist offiziell nie bewegt worden. Die Aufzeichnungen der Drohne wurden zuverlässig gelöscht.«

»Danke, Herr Kapitän! Gratulation an den Herrn Hauptfeldwebel! Das war wirklich eine außergewöhnliche Leistung.«

»Danke, Herr Generalleutnant. Aber zu viel der Ehre! Ich habe ja alle aus dem Hinterhalt überrumpelt.«

»Wie Sie meinen. Eine Frage an den Herrn Hauptfeldwebel: Ist Ihnen an Deck irgendetwas Besonderes aufgefallen?«

»Nein, Herr Generalleutnant.«

»Sie haben das Schiff vom Bug her betreten. Einige Container waren aufgebrochen. Haben Sie die Fracht gesehen?«

»Nein, Herr Generalleutnant. Ich habe mich auf meine Arbeit konzentriert.«

Natürlich hatte Jörg gesehen, was in den offenen Containern verborgen war. Waffen und anderes Kriegsgerät, offenbar Embargo-Güter aus deutscher Produktion, deren Lieferung in ein Krisengebiet untersagt war. Deutschland hatte eine lange Tradition, derartige Verbote pragmatisch zu unterlaufen. Und es gab kaum einen Krisenherd der Erde, an dem nicht mit deutschen Waffen geschossen wurde. Es war ein offenes Geheimnis, dass solche illegalen Geschäfte nach wie vor vom Bundesnachrichtendienst abgedeckt wurden. Die zahlreichen Skandälchen, die seit den 50er Jahren den Geheimdienst regelmäßig in Verlegenheit brachten, änderten nichts am System, allenfalls an der Tarnung. Jörg interessierte das nicht. Den meisten Deutschen waren Kriege in Ländern egal, die sie nicht einmal auf der Karte fanden. Politiker schätzten die Arbeitsplätze der heimischen Rüstungsindustrie, die sich wiederum durch Parteispenden und Posten in Aufsichtsräten für pensionierte Generäle erkenntlich zeigte.

»Gut, Herr Hauptfeldwebel. Wir danken für Ihren außergewöhnlichen Einsatz. Sie werden allerdings verstehen, dass wir Ihren Verdienst in keiner Akte verzeichnen können. Aber seien Sie unbesorgt, wir werden uns anderweitig erkenntlich zeigen!«

Jörg bewies ein Pokerface, tatsächlich aber war er hocherregt. Gleich würde ihm der Generalleutnant die Rückkehr in das KSK anbieten, die ihm nach den Vorfällen von 2013 aus Sicherheitsgründen versagt war.

»Wir geben Ihnen zusätzlichen Heimaturlaub, sodass Sie Gelegenheit für eine besondere Nebentätigkeit haben werden. Ich bin mir sicher, Sie werden zufrieden sein. Sie kennen ja wohl den Speidel-Bund?«

»Natürlich, Herr Generalleutnant.«

»Jemand vom Speidel-Bund wird sich bei Ihnen melden. Er möchte Sie gerne für einen privaten Lehrgang gewinnen. Da sind ein paar Zivilisten, die gerne einmal Kommandoeinsätze mit einem echten KSK-Mann trainieren möchten. Man wird Ihnen für ein Wochenende im Wald inklusive Kameradschaftsabend ein komplettes Monatsgehalt anbieten.«

»Danke sehr, Herr Generalleutnant.« Jörg verbarg seine Enttäuschung mit militärischer Disziplin.

5

An der Pforte des gut gesicherten Bundesamts für Verfassungsschutz in Köln-Chorweiler wartete die Hausherrin mit ihren vierzehn engsten Mitarbeitern auf die spontan anberaumte Visite der Heimatministerin.

Ellens Stellvertreter Georg Höch, inzwischen ihr engster Vertrauter im Verfassungsschutz, nahm seine Chefin beiseite. Dem knuffeligen Beamten mit markanter Hornbrille, Waschbärbauch und breitem hessischen Akzent konnte nichts die gute Laune und Herzlichkeit verderben, selbst wenn die Lage unerfreulich war.

»Ellen, die Kollegen sind gerade ziemlich verärgert. Die meisten hätten dem Kollegen gerne die letzte Ehre erwiesen. Seine Witwe wird das nicht verstehen.«

»Glaubst du, mir macht das Spaß? Ich habe eigentlich keine Lust, sensible Geheimnisse des Verfassungsschutzes mit einer Amateurin teilen zu müssen. Und dann auch noch mit dieser …«

»Hat die eigentlich was dazu gesagt, dass wir die ›Jungen Eurokritiker‹ noch im letzten Jahr als Verdachtsfall eingestuft haben?«

»Mir gegenüber hat sie das noch nicht angesprochen. Soweit ich gehört habe, steckte sie persönlich hinter der plötzlichen Auflösung der ›Jungen Eurokritiker‹, damit wir sie nicht mehr beobachten können.«

»Seien wir mal froh, dass sie heute kommt und nicht nächste Woche. Ich weiß nämlich von einem Journalisten, dass der COMET gerade an einem Artikel über deine Anordnung von letztem Jahr arbeitet, dass im Verfassungsschutz keine Bewerber mit AEP-Parteibuch eingestellt werden dürfen.«

»Ich hatte mich schon gefragt, wie lange es wohl dauert, bis das durchsickert. Ich warte, ehrlich gesagt, noch darauf, dass die Sache mit Regierungsrat Dr. Bindhard rauskommt.«

Höch zog die Schultern hoch. Vor zwei Jahren hatte Ellen den im Referat Rechtsterrorismus arbeitenden Bindhard in den Ruhestand versetzt, weil er seinen rechtsradikalen V-Leuten politisch zu nahe stand und dann schließlich der Union öffentlich eine Koalition mit der AEP empfohlen hatte – die nun Realität war.

Pünktlich um 11 Uhr traf die Wagenkolonne ein. Wegen des besonders hohen Gefährdungsstatus reiste die Ministerin in einem von zwei identischen Wagen, die von mehreren Polizeiautos und Motorradpolizisten eskortiert wurden.

»Frau Ministerin, herzlich willkommen hier bei uns in Köln! Ich hoffe, Sie hatten eine gute Anreise?«, begrüßte Ellen ihren hohen Gast.

»Guten Tag, Frau Dr. Strachwitz. Danke für die Einladung!«

»Ich möchte Ihnen gerne mein Team vorstellen. Das hier ist mein Stellvertreter Herr Höch.« Doch die Ministerin reagierte auf Höchs herzliche Begrüßung kühl. Pflichtschuldig gab sie allen leitenden Verfassungsschützern die Hand.

»Eigentlich hatte ich nicht mit großem Bahnhof gerechnet. Das ist sehr nett von Ihnen allen, aber das persönliche Kennenlernen holen wir besser ein andermal bei einem formalen Antrittsbesuch nach! Heute aber habe ich leider nur für ein Gespräch mit Frau Dr. Strachwitz Zeit. Sie haben sicherlich auch Dringenderes zu tun, als Höflichkeiten mit der Politik auszutauschen.«

Ellen warf ihren düpierten Männern entschuldigend einen Blick zu, die innerlich wohl erleichtert waren, es vielleicht doch noch zur Beerdigung zu schaffen. Stillschweigend strich Ellen den geplanten Rundgang durch das zickzackförmige Gebäude aus den 1980er Jahren und begleitete Delius in ihr Büro. »Kommenden Monat werden wir den jährlichen Verfassungsschutzbericht präsentieren. Wir haben im letzten Jahr insgesamt 22 600 Rechtsextremisten gezählt, darunter 11 800 Gewaltorientierte. Dem standen 27 400 Linksextremisten gegenüber, von denen wir 7 700 als gewaltorientiert einstufen. Wir erwarten jetzt nach der Regierungsbildung mit der AEP durch die Polarisierung an den Rändern einen deutlichen Anstieg in der linksextremen Szene.«

»Wird es eine neue RAF geben?«

»Schwere Gewaltverbrechen aus dem linken Spektrum erwarten wir derzeit eigentlich nicht. Der letzte der RAF zugeschriebene Mord war 1993, körperliche Gewaltdelikte gibt es vorwiegend bei Demos. Seit der Wiedervereinigung gab es demgegenüber aber etwa mindestens 200 rechtsextreme Morde, sodass wir diese Szene deutlich intensiver überwachen. In letzter Zeit beobachten wir vermehrt Fälle im sogenannten Prepper-Milieu. Das sind Personen, die für schlechte Zeiten Nahrungsmittel, Medizin und Waffen horten, weil sie einen Tag X erwarten. Dieser Tag X ist meistens ein erwarteter Großkonflikt mit dem Islam, der angeblich die Revolution in Deutschland anstrebt. Prepper im rechten Milieu propagieren sogar, selbst gegen den Islam loszuschlagen. Beunruhigend ist, dass in letzter Zeit immer häufiger Waffen und Munition aus Beständen von Polizei und Bundeswehr verschwinden und offenbar in diesem Milieu landen. Aktuell haben wir keine Erkenntnisse darüber, ob diese Personen aus eigenem Antrieb handeln oder ob das irgendwie koordiniert wird. Weder war insoweit die elektronische Aufklärung ertragreich noch konnten wir bislang V-Leute an interessante Positionen einschleusen. Diese Szene ist extrem misstrauisch. Während wir den Großteil an aktiven Rechtsextremisten identifiziert haben, vermuten wir ein großes Dunkelfeld an eigentlich bürgerlichen Personen, die bei geeigneter Ansprache bereit wären, sich an gewaltsamen Aktionen oder privaten Bürgerwehren zu beteiligen. Da draußen schläft ein großer Drachen, der eines nicht so fernen Tages vielleicht geweckt werden könnte.«

Den Hinweis, dass etliche dieser problematischen Personen politisch zur AEP tendierten und der Hass, den auch die AEP und ihre Anhänger befeuerten, der Nährboden für mindestens verwirrte Alleintäter war, verkniff sich Ellen, um die Ministerin nicht zu düpieren. Delius verzog keine Miene.

»Und was dürfen wir von Islamisten in nächster Zeit erwarten?«

»Über Islamisten verfügen wir in toto über keine gesicherten Zahlen, wir rechnen jedoch mit über 25 000 islamistischen Fanatikern. 700 davon stufen wir als Gefährder ein, denen wir gemeingefährliche Attentate zutrauen. Außerdem beobachten wir diverse in Deutschland agierende ausländische Gruppierungen, zu denen wir 29 050 Personen identifiziert haben. Große Sorgen machen uns auch die Eigenmächtigkeiten des türkischen Geheimdienstes.«

»Hier laufen Leute rum, die den türkischen Staatspräsidenten für den rechtmäßigen Anführer von zwei Milliarden Muslimen halten!«

Ellen nickte. »Ja, wir haben das im Blick. Diese Leute sind aber von einer kritischen Masse noch weit entfernt und machen nur einen sehr geringen Teil der hier lebenden Moslems aus.«

»Ist das so? Ich hörte, die ›Grauen Wölfe‹ hätten in Deutschland 18 000 Mitglieder. Ist es nicht sonderbar, dass die größte rechtsextremistische Organisation in Deutschland türkisch ist?«

»Diese Zahl scheint mir etwas hochgegriffen zu sein. Wir nehmen die Situation ernst, zu Hysterie besteht jedoch kein Anlass. Die Leute leben ganz überwiegend friedlich nebeneinander, jedenfalls beobachten wir keine politische Kriminalität. Weitaus konkreter sind unsere Sorgen vor Wirtschaftsspionage, vor allem durch sogenannte Cyber-Angriffe aus dem Ausland. Unsere technischen und personellen Kapazitäten sind begrenzt, zumal diese Aufgabe absehbar das Bundesinstitut für Sicherheit in der Informationstechnologie übernehmen soll und sich fähige Informatiker lieber dorthin bewerben. Die Schwierigkeiten bei der Personalgewinnung sind Ihnen als IT-Unternehmerin ja sicherlich bekannt.«

»Allerdings. Heute interessieren mich aber vorrangig Ihre Arbeitsmethoden. Immerhin überwachen Sie ja auch unsereins.«

»Da muss ich widersprechen. Gezielte Überwachung von Politikern wäre uns nur gestattet, wenn …«

»Danke, ich kenne die Rechtslage. Ich bin hier, weil ich Ihre Arbeitsweise so konkret wie möglich kennenlernen möchte!«

»Wo soll ich anfangen? Unser Methoden folgen in erster Linie den Aufgaben, die sich uns stellen, soweit die Rechtslage und insbesondere das Grundgesetz dies zulassen.«

»Sie haben neulich die Fähigkeiten Ihrer Behörde bei der elektronischen Überwachung gepriesen. Ist denn die elektronische Überwachung geeignet, Terroristen zu finden? Ich habe gehört, dass bei den ganzen NSA-Programmen so gut wie nichts herausgekommen ist. Wie ist Ihre Einschätzung?«

»Wir haben Vorgaben aus der Politik, wo man an die Segnungen von Vorratsdatenspeicherung und der Analysetools der NSA unerschütterlich glaubt und meint, beim Überwachen international mithalten zu müssen. Sicherheit lässt sich politisch nun einmal gut verkaufen! Und ja: Wenn man Zielpersonen quasi googeln kann, vereinfacht das natürlich tatsächlich unsere Arbeit im Alltag. Aber das hilft vorrangig dann, wenn wir Verdächtige bereits auf dem Schirm haben und diese zielgerichtet durchleuchten. Verrückte Einzeltäter, die überhaupt nicht kommunizieren, können mit dieser Methode erst recht nicht gefunden werden.«

»Hatten Sie denn nicht in Ihrer letzten Presseerklärung die Überwachungstechnologie über den grünen Klee gelobt?«

»Als brave Beamtin widerspreche ich nicht öffentlich der Linie meiner Bundesregierung. Aber mal unter uns: Um Gefährder wie die Nadel im Heuhaufen zu identifizieren, wie man es uns lange glauben machen wollte, ist die Massenüberwachung nicht effizient. Es gibt keinen Hinweis darauf, dass die NSA auch nur einen einzigen Terroranschlag verhindert hätte. Ich persönlich teile die Befürchtung, dass das Missbrauchspotential einen möglichen Nutzen dramatisch überwiegt. Aber wenn ich meinen Job behalten will, heule ich mit den Wölfen! Eine für uns sehr praktische Funktion hat die Massenüberwachung jedoch …«

»Nämlich?«

»Viele Ergebnisse, die wir von V-Leuten oder Partnerdiensten erhalten, legendieren wir der Presse gegenüber als solche der elektronischen Überwachung. So tarnen wir gleichzeitig unsere Quellen. Außerdem sind die Politiker happy, dass wir so ihren Glauben an die Massenüberwachung bestätigen, und wir erhöhen natürlich die Akzeptanz von Überwachung in der Öffentlichkeit.

Wenn unsere scheinbar so kompetenten Journalisten unbesehen glauben, was ihnen der Geheimdienst auftischt, kann ich es auch nicht ändern!«

»Dass die Überwachung kein Allheilmittel gegen Terror ist, haben wir ja letzten Sommer in Hamburg bitter erfahren. Treiben Sie wirklich diesen Aufwand nur wegen Vorgaben aus dem Bundeskanzleramt?«

»Der Aberglaube an den Ertrag der Vorratsdatenspeicherung ist nun einmal europäischer Konsens. Wir können zwar keinen Terror ausfiltern, sehr wohl aber Rädelsführer politischer Strömungen, die der Staat als existenzbedrohlich betrachtet. In Wirklichkeit geht es weniger um Terror als um Aufstandsbekämpfung. In Europa und den USA befürchtet man, dass die Leute massenhaft auf die Straße gehen, weil ihnen so einiges missfällt. In Spanien sehen wir Spannungen bei den Katalanen, der Nordirland-Konflikt könnte durch den drohenden Brexit wieder aufflammen, in Griechenland ist es unruhig, in Frankreich registrieren wir starke soziale Spannungen, und hierzulande könnte durch die anhaltende Flüchtlingskrise aus der nächsten Pegida-Demo vielleicht eine bundesweite Massenbewegung werden. In einem Jahrzehnt erwarten wir zudem wegen des Klimawandels Masseneinwanderung aus dem Süden, aber auch eine Migration, die langfristig wegen der Erhöhung des Meeresspiegels von den Küstenbereichen ins Landesinnere erfolgen wird, bietet Spannungspotential. Die DDR war damals nicht auf eine dezentrale Revolution vorbereitet, wir aber werden es sein.«

»Dann haben wir von der AEP ja noch Glück gehabt, dass Sie uns nicht bekämpft haben! Oder haben Sie unsere Partei etwa auch bespitzelt? In der Linkspartei haben Sie ja offenbar V-Leute, dann ja wohl auch bei uns, oder?«

»Unsere Arbeit geschieht doch zu Ihrem eigenen Schutz! Wie wir im letzten Sommer gesehen haben, benötigen wir eine möglichst intensive Vorfeldaufklärung. Auch in politischen Parteien sickern nun einmal schräge Personen ein. Wenn wir eine Entwicklung für bedenklich halten, benötigen wir nun einmal V-Personen, die sich als zuverlässig erwiesen haben. Der Aufbau gegenseitigen Vertrauens ist eine langfristige Angelegenheit.«

»Sie verwenden vornehme Worte für das, was ich ›Spitzel‹ und ›Denunziant‹ nennen würde.«

»Geheimdienstarbeit ist nun einmal nicht durchgehend appetitlich.«

»Dann zeigen Sie mir doch mal, was Sie denn über mich so haben!«

Ellen stutzte. »Frau Dr. Delius, wir spähen keine Politiker aus, solange deren Parteien sich auf dem Boden der Verfassung bewegen.«

»Ach nein? Ich dachte, Sie überwachen die Telekommunikation und betreiben Vorratsdatenspeicherung. Damit erfassen Sie doch jedermann!«

»Natürlich können wir dank unserer Datenbanken versuchen, jeden Verdächtigen zu durchleuchten, aber wir fertigen keine Dossiers über Politiker an, etwa um Kompromat zu sammeln.«

»Dann durchleuchten Sie mich doch! Ich willige hiermit ein!« Delius breitete demonstrativ ihre Arme weit aus und fror ihre theatralische Geste ein, was ihren ansehnlichen Busen unter ihrer weißen Bluse besonders zur Geltung brachte.

»Ich kann ohne qualifizierten Anlass nicht einfach auf die Daten einer unbescholtenen Person zugreifen. Wir halten uns hier streng an die Datenschutzgesetze.«

»Aber ich habe Ihnen doch gerade meine Einwilligung erklärt. Und dass sich ein Geheimdienst streng an den Datenschutz hält, fällt mir doch ein wenig schwer zu glauben! Also zeigen Sie mir bitte, was Sie über mich finden!«

»Das ist so aber wirklich nicht vorgesehen. Wir haben nicht einmal ein Formular für so etwas. Außerdem würden durch eine solche Abfrage auch Dritte betroffen.«

Delius sah Ellen vorwurfsvoll schweigend wie eine unartige Schülerin an, die ihre Lehrerin nicht wirklich anerkennt. Offensichtlich akzeptierte sie kein »Nein«.

»Also schön. Ich zeige Ihnen jetzt inoffiziell, was wir mit der Software der NSA über Sie herausbekommen könnten, wenn Sie es denn unbedingt wollen. Aber nichts von dem darf diesen Raum verlassen. Einverstanden?«

Delius lächelte. »Einverstanden!«

Ellen fragte mit der legendären Software »Felizitas Delius« ab. Auf dem Bildschirm erschien ein Wolken-Diagramm, das graphisch die Verbindungen der Zielperson mit anderen Personen und Gruppierungen anzeigte. Als Ellen die Funktionsweise des Programms erklären wollte, winkte Delius ab. »Darf ich?«, fragte sie und übernahm Maus und Tastatur. »Die Software, die wir im Wahlkampf beim Targeting der Wähler benutzt haben, hatte ein ähnliches Interface!«

Schweigend verfolgte Ellen die Eigenmächtigkeiten der forschen Ministerin. Als Wahlkampfstrategin war Delius für Neue Medien zuständig gewesen, die sie treffsicher bespielen ließ. Nachdem sich die konventionellen Medienhäuser anfangs gegen die AEP eingeschossen hatten, verlegte die AEP ihre Wähleransprache stattdessen vor allem in Social Media und übernahm insbesondere auf Facebook die Lufthoheit.

Gekonnt klickte Delius in ihrem Profil herum und fand schließlich das Ergebnis eines IQ-Tests, der ihr einen Intelligenzquotienten von 146 bescheinigte. Die Ministerin überprüfte noch, ob man sie der Geldwäsche verdächtigte und was der Verfassungsschutz über ihre Vermögensverhältnisse wusste. Offenbar hatte man insoweit jedoch die Gebote des Datenschutzes erfolgreich befolgt.

»Ich bezweifle, dass Ihre Systeme Personen erfassen, die sich professionell konspirativ verhalten, insbesondere im Internet.«

»Sie selber könnten sich vielleicht verbergen, aber Sie haben keinen Einfluss auf Dritte, die Informationen über Sie sammeln. Außerdem können wir aus Ihren Kontakten zu Dritten Rückschlüsse über Sie ziehen.«

Delius klickte sich durch das Menü. »Oh, da steht LOVE-INT! Was ist denn das?«

Ellen wurde nervös. Zweifellos wusste Delius genau, dass LOVE-INT ein Akronym für das Sammeln und Auswerten von privaten Beziehungen war.

»Ich betone noch einmal, dass das wirklich streng geheim ist!«, mahnte Ellen.

Delius klickte weiter, und im nächsten Moment baute sich auf dem Monitor ein Beziehungsdiagramm auf, das Ellen sofort peinlich wurde. In der Mitte der Wolke erschien:

Delius, Dr. Felizitas, * 1982, IT-Managerin, Unternehmerin, Politikerin, wohnhaft: Potsdam.

Von dem Profil der Ministerin führten farbige Linien zu denen anderer. Eine in Rot gehaltene Verbindungslinie mit der Beschriftung *2011 bis 2016* verband sie mit

Lauer, Dr. Renate, * 1981, Frauenärztin, wohnhaft: Wiesbaden.

Eine weitere mit der Beschriftung *2009 bis 2014* führte zu

Düngel, Kathrin, * 1979, Unternehmensberaterin, wohnhaft: Offenbach.

Offensichtlich hatte der Algorithmus in hohem Umfang Telekommunikation mit den genannten Personen in der Freizeit und Präsenz in der gleichen Funkzelle zur Nachtzeit entdeckt und hieraus auf sexuelle Beziehungen geschlossen.

Über das Privatleben von Frau Delius war bislang nichts an die Öffentlichkeit gedrungen. Die erfolgreiche Unternehmerin mit dem kühlen Sexappeal war allen Reporterfragen diesbezüglich immer elegant ausgewichen. Tüchtige Medienanwälte der AEP signalisierten Journalisten mit teuren Abmahnungen, dass private Angelegenheiten der vermögenden Unternehmerin tabu waren. Neugierig klickte Delius auf den Namen »Düngel«. In dem Moment schaltete Ellen den Monitor aus. »Frau Ministerin, bei allem Respekt, aber das dürfen Sie nicht. Das verletzt Persönlichkeitsrechte von Dritten!«

»Ja, Sie haben natürlich recht.« Nach einem Moment des Schweigens sah Delius Ellen in die Augen. »Aber nun haben Sie also Kompromat gegen mich … Sie wissen jetzt, dass ich Frauen liebe.«

»Ich glaube nicht, dass gleichgeschlechtliche Liebe in Deutschland heute noch ein nennenswertes Kompromat wäre.« Dann fügte Ellen lächelnd hinzu: »Davon abgesehen: Glauben Sie wirklich, Sie sind die Einzige in diesem Raum, die schon einmal eine Frau geküsst hat?«

Delius erwiderte Ellens Lächeln verschämt. Für mehrere Sekunden sahen sich beide in die Augen. »Dann ist mein Geheimnis also bei Ihnen sicher?«

»Ich bewahre Ihr Staatsgeheimnis in meinem Busen ...« Die beiden Frauen schmunzelten. Dann fiel Delius wieder in ihre Rolle zurück.

»Frau Dr. Strachwitz, Ihr Ruf eilt Ihnen voraus. Sie gelten parteiübergreifend als exzellente Juristin und auch Expertin für Terrorismusbekämpfung. Auch nach den Ereignissen vom Sommer hat meine Partei an Ihnen keine Kritik geübt. Ihrer Kompetenz wird bei uns großes Gewicht beigemessen.«

»In allen Parteien, soweit ich hörte ...!«, kokettierte Ellen grinsend.

»Die kommenden Wochen sind entscheidend für die sicherheitspolitischen Weichenstellungen der neuen Regierungskoalition. Wir würden Sie gerne für ein Referat über Sicherheitspolitik in meiner Fraktion gewinnen.«

»Für Parteien und Fraktionen stehe ich nur im Rahmen meiner dienstlichen Verpflichtungen zur Verfügung«, erwiderte Ellen. »Ich vermeide Termine, die nach außen hin als Vereinnahmung aufgefasst werden könnten. Ich verhalte mich parteipolitisch möglichst neutral, es darf nicht der Eindruck entstehen, dass ich eine Partei etwa im Verhältnis zu unserem parteienrechtlichen Auftrag berate oder bevorzuge.«

»Ich habe aber großes Interesse an einem Gedankenaustausch. Als Heimatministerin repräsentiere ich ja nicht nur meine Partei, sondern quasi einen Teil des Innenministeriums. Wenn ich es mir genau überlege, bin ich ja so etwas wie Ihre übergeordnete Behörde, oder?«

»Die vertraulichen Abmachungen der Koalition sind mir noch nicht bekannt. Schwerd macht ein großes Geheimnis daraus.«

»Sehen Sie, da habe ich Ihnen ja sogar spannende Geheimnisse anzubieten! Wann sind Sie wieder in Berlin?«

»Ab Dienstag die ganze Woche. Ich habe in Berlin einen zweiten Dienstsitz in Treptow. Ich bleibe wohl bis Samstag.«

»Bei mir ist nur noch der Freitagabend frei. Warum machen wir nicht ein Arbeitsessen unter vier Augen?«

»Etwa in einem öffentlichen Restaurant?«

»Das Treffen sollten wir eher diskret halten. Kommen Sie doch einfach in mein Haus bei Potsdam.« Delius ergriff ihre Handtasche. »Ich erwarte Sie dann um 20 Uhr!«

6

Stefan Hoffmann, ein drahtiger Mittvierziger, machte auf Jörg einen guten Eindruck. Stilecht mit einem Unimog holte der Funktionär des Speidel-Bunds seinen Gast vom Bahnhof Kassel-Wilhelmshöhe ab, um ihn auf das Gelände des Lehrgangs zu fahren. »Es wundert mich, dass du noch kein Speidler bist! Wir haben viele Ex-Mitglieder aus dem KSK. Wir haben die in gute Positionen gebracht. Im Ernst: Der Speidel-Bund sorgt für seine Leute. Wir haben hervorragende Kontakte in die Wirtschaft. In der Security-Branche haben wir den Ruf überhaupt. Im letzten Jahrzehnt hat sich der Markt für Sicherheitsdienste verdoppelt. Inzwischen arbeiten 150 000 Leute in der Branche. Bodyguards mit KSK-Ausbildung sind gefragte Leute, aber die wirklich guten Stellen werden nur unter der Hand vergeben. Das läuft über uns. Und wir helfen Kameraden, die in Not geraten sind. Einer für alle, alle für einen!«

»Was sind das eigentlich für Leute, die an diesem Lehrgang hier teilnehmen?«, fragte Jörg.

»Ach, ganz unterschiedlich. Diesmal haben wir einige Sicherheitsprofis dabei, die sich auf kritische Situationen qualifiziert vorbereiten wollen, außerdem auch fünf Polizisten und ein paar Ex-Soldaten, die mal was Härteres erleben wollen. Die wollen mit einem echten KSKler arbeiten. Seit den Anschlägen in Hamburg haben wir großen Zulauf. Die Leute vertrauen nicht mehr darauf, dass der Staat ihre Sicherheit garantiert. Die ganzen linken Sozialromantiker haben ja bei der Wahl so richtig eine Klatsche gekriegt.«

»Ich habe die Stimmung nach Hamburg gar nicht so mitbekommen, ich war das Jahr über in irgendwelchen Ländern. Die Bundeswehr ist ja derzeit überall.«

»Nur nicht da, wo man sie braucht, nämlich an der Heimatfront! Mit Deutschland geht es rapide bergab, wenn sich da nichts ändert. Hoffen wir, dass jetzt die neue Regierung das besser hinkriegt.«

Der Wagen bog auf das Gelände einer stillgelegten Betonfabrik ab. »Das gehört einem unserer Mitglieder. Wir können hier machen, was wir wollen. Wir könnten sogar scharf schießen, also richtig im Gelände und so weiter!«

Nach einigen Hundert Metern Wald hielt der Wagen an ein paar Zelten mit Flecktarnfärbung, wo bereits die Gruppe Abenteurer beim Grillen auf ihren ungewöhnlichen Dozenten wartet.

»Das ist der Jörg!«, stellte Stefan seinen Gast vor. »Ab morgen hat er hier das uneingeschränkte Kommando. Aber heute ist erst einmal Kameradschaftsabend angesagt!«

»Ich möchte aber noch vor Einbruch der Dunkelheit das Gelände begehen, um das Programm für morgen vorzubereiten. Sicherheit geht vor.«

»Kein Problem! Ich muss noch andere abholen. Janina, führst du unseren Gast ein bisschen rum?«

»Klar!« Eine sportliche junge Frau in Militaryklamotten gab Jörg selbstbewusst die Hand. Ihr hell blondiertes Haar reichte bis zum Po, ihren linken Oberarm zierte die martialische Tätowierung eines Greifvogels. Bevor Jörg sich irgendwelche Hoffnungen machen konnte, klärte Stefan die Besitzverhältnisse durch eine vertraute Umarmung und verabschiedete sich. Jörg fielen die olivgrünen Freundschaftsbändchen auf, die Janina und Stefan jeweils trugen.

»Du bist also beim KSK?«, erkundigte sich Janina mit leuchtenden Augen.

»Ich darf diese Frage nicht beantworten ...«, grinste Jörg. »Wenn es so wäre, dürfte ich das nicht einmal meiner Ehefrau erzählen.«

»Und hältst du dich da wirklich dran ...?«

»Ich bin unverheiratet ...! Was treibt eigentlich dich zu einem Lehrgang wie diesem?«

»Ich bin halt mit dem Stefan zusammen, der organisiert das alles. Und ich finde cool, was der Speidel-Bund so macht. Jetzt im Winter waren wir in Österreich und haben mit Freunden im Schnee einen auf Gebirgsjäger gemacht. Echt abgefahren!«

»Bist du bei der Bundeswehr?«

»Nein, ich habe mich mit 18 nicht für Politik interessiert. Heute würde ich das sofort machen!«

»Du weißt aber schon, dass du schlecht verdienst und dich zu Hause jeder für ein Arschloch hält, weil du Leute totschießt?«

»Was die linken Bazillen so rumtröten, geht mir am Arsch vorbei. Seit dem Kanacken-Terror in Hamburg nimmt diese Multikulti-Spinner doch ohnehin keiner mehr ernst. Ich finde total wichtig, was du für unser Land machst!«

Jörg erwiderte darauf nichts. Der sogenannte »Krieg gegen den Terror« ergab für Jörg schon lange keinen Sinn mehr, erschien ihm eher als Selbstzweck. Im Gegenteil produzierte der endlose Krieg gegen Länder in der arabischen Welt Hass und Rachegelüste. Hätte umgekehrt Afghanistan Deutschland bombardiert, wäre Jörg der Erste gewesen, der in Kabul Bomben gelegt hätte.

»Was machst du so, wenn du nicht mit Jungs Krieg spielst?«

»Ich bin Industriekauffrau.«

»In welcher Branche?«

»Wir verticken Klingeltöne. Ist ein Millionengeschäft. Ich betreue das Billing.«

Jörg verkniff sich einen Kommentar. Während es in seinem Beruf um Leben und Tod ging, hatte Jörg für nutzlose Dinge wie Klingeltöne nur Verachtung übrig. Bevor Jörg eine diplomatische Bemerkung einfiel, legte Janina nach.

»Und nebenher mache ich Kohle mit meinem YouTube-Kanal. Ich bin Influencerin!«

»Cool«, heuchelte Jörg höflich und vermied weitere Fragen. Beim besten Willen verstand er nicht, weshalb Leute einander beim Unboxing von Produkten und beim Schminken zusahen.

Auf einer Lichtung standen ausrangierte Fahrzeuge, die offenbar für Kriegsspielchen herhalten sollten. »Machen wir mal einen Test!«, sagte Jörg. »Wenn du Deckung suchen müsstest, wo würdest du hinlaufen?«

Janina lachte, lief los und duckte sich hinter einem PKW.

»Game over. Wenn das jetzt ernst wäre, wärst du jetzt tot! Hinter einem Auto kann man sich zwar verstecken, aber anders als im Kino gehen sogar Pistolenkugeln problemlos durch die Karosserie. Eine Chance hast du höchstens hinter dem Motorblock. Und dazu musst du aber wissen, ob das Auto den Motor vorne oder hinten hat. Viele Elektroautos haben gar keinen Motorblock mehr. Und für ein Gewehr mit Vollmantelgeschoss ist auch ein Motorblock machbar. Deine einzig richtige Option wäre gewesen, dich da überhaupt nicht zu verstecken!«

Janina zog eine Schnute. »No risk, no fun.«

Zurück im Camp, stellte Stefan seinem Gast die anderen Teilnehmer des Lehrgangs vor. Jörg hatte kein echtes Interesse, die Leute persönlich kennenzulernen. Was Zivilisten so erlebten und wie sie mit ihren belanglosen Abenteuerchen prahlten, war für einen erfahrenen KSK-Mann langweilig. Stattdessen vertiefte er sich in sein Lehrgangskonzept. Doch immer wieder entglitt ihm der Blick zu Janina.

Am späten Abend hielt eine Mercedes S-Klasse vor dem Camp. Als Dr. Nessel vom Vorstand des Speidel-Bunds das Essenszelt betrat, erhoben sich alle ehrfürchtig. »Guten Abend, Kameraden. Rühren!«, kommandierte Nessel mit einem Augenzwinkern. »Meine Herren, im Kofferraum finden Sie ein gut gekühltes Bierfass. Holen müssen Sie sich das aber selber!« Er wandte sich zu Stefan und Jörg »Und Sie müssen unser Supermann sein. Habe ja tolle Sachen von Ihnen gehört. Bin verdammt stolz, dass wir Sie für unseren Lehrgang gewinnen konnten!«

»Ich weiß nicht, von welchen Sachen Sie sprechen.« Wie konnte ein Zivilist von der geheimen Operation erfahren haben, zu der nicht einmal Akten existierten?

Nessel lachte und raunte verschwörerisch: »Sie haben natürlich recht. Ich weiß natürlich von nichts ... Aber sagen Sie mal, was macht ein Mann mit Ihren Talenten beim Heer in normaler Verwendung? Das ist ja mal wieder eine Verschwendung von Ressourcen! Sie gehören doch wohl ins KSK, wo Sie offensichtlich mal waren, oder?«

»Ich kann darüber leider nicht reden. Tut mir leid.«

»Ich habe den Eindruck, dass Ihnen für Ihr Fortkommen ganz offensichtlich die nötigen Verbindungen fehlen. Vielleicht können wir was für Sie tun. Aber lassen Sie uns erst einmal das Finanzielle erledigen. Hier sind 3 000 Euro in bar, von unserem Sponsor. Können Sie sich so einstecken, Quittung brauchen wir nicht.«

»Danke, Herr Dr. Nessel!«

»Erwin! Wir sind hier eine Familie. Die Hardthöhe hat dir eine ganze Woche frei gegeben. Wo wohnst du, wenn du nicht im Feld bist?«

»Im Moment habe ich keine Bude, meine Sachen habe ich eingelagert. Wenn man das ganze Jahr auf Achse ist, lohnt sich keine Wohnung. Ich werde mir irgendwo ein Hotel nehmen.«

»Spar dir das Geld. Der Speidel-Bund vermittelt leer stehende Wohnungen und Zweitwohnsitze von Kameraden, etwa für Veteranen in Not. Wir wissen, dass ihr beschissen bezahlt werdet. Ihr riskiert euern Arsch für unser Land, und dann lässt man euch hängen. Nicht mit uns! Stefan, schau doch mal, ob am Edersee die Woche was frei ist.«

Stefan schaute auf seine App. »Edersee Süd ist diese Woche verfügbar. Ich blocke das mal bis Sonntag!«

»Und denke nicht einmal an Widerrede. Ich bin sicher, es wird dir da gefallen, Jörg. Wo du doch so gerne tauchst. Und jetzt stoßen wir erst einmal an – auf dein Abenteuer neulich, von dem wir beide offiziell nichts wissen!«

Um 9 Uhr morgens warteten die Teilnehmer des Lehrgangs auf der Lichtung, zu der Jörg sie bestellt hatte. Auf einmal klingelten gleichzeitig sämtliche Handys. »Guten Morgen! Als Erstes lernen wir die Tarnung. Ihr habt euch alle durch euer Mobilfunktelefon verraten. Ein Gegner hätte euch frei nach Gehör gerade abgeballert! Ihr seid nicht nur akustisch, sondern auch fernmeldeelektronisch für einen Gegner leicht zu orten. Ich hingegen bin unsichtbar, ich kann euch aber sehen. Und wen ich sehen kann, den kann ich auch erschießen. Ihr habt eine Minute Zeit, mich zu finden! Und los!«

Die Leute sahen sich amüsiert um und musterten die Umgebung, manche liefen umher, einer versuchte es mit dem Fernglas. Einige vermuteten Jörg auf oder hinter Bäumen, aber zu sehen war niemand. In nicht einmal hundert Metern Entfernung erhob sich Jörg unerwartet aus der Waldwiese. Die Teilnehmer stöhnten.

»Im Ernstfall wäre für euch jetzt der Krieg zu Ende! Im Vietnamkrieg haben die Amis den Dschungelkrieg verloren, obwohl sie ungleich stärker bewaffnet waren. Warum? Weil der Vietcong sich perfekt unsichtbar gemacht hatte. Und weil sich die Amis ständig verraten haben, bevor sie überhaupt kamen. Amis können nämlich keine Funkstille halten! Die glaubten damals nicht, dass vietnamesische Bauern in der Lage sind, den Militärfunk aufzufangen und englische Sprache zu verstehen. Das konnten die Vietnamesen aber mit umgebauten Radios problemlos und warnten ihre Leute, bevor die Bomber auch nur abhoben. Die Vietnamesen haben den Luftkrieg gewonnen, ohne ein eigenes Flugzeug zu haben, weil die Amis ihre Bomben fast nur in den leeren Wald geworfen haben. Unterschätzt niemals den Gegner! Die Taliban mögen primitiv sein, aber auch die haben Geräte, mit denen sie Handys orten können. Wenn ihr gewinnen wollt, müsst ihr mit allem rechnen und in jeder Hinsicht unsichtbar sein. In der Natur ist eine Uniform mit Flecktarnaufdruck hilfreich, aber wirklich unsichtbar wird man damit nur im Liegen. Um den Gegner gefahrlos beobachten zu können, habe ich mein Gesicht mit dunklen Farben asymmetrisch geschminkt. Das Wesentliche ist aber dieser Hut hier. Das Flecktarnmuster alleine reicht nicht, aber wenn man an der Hutkrempe zu 70 Prozent Pflanzen aus der Umgebung befestigt, verschmilzt man optisch mit der Umgebung. Wenn ich im Gras liege, sieht der Gegner frontal praktisch nur den als Wiese getarnten Hut, aber nicht den Soldaten darunter.

Wenn ihr eine Wiese spielt, habt ihr aber das Problem, dass Pflanzen sich normalerweise nicht besonders schnell bewegen. Damit euer Gegner keine laufenden Pflanzen zu sehen bekommt, müsst ihr taktisch vorgehen. Eure wichtigste Spezialausrüstung ist nicht der Hut hier, sondern etwas, das zwar nichts wiegt, aber trotzdem sehr schwer ist: Geduld und Disziplin. Ihr müsst es schaffen, nichts zu tun, und das mindesten drei Minuten. Vor jedem Bewegungswechsel müsst ihr so lange wie möglich abwarten, sonst war es vielleicht euer letzter. Der wichtigste Muskel, den ihr im Kampf zur Verfügung habt, befindet sich nämlich zwischen euten Ohren! Ihr müsst lernen, ein Gelände zu lesen. Das Warten hat aber auch den taktischen Vorteil, dass ihr die Zeit zur Planung eurer übernächsten Schritte nutzen könnt. Die Zeit ist gut investiert. Denn auch der Gegner tarnt sich und schlägt aus dem Hinterhalt zu. Die Taliban etwa haben mehrere Hundert Jahre Heimvorteil. Da taucht plötzlich einer aus dem Nichts auf, murkst neben dir deinen Kameraden ab und verschwindet wieder. Unsichtbar zu werden heißt auch, möglichst keine Spur zu hinterlassen. Wir werden die nächste Stunde üben, wie wir von dieser Seite möglichst ungesehen über das Tal zur anderen Seite kommen. Heute Nachmittag zeige ich euch, wie man unsichtbar in der Großstadt kämpft.«

Jörg zeigte auf einen Teilnehmer mit einem farbigen T-Shirt. »Du läufst in einer Zielscheibe rum. Zieh das Hemd aus, tauch das einmal in ein Schlammloch und zieh es dann durch den Dreck. Dann lebst du länger!«

Jörg deutete nun auf die blonde Janina. »Du kannst dich perfekt als Heuhaufen tarnen!« Die Leute lachten. »Leider liegt hier aber kein Heu, daher passen wir dich besser der Umgebung an!« Mit diesen Worten steckte Jörg Janina ein Büschel Farn ins Haar, das von ihrem strammen Zopf gehalten wurde. Er setzte spaßeshalber an, das Gleiche bei einem anderen Teilnehmer zu tun, was ebenfalls Gelächter auslöste – der Mann hatte eine Glatze.

7

Dr. Ellen Strachwitz verließ ihr Haus stets perfekt gestylt, standesgemäß in Kostüm oder Business-Dress gekleidet. Statt einer Brille bevorzugte sie Kontaktlinsen, nie sah man sie ohne ihren silbernen Ohrschmuck. Sonntags aber verließ das Haus nur eine »Christine Lampmann«, die auf Make-up verzichtete und schlabberige Batik und Hippie-Ohrschmuck trug. Eine markante Brille veränderte Ellens Look, die gepflegte Frisur verschwand unter einem Strohhut aus dem letzten Spanienurlaub, die Stilettos wichen flachen, bequemen Sandalen. Am Sonntag gehörte sie dem einzigen Mann, der ihr noch etwas bedeutete. Philip »Lampmann« war vier Jahre alt und von Anfang an ein Staatsgeheimnis gewesen. Vor den Medien und fast allen beruflichen Kontakten hatte sie ihre Schwangerschaft erfolgreich verborgen. Wer ihre Umstände erkannt hatte, war taktvoll genug, die geschiedene Frau nicht darauf anzusprechen.

Ursprünglich war die Konspiration um die Geburt und Existenz von Philip ein Provisorium. Das Problem sollte sich langfristig von selbst erledigen, denn es war nicht abzusehen, dass sich Ellen an der Spitze des Inlandsgeheimdienstes so lange halten würde. Die Position galt traditionell als Schleudersitz, aber auch konkret als gefährlich. In den Zeiten der Rote Armee Fraktion wäre eine Präsidentin des Bundesamtes für Verfassungsschutz für Terroristen ein attraktives Ziel gewesen. Nach dem erdrutschartigen Wahlsieg der rechtspopulistischen AEP allerdings war eine Neuauflage auch des Linksterrorismus nicht mehr ausgeschlossen, sodass sich das Verbergen von Philip nun auszahlte. Am wenigsten aber sollte der Vater je von seinem Sohn erfahren.

Im Villenviertel Marienburg konnte Ellen ihre Kleinfamilie perfekt verstecken. Hier wohnten betuchte Kölner so abgeschottet und diskret, dass Nachbarn voneinander oft nur die dunkel getönten Autos mitbekamen, die in Garagen verschwanden. Ellens größte Sorge war, dass Philip vielleicht eines Tages zum Kindermädchen eine stärkere Bindung als zur meistens abwesenden Mutter aufbauen würde. Konsequent reservierte sie daher die Wochenenden stets für ihren kleinen Mann.

Heute ging es in einen der vielen Kölner Stadtparks, wo Ellen von den anderen Muttis nicht zu unterscheiden war, erst recht erwartete dort niemand die Präsidentin des Inlandsgeheimdienstes. Auch die Personenschützer, die in zwanzig Metern Abstand »Christine« und ihrem Sohn folgten, waren leger gekleidet. Ellen genoss das Wetter und den um sie herumschwirrenden kölschen Dialekt. Sie hatte sich in die Stadt und die gemütliche Lebensart der Rheinländer verliebt, der Gedanke an das hektische Berlin mit der sprichwörtlichen Schnauze behagte ihr nicht sonderlich. Aber wenn sie tatsächlich zum BND wechseln würde, müsste Philip im rauen Berlin aufwachsen.

Vielleicht war das mit dem BND ja auch bloß eine Schnapsidee. Wenn die AEP nun mitregierte, war es nur eine Frage der Zeit, bis auch im Geheimdienst ein anderer Wind wehen würde. Noch waren die gewachsenen Strukturen autark, den Staatssekretären war es nahezu egal, wer »unter« ihnen Minister spielte.

Ellen beneidete die vorbeilaufenden Joggerinnen, die sich ohne Bodyguards bewegten. Ironischerweise war es die Präsidentin des Inlandsgeheimdienstes, die konspirativ lebte, ohne ihr Privatleben vor den Personenschützern verbergen zu können. Erstaunlich schnell hatte sie sich allerdings daran gewöhnt, dass man sie beim Überwachen von Philip überwachte.

Mitte 40 alleinerziehende Mutter zu sein, entsprach eigentlich nicht Ellens Lebensplanung. Letztes Jahr hatte sie sich einmal auf eine 8oer-Jahre-Party getraut und bedauert, in ihren Studienzeiten zu wenig gefeiert zu haben. Als Person des öffentlichen Lebens befürchtete sie ständig, erkannt zu werden. Nachdem dort Leute begannen, sich auf der Tanzfläche gegenseitig mit dem Handy zu fotografieren, hatte sie die Party vorzeitig verlassen. Eine Disco-Maus als Geheimdienst-Chefin sollte nicht die Schlagzeile werden, die ihre Karriere beendete. Auch Tinder betrachtete sie als Sicherheitsrisiko. Die einzigen Männer, die sie in den letzten Jahren kennengelernt hatte, waren ihre Kollegen und die Personenschützer.

Ellen war im Laufe der Jahre hart geworden. Ihre Behörde arbeitete etwa mit ausländischen Geheimdiensten eng zusammen, die ihre Informationen unter anderem durch Folter und Erpressung gewannen. Im Namen der inneren Sicherheit gab auch der Verfassungsschutz Informationen an Partnerdienste preis, obwohl klar war, dass dies Menschen in existenzielle Nöte brachte. Mit diesem zynischen Spiel klarzukommen, ohne dem Alkohol zu verfallen, war die eigentliche Herausforderung. Umso wichtiger waren Ellen die Sonntage, um abzuschalten und sie mit dem einzigen Menschen zu verbringen, dem sie total vertraute.

Das Problem an Ellens Sonntagen war allerdings, dass sie nie wirklich abschalten konnte. Aus ihrem Rucksack holte sie ihr dienstliches Notebook, das mit einem absurd hohen Grad verschlüsselt war. Bei Freigabe des Bildschirms zeigte ein von ihr konfiguriertes Programm eine pikante Meldung an. So betrieb Ellen ein geheimes Monitoring von Personen, bei denen sofort angezeigt wurde, wenn Erstkontakte mit nachrichtendienstlich relevanten Verdächtigen erfolgten, etwa Telefonate, Mails oder längeres Verweilen von Handys in der gleichen Funkzelle.

Zielperson: Jörg Weberling. Gemeldet in Wuppertal.
Zielperson traf Janina Stadler vom 18.05.18 bis jetzt.
Zielperson traf Stefan Hoffmann vom 18.05.18 bis jetzt.
Zielperson traf Dr. Erwin Nessel vom 18.05.18 bis 18.05.18.
Ellen klickte die Namen der erfassten Personen an.

Janina Stadler, * 1991, wohnhaft: Gera. Erfassung durch Referat Neurechte. Erfassungsgrund: politische Aktivitäten in öffentlichen Medien. Einordnung: politische YouTube-Influencerin. Beruf: Kauffrau.

Stefan Hoffmann, * 1971, wohnhaft: Kassel. Erfassung durch Referat Neurechte. Erfassungsgrund: Kontakte mit beobachteten Personen. Einordnung: Funktionär im Speidel-Bund. Beruf: Spediteur. Ehemaliger Zeitsoldat.

Dr. Erwin Nessel, * 1963, wohnhaft: Hannover. Erfassung durch Referat Neurechte. Erfassungsgrund: Kontakte mit beobachteten Personen, Geheimnisträger Bundeswehr. Einordnung: Unternehmer, Funktionär im Speidel-Bund.

Speidel-Bund e. V., * 2004, wohnhaft: Berlin. Erfassung durch Referat Neurechte. Zuständigkeit beim BMAD.

Ellen stutzte. Entweder war die Organisation ein harmloser Veteranenverband, der keine Beobachtung wert war, oder aber der Militärische Abschirmdienst wilderte mit der Überwachung eines privaten Vereins im Revier des Verfassungsschutzes und hatte diesen sogar ausgebremst. Das würde ihr der Leiter des Referats Neurechte demnächst erklären müssen. Und Jörg, jener Elitesoldat, der 2013 zwischen die Fronten der Geheimdienste geraten war, war wieder aufgetaucht. Dass ein Soldat einen Veteranenverein besuchte, war nichts Ungewöhnliches, ebenso wenig, dass sich dort Patrioten aufhielten und solche, die man im Verfassungsschutz deutlich weiter rechts einstufte.

Ellen checkte auf YouTube, was »Janina Stadler« so von sich gab. Die Influencerin kam auf über 30 000 Follower. Für eine politische YouTuberin war das eine überschaubare Reichweite, vermutlich wirkte sie nur in der rechten Szene. Erfolgreichstes Video war ihr Erfahrungsbericht in der Handelsschule über Mitschüler aus dem arabischen Kulturkreis, die sich weigerten, Frauen die Hand zu geben. Dabei demaskierte sie die Verlogenheit »linksgrünversiffter Journalisten« und fühlte sich von Politik und Staat betrogen. Anders als etwa eine tumbe NPD-Funktionärin wirkte die junge Frau allerdings durchaus sympathisch und intelligent, nahm die Phrasen und angeblichen Haltungen ihrer politischen Gegner mit Sarkasmus auseinander und bediente ihr Publikum mit Mut zu »unerwünschten Themen«. Sex-Appeal hatte die selbstbewusste Frau mit dem markanten Tattoo sowieso.

Es waren etwa 200 Influencer wie diese Janina, die vor der Wahl im September 2017 die Stimmung zugunsten der AEP maßgeblich angeheizt hatten. Auch den Mord eines Flüchtlings an der Tochter seiner Gastfamilie hatten etliche YouTuber mit großer Reichweite kommentiert, während sie von Deutschen begangene Verbrechen nicht zu interessieren schienen. Waren Wähler und Unterstützer der AEP von den Medien und Meinungsführern nahezu geächtet und als Nazis beschimpft worden, hatten selbstbewusste Influencer wie Janina eine Gegenöffentlichkeit geschaffen, in der traditionelle Werte wieder hochgehalten wurden.

Der AEP hatten es die konventionellen Medien leicht gemacht, ihnen das Publikum abspenstig zu machen. Viel zu spät erkannten die professionellen Journalisten, dass YouTube ihre Deutungshoheit längst entzaubert hatte. Trotz ihrer vermeintlichen Kompetenz hatten praktisch alle prominenten Journalisten das Ergebnis der US-Wahl falsch vorhergesagt, die Brexiteers für gescheitert erklärt und Russland dämonisiert, obwohl Moskau offensichtlich keine Kriege auf fremden Kontinenten führte – im Gegensatz zu Washington. Fernsehen und gedruckte Presse galten ohnehin als die Medien alter Leute, insbesondere in Ostdeutschland hatten viele von den Wessi-Zeitungen mit ihrem als pädagogisch empfundenen Habitus genug. Nachdem ein sogenanntes Framing-Handbuch geleakt wurde, mit dem öffentlich-rechtliche Sender angeleitet wurden, politische Entscheidungen im Sinne der damaligen Bundesregierung unterschwellig zu propagieren, hatten vor allem TV-Journalisten ein Glaubwürdigkeitsproblem.

Hatte der Verfassungsschutz lange vor Videos religiöser Fanatiker gewarnt, die Muslime an den Bildschirmen radikalisierten, waren es nun rechtspopulistische und neurechte Influencer, die das Denken vor allem junger Leute in Bahnen lenkten. Mit Sorge registrierte man auch im Verfassungsschutz, dass das von den Aktivisten geschürte Klima zu Extremismus führte und insbesondere nicht kontrollierbare Wahnsinnige in ihrem Hass auf Fremdartiges bestätigte. Nach dem Anschlag von Hamburg hatte der bekannte YouTuber »Gerstel« kurz vor der Wahl mit einem Video alle Rekorde gebrochen, in dem er mit einem geschickten Zusammenschnitt von Äußerungen und Fehlschlägen das Versagen der Bundesregierung beim Schutz der Bevölkerung anprangerte. Auch etablierte Kommentatoren aus dem konservativen Lager schlugen heute Töne an, die noch ein Jahrzehnt zuvor als Deutschtümelei verpönt waren. Die führende Boulevardzeitung arbeitete bei ihren Aufmachern sogar offen mit Ressentiments, die manchem als rassistisch galten. Und auch das öffentlich-rechtliche Fernsehen beschäftigte nunmehr auch Comedians und Kabarettisten, die sich über ›linksgrün Versiffte‹ lustig machten.

Ellen sah sich nach möglichen Zuhörern um und rief auf dem gesicherten Handy ihren Stellvertreter Höch an. »Chefin hier!«

»Dir auch einen schönen Sonntag …!«

»Was wissen wir über den Speidel-Bund?«

»Der Speidel-Bund …« Höch lachte verlegen. Offenbar gab es nichts, was seine Laune irgendwie zu trüben vermochte. »Hm, das war eine Operation vor Ihrer Zeit bei uns. Ursprünglich hatte das niedersächsische Landesamt für Verfassungsschutz den Speidel-Bund als Honeypot für Rechtsradikale gegründet. Die hatten sogar einen Undercover-Mann als Vereinsgründer. Aber dann gab es Knatsch mit dem Militärischen Abschirmdienst, weil die meinten, dass die Beobachtung von Veteranen eine militärische Angelegenheit sei. Die waren sauer, weil da viele Geheimnisträger andockten, KSK-Leute usw. Wir haben dem MAD dann das Feld überlassen. Man muss denen das Gefühl geben, die wären wichtig!«

»Das ist Unsinn. Der Speidel-Bund ist ein zivilrechtlicher Verein, der fällt in unsere Zuständigkeit. Ob da ehemalige Bundeswehrangehörige dabei sind, spielt für uns keine Rolle! Da kann der MAD vielleicht unser Gast sein, hat uns jedoch nicht reinzureden.«

»Tja, wir haben das halt so gemacht. Klawitter hatte da seine Hand drüber, der war damals hier zuständig und hat wohl auch Spezis beim MAD. Also wir beobachten diese Leute nicht aktiv, wir haben da niemanden drauf angesetzt. Uns ist allerdings letztes Jahr ein V-Mann zugelaufen, der findet, dass die Speidel-Leute da sehr weit nach rechts abdriften. Aber wir haben für solche Anschuldigungen keine zweite Quelle, der MAD konnte das bislang nicht bestätigen.«

»Und warum erfahre ich davon erst heute?«

»Wir haben nichts Konkretes. Der V-Mann sieht wahrscheinlich Gespenster. Der will auch kein Geld oder so, der ist aus ideellen Motiven unterwegs, schon deshalb bin ich skeptisch. Solche Leute haben meistens eine politische Agenda und sehen überall Nazis. Ich denke, dass der MAD die Sache im Griff hat.«

»Haben wir den V-Mann an den MAD übergeben?«

»Nein, der vertraut dem MAD nicht. Die halten seine Berichte auch für übertrieben.«

»Bitte übersende mir die Akten zu dem Vorgang und fordere einen Bericht beim MAD an!«

»Hast du einen konkreten Anlass?«

»Nein, ist mehr so ein Bauchgefühl.«

Ellen hörte Philip heulen. Ein schlecht beaufsichtigter großer Hund hatte ihren Sohn verängstigt. Sie benötigte nur Sekunden, um dem Hund zu kommunizieren, wer das Sagen hatte und wer nicht. Energisches Auftreten funktionierte bei Kleinkindern, Hunden und Spionen.

8

»Das ist für diese Woche dein neues Zuhause.« Stefan präsentierte Jörg das ansprechend eingerichtete Ferienhaus direkt am Edersee.

Die Tage im Wald waren für Jörg Kindergeburtstag, den Teilnehmern aber hatte er ein hartes Training abverlangt und ihnen viel über Disziplin, Taktik und Teamwork erzählt. Dann hatte er die Partisanen durch den ›hessischen Bürgerkrieg‹ geführt, in dem man erfolgreich Geiseln aus einem gekaperten Bus befreite, ein belagertes Haus stürmte und schwieriges Gelände unsichtbar durchquerte. Es gab auch kein Murren, als Jörg Alkohol verbot, um in den frühen Morgenstunden ein Nachtmanöver zu trainieren. Als besonders eifrig hatte sich Janina erwiesen, obwohl sie eher wie ein Model als eine Kämpferin wirkte.

Am Sonntagnachmittag dann hatten ihn Stefan und Janina zum verfügbaren Haus des Speidel-Bund-Kameraden gefahren. »Du musst nur ersetzen, was du aus dem Kühlschrank nimmst. Wenn du Bock hast, kannst du sogar mit dem Kanu rausfahren!«

»Kann ich mich hier mal eben duschen, bevor wir heimfahren?«, fragte Janina. »Ich bin total durchgeschwitzt!«

»Na klar!«

Janina zog sich ohne jede Scham vor den Männern aus. Das hätte sie genauso gut im Bad tun können, dachte sich Jörg. Wahrscheinlich wollte sie ihre Coolness beweisen, oder sie stand einfach darauf, ihren Body zu präsentieren.

»Scharfer Feger, was?«, grinste Stefan. »Hast du 'ne Alte?«

»Ich kann aus Sicherheitsgründen nicht darüber reden.«

»Bleib locker! Du bist hier unter Freunden. Der Erwin Nessel war früher selbst bei den Fallschirmjägern, bei der ganz harten Truppe. Der ist extrem gut verdrahtet. Was der schon alles durchgeboxt hat, also auf den kannst du echt zählen! Wir haben hier

Leute dabei mit posttraumatischem Stresssyndrom. Die hat der fast alle in ordentlichen Jobs untergebracht, und das erkennen die auf der Hardthöhe an. Wenn der Erwin nett fragt, dann geht so ziemlich jede Tür auf. Der kennt die ganzen Sicherheitschefs in der Industrie, die haben da alle Respekt vor dem. Wenn du irgendein Problem hast, egal was, der Erwin hilft dir und der kennt die richtigen Leute. Mir selbst hat er mal einen Super-Anwalt besorgt, als ich Stress hatte. Und wir vom Speidel-Bund, also für den Erwin würden wir jederzeit durch die Hölle gehen.«

»Ja, der Mann macht wirklich einen korrekten Eindruck!«

»Die Rückmeldungen von unseren Trainingsteilnehmern sind übrigens großartig!«, verriet Stefan. »Der Speidel-Bund möchte noch weitere Veranstaltungen mit dir machen!«

»Danke. Aber Zivilisten, ich weiß nicht. Da waren ja durchaus ein paar zweifelhafte Typen drunter. Ich meine, so Aktionen, wie wir sie trainiert haben, sind doch nichts für Amateure.«

»Du meinst diese Prepper? Ja, heute lachen wir noch über die, aber ich sage dir, wenn das hier so weiter bergab geht mit Deutschland, dann kommt eines Tages wirklich der Zeitpunkt, an dem man sich fragt, wo man steht. Du sagst doch selbst immer, Vorbereitung ist das A und O! Es ist nur eine Frage der Zeit, bis das hier durchknallt. Ich will auch vorbereitet sein, wenn es so weit ist.«

Janina kam aus dem Bad, wie Gott sie schuf. Gott musste damals einen guten Tag gehabt haben. Jörg tat so, als würde er sie nicht wahrnehmen, und wandte sich zu Stefan. »Glaubst du wirklich, dass es hier einen Bürgerkrieg geben wird?«

Stefan wiegte schweigend seinen Kopf hin und her.

»Guck dir doch mal die Geburtenrate an!«, kommentierte Janina. »Ist doch nur eine Frage der Zeit, bis wir hier mehr Moslems als Deutsche haben, und dann werden die uns hier übernehmen. Wenn du hier im Bus fährst, da hörst du doch niemanden mehr Deutsch sprechen. Wir sind heute fremd im eigenen Land. Und der Türken-Boss hat gesagt, die Deutsch-Türkinnen sollen nicht drei, sondern fünf Kinder gebären, damit die hier langfristig den

Laden übernehmen! Nach der Terror-Sache in Hamburg ist für mich Schluss mit lustig!«

»Du bist wohl wirklich etwas lange im Ausland gewesen«, unkte Stefan. »Hast du das mit den arabischen Clans mitgekriegt? Die kontrollieren in Berlin die Unterwelt, und die Polizei hat Schiss vor denen. Selbst im Gerichtssaal ziehen die Clans eine Schau ab und scheißen auf den deutschen Staat. Tollen Rechtsstaat haben wir da!«

»Krass!«, pflichtete Jörg bei.

»Dann muss man sich halt entscheiden, wo man steht«, konstatierte Stefan.

»Und ich stehe ganz klar zu unserer Kultur hier. Sollen die doch in ihren Heimatländern machen, was sie wollen!«

Jörg rutschten diese Worte vor allem deshalb aus dem Mund, weil er keine Lust auf eine Vertiefung des Themas hatte. Also sagte er seinen Gastgebern lieber das, was sie hören wollten. Mit »Ausländern« hatte sich Jörg im Großen und Ganzen immer gut verstanden, wenn er sich nicht gerade im Feld mit ihnen befasste. In der Bundeswehr hatte er mit türkischstämmigen Kameraden Freundschaft gepflegt, erst recht mit den Kollegen aus den anderen Elite-Einheiten. Die islamische Kultur kannte Jörg durch seine Einsätze vor allem in Afghanistan, die letzten Jahre hatte er sogar Sprachkurse der Bundeswehr in Arabisch besucht.

Janina und Stefan machten zufriedene Gesichter.

9

Auf Schloss Schönhausen in Berlin-Pankow war Ellen häufiger Gast als Rednerin und Teilnehmerin an Podiumsdiskussionen. Die dort untergebrachte Bundesakademie für Sicherheitspolitik fungiert als wichtigstes Parkett für den Austausch zwischen den Nachrichtendiensten, den Ministerien und dem Militär. Zutritt hatten nur Mitglieder der deutschen Sicherheitscommunity. Als einstige Gründungsdirektorin des Gemeinsamen Antiterrorzentrums der deutschen Sicherheitsbehörden und nunmehr Präsidentin des Bundesamts für Verfassungsschutz genoss Ellen in diesen Kreisen Respekt, zumal sie dem Inlandsgeheimdienst ein positives Image verschafft hatte.

Im großen Saal wartete das Fachpublikum auf Ellens Vortrag zu den Anschlägen vom letzten Sommer. Die Referentin befand sich im Smalltalk mit ihren Kollegen, als plötzlich das allgemeine Murmeln verstummte und die Blicke zur Tür gingen. Überraschend hatte Ministerin Delius nebst Entourage den Weg in die Bundesakademie gefunden. Die meisten kannten sie nur aus dem Fernsehen. Man hatte erwartet, dass sich ihr Ministerium wie die anderen auch von einem Staatssekretär vertreten lassen würde. In der heute schon besetzten ersten Reihe machten wohlerzogene Beamte sofort Platz.

»Guten Morgen, meine sehr geehrten Damen und Herren, sehr geehrte Frau Ministerin!«, begann Ellen ihren Vortrag. »Ich berichte Ihnen heute über die Erkenntnisse des Verfassungsschutzes zu den Anschlägen vom vergangenen Sommer. Am 16. August letzten Jahres griff der islamistische Fanatiker Yussuf N. den prominenten Comedian Guido Höcker mit einem Bajonettmesser an, weil dieser seiner Meinung nach den Islam beleidigt hatte. Höcker und ein ziviler Personenschützer erlitten schwere Verletzungen, bevor Yussuf N. überwältigt und den Behörden übergeben werden konnte. Über Yussuf N. hatten wir durchaus Erkenntnisse, wir haben ihn als einen von etwa 700 Gefährdern eingestuft. Allerdings hatten wir keine Hinweise auf konkret geplante Taten, die eine Beschattung oder andere Maßnahmen gerechtfertigt hätten. Dazu führen wir einfach zu viele Zielpersonen, denen Anschläge zuzutrauen wären.

Am 28. August trafen dann die drei Tunesier Mehdi R., Samir G. und Ilan F. in Zürich ein, wo sie vorgeblich an einer Hochzeit teilnehmen wollten. Die Schweizer Kollegen vom Nachrichtendienst des Bundes führten anhand der Fluggastdaten eine Überprüfung durch, die keine Hinweise ergab, die einer Einreise entgegengestanden hätten. Die Tunesier waren nachrichtendienstlich unbekannt, zumindest wurden sie nicht in europäischen Dateien geführt. Hinweise auf eine geplante Reise nach Deutschland gab es nicht. Eine Beschattung wäre kaum zielführend gewesen, da sich später erwies, dass die Täter sich konspirativ verhielten. So konnte durch Überwachungskameras rekonstruiert werden, dass die Terroristen ein Parkhaus aufsuchten und dort ihre Handys an einen Unbekannten übergaben, der eine falsche Fährte legte. Im Parkhaus wurden sie von einer fünften Person in einem fensterlosen Lieferwagen abgeholt und nach Deutschland gefahren. In Hamburg suchten die drei Tunesier einen bekannten Gebetsraum auf, wo sie in Kauf nahmen, von Zeugen und Überwachungskameras wahrgenommen zu werden. Dort wurden sie dann von Unbekannt mit Tatfahrzeug inklusive Waffen und Tatwerkzeugen abgeholt. Um 22.12 Uhr trafen die Täter am Schwulenclub ›Dorian‹ ein, wo sie den Notausgang mit ihrem Fahrzeug blockierten. Dann begaben sich die drei Täter mit halbautomatischen Waffen und Benzinkanistern zum Haupteingang, erschossen zwei Türsteher, drei Angestellte und sieben an der Kasse wartende Gäste. Die Täter betraten das von ihnen offenbar als unrein bewertete Gebäude nicht. Anschließend legten sie im Eingangsbereich Feuer und zogen dann zur Reeperbahn weiter. Aufgrund der streng beachteten Brandschutzverordnung und dem schnellen Eintreffen der Feuerwehr waren im ›Dorian‹ nur zwei weitere Todesopfer zu beklagen, die an Rauchvergiftung starben. Auf der Reeperbahn angekommen, eröffnete das Trio auf alles das Feuer, was ihnen als sündhaft erschien. Zu den Todesopfern zählen dreizehn Prostituierte, zwei Mitarbeiter von Ladengeschäften und zweiundzwanzig Passanten. Achtundvierzig Passanten wurden durch Schusswaffen zum Teil schwer verletzt, durch die hervorgerufenen Unfälle und Ausweichbewegungen kam es zu weiteren Körperverletzungen. Die Täter wurden durch Polizisten der Davidswache erschossen, wobei tragischerweise auch ein aus dem arabischen Raum stammender Mann tödlich getroffen wurde, der versuchte, einem der Täter die Waffe zu entreißen.

Die konkreten Motive der Terroristen sind unbekannt. Anders als Frankreich, eine vormalige Kolonialmacht, die sich in Nordafrika militärisch noch immer engagiert, hat Deutschland in der arabischen Welt traditionell einen guten Ruf. Wir wissen schlicht und ergreifend nicht, warum ausgerechnet Hamburg für aus dem Ausland eigens zugereiste Attentäter das Ziel war. Für Terroristen, die den Westen hassen, wären etwa US-Einrichtungen logischere Ziele gewesen. Zu den Hintermännern der Täter oder den beteiligten Organisationen haben wir nach wie vor keine Erkenntnisse, über den vierten Mann, der offenbar in der Schweiz die Waffen beschafft hatte, wissen wir bislang überhaupt nichts. Weder die elektronische Aufklärung noch unsere Partnerdienste waren in der Lage, die Gefahr im Vorfeld zu erkennen oder wenigstens im Nachhinein aufzuklären.

Wie Sie wissen, haben sich diese Ereignisse maßgeblich auf die öffentliche Meinung und insbesondere den Bundestagswahlkampf ausgewirkt. Die Ausschreitungen bei den Demonstrationen sind Ihnen ja bestens bekannt. Obwohl die drei zugereisten Täter nichts mit der Flüchtlingsproblematik zu tun hatten, wurde vor allem in den sozialen Medien eine Stimmung gegen Menschen aus dem arabischen Raum sichtbar, die sich signifikant in den Wahlumfragen niederschlug.«

Ellen hatte in ihrem Manuskript an dieser Stelle indirekte Sticheleien gegen die Wahlkampfkommunikation der AEP vorgesehen. Doch mit Heimatministerin Delius in der ersten Reihe, die nunmehr Teil der deutschen Sicherheitscommunity und eine politische Vorgesetzte war, wäre dies undiplomatisch gewesen.

»Bei aller stets berechtigten Kritik im Detail haben sich die deutschen Nachrichtendienste in diesen tragischen Fällen vom Sommer 2017 nichts vorzuwerfen. Wir sehen vorliegend keine Ermittlungsansätze, wie wir diese schrecklichen Taten hätten erkennen oder wenigstens eindämmen können. Ich stelle mich ausdrücklich vor meine Mitarbeiterinnen und Mitarbeiter, die Tag und Nacht nichts unversucht lassen, um die innere Sicherheit zu gewährleisten.«

Nun erwartete ihr Publikum die traditionellen Forderungen an die Politik, die Polizei und Geheimdienste mit noch mehr Personal, Geld und Befugnissen auszustatten. Doch statt dem üblichen Ritual sprach Ellen klar mit Blick auf die erste Reihe: »Aber selbst ein totalitärer Polizeistaat könnte Anschläge professionell agierender Terroristen, die den eigenen Tod akzeptieren, nicht effektiv verhindern. Wir Nachrichtendienste müssen die bittere Erkenntnis akzeptieren, dass es absolute Sicherheit nun einmal nicht gibt. Terror muss vor allem politisch bekämpft werden, wozu der Verfassungsschutz nur in geringem Maße beitragen kann. Ich danke Ihnen für Ihre Aufmerksamkeit!«

Das Publikum klatschte verhalten. Aus dem Fachpublikum kamen einige Vorschläge und Fragen, welche die Vortragende souverän beantwortete. Die Ministerin machte lediglich Notizen. Als sie sich mit ihrer Entourage erhob, nickte sie vor dem Auszug Ellen freundlich zu, wahrte jedoch die Distanz.

Ein pensionierter Bundeswehrgeneral, der in der Akademie Militärgeschichte unterrichtete, sprach Ellen nach dem Vortrag diskret an.

»Frau Dr. Strachwitz, was mich stutzig macht, ist die Tatsache, dass wir seit einem halben Jahr nichts über die Hintermänner und den oder die unbekannten Helfer herausgefunden haben. Für Selbstmordattentäter aus fernen Landen gibt es logischere Ziele, die Logistik hinter den Anschlägen ist untypisch. Für mich trägt das die Handschrift einer Kriegslist. Irgendjemand will einen psychologischen Effekt auslösen, entweder bei der Bundesregierung, im parlamentarischen Raum oder eben in der öffentlichen Meinung.«

»Diese Möglichkeit haben wir natürlich auch in Betracht gezogen, aber weder plausible Nutznießer noch sonstige Hinweise gefunden, die eine solche These stützen.«

Der Mann hakte nach. »Haben Sie denn wirklich gesucht? Es gibt etwa in Washington einige Leute, die zu Kriegen ein sehr positives Verhältnis pflegen und es Deutschland übel nehmen, dass sich die Bundeswehr weder im Irak noch in Libyen engagiert hat. Vor allem Washington hat also ein erhebliches Interesse, dass wir ›erkennen‹, wo der Feind steht, um pazifistischere Politiker zu schwächen. Schauen Sie sich an, was in der Ukraine gemacht wurde. Auf dem Maidan haben offiziell unbekannte Scharfschützen auf beide Parteien geschossen und Hass gesät, der zu einem Regime Change führte. Teile und herrsche! Im Kalten Krieg hat man zur Desinformation noch ganz andere Sachen gemacht! Hier in Deutschland erfolgte nach den Anschlägen von Hamburg eine Verschiebung des politischen Klimas nach rechts. Sehen Sie nicht die Parallelen?«

»Ihre These ist in sich schlüssig, aber eine solch ungeheure Anschuldigung ohne handfeste Beweise dürfte ich nicht einmal laut denken! Wenn ich mir das Chaos im Weißen Haus ansehe, dann habe ich so meine Zweifel, ob da überhaupt jemand eine Strategie hat.«

»Unterschätzen Sie nicht den tiefen Staat. Denen ist egal, wer gerade im Weißen Haus sitzt. Strategen planen langfristig.«

»Von den Anschlägen haben viele Seiten politisch profitiert. Die Amerikaner sind bekanntlich ja auch nicht die Einzigen, die mal falschspielen.«

»Alles, was man bräuchte, wären drei Dummköpfe in der arabischen Welt, denen man die Gehirne mit Hass und der Aussicht auf 72 Jungfrauen im Paradies vergiftet, um ihnen einen Plan einzureden. So eine Operation kann man stellen.«

»Alleine eine Ermittlung in diese Richtung würde mich wohl das Amt kosten.«

»Es hat seine Vorteile, wenn man die Karriere schon hinter sich hat, liebe Frau Dr. Strachwitz ...«, kommentierte der General sardonisch. »Es gibt nun einmal auf dem großen Schachbrett ein paar Dinge, die über unserer Gehaltsklasse liegen.«

10

Jörg kehrte gerade erst gegen Mittag vom Frühsport zurück, als er auf dem Diensthandy einen verpassten Anruf entdeckte. Die Nummer war unbekannt.

»Kommando Heer, Stabsstelle!«

»Hauptfeldwebel Jörg Weberling. Sie hatten angerufen.«

»Richtig. Herr Hauptfeldwebel, Ihr Reisebefehl für Samstag ist aufgehoben. Sie finden sich bitte am Montag um 8.00 Uhr bei den Kommandospezialkräfen in Calw ein. Sie werden dort auf mögliche Diensttauglichkeit geprüft. Über die Vertraulichkeit brauche ich Sie ja nicht zu belehren.«

Das war auf einmal schnell gegangen. Drei Jahre lang hatte Jörg nach seiner ominösen Degradierung bei den normalen Streitkräften gedient, obwohl er einst Zweitbester beim KSK war. In diesen drei Jahren hatte er fast die gleichen Kriegsschauplätze gesehen, aber nicht bei der Elite, sondern beim Fußvolk. Seine Welt der Vierer-Teams, in denen sich jeder blind auf den anderen verlassen konnte, hatte im Sommer 2013 auf seltsame Weise geendet. Nicht einmal reden durfte er darüber. Mit niemandem.

Schon wieder klingelte das Handy. Viele private Freunde hatte Jörg nicht mehr, zwischen seinen KSK-Kameraden und ihm war seit 2013 sogar Kontaktverbot befohlen worden. Es war Stefan.

»Hast du heute Abend schon was vor? Ein Kamerad, der Achim, feiert seinen Geburtstag. Der Achim fliegt hobbymäßig Gleitschirm, so wie du beim KSK. Der ist echt cool drauf, auch die anderen.«

»Na klar.«

»Ich hol dich nachher ab.«

Schon im nächsten Moment bereute Jörg seine Zusage. Wegen der KSK-Tests kommende Woche in Calw würde er keinen Tropfen

Alkohol trinken, und die Kumpels von Stefan waren vermutlich politisch ähnlich dumpf eingestellt. Jörg hatte die Welt gesehen, auch die arabische. Rassismus und Fremdenhass empfand er als provinziell, und wenn ein Soldat am Verrecken war, half ihm auch kein Patriotismus. Das Gejammer in Deutschland befremdete ihn. Nur wenige Länder hatten eine geringere Kriminalitätsrate, die Infrastruktur funktionierte im Großen und Ganzen. Verglichen mit der Hölle, die er an diversen Kriegsschauplätzen gesehen hatte, empfand er die Sorgen der Deutschen als lächerlich. Aber vom Krieg, wie er Jörg vertraut war, bekam niemand etwas mit, denn die Schlachten, in denen er im Namen Deutschlands kämpfte, kamen im deutschen Alltag gar nicht vor. Die Leute in seinem Alter interessierten sich für Fußball, TV-Serien und YouPorn.

Die Grillparty war anfangs noch ganz nett. Fachsimpeln über Gleitschirmfliegen, Soldatengeschichten und Fußball. Die Musik, die gespielt wurde, kannte Jörg nicht, aber bald wurde ihm klar, dass es sich um Rechtsrock handelte. Janina hatte sich diesmal etwas schicker gemacht und guckte immer dann interessiert rüber, wenn Stefan es nicht mitbekam. Jörg lächelte freundlich, aber kam nicht im Traum auf die Idee, an die Braut eines Kameraden auch nur zu denken. Na ja, im Traum vielleicht schon.

Stefan bekam einen überraschenden Anruf, der ihm sichtbar die Laune verhagelte. »Jörg, ich muss los, weil es in der Firma ein Problem gibt. Die Janina ist auch mit dem Auto da, die kann dich später heimfahren.«

Nachdem bei den anderen schließlich reichlich Alkohol geflossen war, kamen die Gespräche schnell auf Politik. Jörg bestätigte Achim höflich, dass die Ausländer das größte Problem überhaupt seien, dass die neue Regierung da mal durchkärchern müsse, und wollte sich dann wieder dem Gleitschirmfliegen zuwenden.

»Wie viele Kanaken hast du denn schon so abgeknallt?«, erkundigte sich Achim.

»Ich habe irgendwann mit dem Zählen aufgehört.« Jörgs Bemerkung wurde als Witz aufgefasst.

Achim legte nach: »Mein Opa hatte in der Wehrmacht gedient, mein Vater war in der NVA, ich war bei der Bundeswehr. Und wofür kämpfen wir? Dass die hier in Deutschland Moscheen bauen. Das hat sich ja echt gelohnt!«

»Das kann nicht mehr lange gut gehen«, ergänzte Janina »Aber die Leute merken es langsam. Hoffentlich macht die AEP den Arschkriechern in Berlin mal so richtig Druck!«

Achim winkte ab. »Ich traue denen nicht. Die sind doch ratzfatz genauso angepasst wie die anderen auch. Jetzt machen sie ein Heimatministerium und haben da eine Frau reingesetzt, die noch nie eine Waffe in der Hand gehalten hat. Da könnte man ja so eine Frau gleich zum Verteidigungsminister machen …!«

Alle lachten, denn genau das hatte die letzte Bundesregierung getan. »Es wird wirklich Zeit, dass mal was passiert! Und auch in der AEP müsste man mal die ganzen Weicheier entfernen.« Die anderen stimmten lautstark zu.

»Du warst beim KSK, habe ich recht?«

Jörg lächelte. »Wenn es so wäre, dürfte ich es nicht zugeben.«

»Ich war Zeitsoldat. Hab mich auch beim KSK beworben, habe aber schon beim ersten Test verkackt.«

»Keine Schande. Die sieben bereits beim Eingangstest über 90 Prozent aus.«

»Ich habe viel über die Brandenburger gelesen.«

Jörg tat so, als ob ihm das Thema nichts sagen würde.

»Du weißt doch, die Division Brandenburg, die im Zweiten Weltkrieg aufgestellte Eliteeinheit der Wehrmacht für besondere Aufgaben.«

Jörg ging das Gespräch auf den Keks. Natürlich wusste er, wovon die Rede war. Nicht wenige KSK-Soldaten, vor allem solche mit Rechtsdrall, sahen sich in Tradition zu den Brandenburgern.

Achim fuhr fort: »Die haben getarnte Einsätze hinter der feindlichen Linie gemacht. Die Division war damals dem deutschen Abwehrchef Admiral Canaris unterstellt. Der hat seine Kommandosoldaten mit feindlichen Uniformen ausgestattet und ins Hinterland einsickern lassen. Der Canaris hatte sogar Agenten in gegnerische Garnisonen und Stäbe platziert, die unter falscher Flagge Aufklärungs-, Verwirrungs- oder Sabotage-Aufträge ausführten.«

›Und Kriegsverbrechen begingen‹, dachte Jörg im Stillen.

»Ach, die Brandenburger meinst du. Ja, habe von denen gehört.«

»Ich zeig dir mal was!« Achim verschwand für einen Moment und kam dann mit einer Wehrmachtsuniform auf dem Arm zurück. »Diese Uniform hat einem Brandenburger gehört. Es ist eine Wendejacke. Das Innenfutter sieht aus wie die Army-Uniform!« Achim zog die Jacke auf links. »Simsalabim, schon haben wir einen als Ami getarnten deutschen Soldaten! In der Ardennenschlacht haben die Deutschen sich von Weitem als Amis getarnt und die dann aus der Nähe allegemacht!«

»Wo hast du denn die Jacke her?«

»Die hat der Stefan mir letztes Jahr besorgt. Der hat ja über den Speidel-Bund die besten Verbindungen. Wusstest du, dass der Vater von Ulrich Wegener ein Brandenburger war?«

»Wegener? Der Gründer der GSG 9?«

»Ja, genau der. Der Vater von dem war Stabschef von Otto Skorzeny! Die Männer der Division Brandenburg erhielten die höchsten Auszeichnungen, erlitten die größten Verluste und wurden am seltensten im Wehrmachtsbericht erwähnt. Eine Riesensauerei ist das!«

Janina stand plötzlich bei ihnen. »Du, Jörg, trinkst du nichts?«

»Nein, ich habe Montag einen Konditionstest und muss Blut abgeben. Da muss ich fit sein, bis dahin bleibe ich bei null Alkohol. Entweder trinke ich gar nicht oder richtig.«

»Wenn du ja eh nichts trinkst, kannst du mich nachher mit meinem Wagen heimfahren? Dann könnte ich mir nämlich ein Sektchen genehmigen!«

11

Lange hatte Ellen überlegt, was sie zu so einem Anlass anziehen sollte. Angesichts der sommerlichen Temperaturen entschied sie sich für einen Blazer und Hose.

Von Berlin aus zu Delius' Haus säumten Graffitis den Weg, die Delius mal als »Demagogin«, mal als »Schlampe« schmähten. Am Beginn ihrer Straße musste jeder Besucher durch eine Polizeikontrolle. Im Gegensatz zu anderen Ministern wurde der AEP-Spitzenpolitikerin die dreifache Menge an Sicherheitspersonal zugestanden, da diese ungleich mehr Hass auf sich gezogen hatte.

Da das Grundstück über eine von Bäumen gesäumte Auffahrt verfügte, setzten die Personenschützer Ellen ungesehen an der Haustür ab. Die standesgemäße Villa hatte Delius von einem finanziell angeschlagenen Zeitschriften-Verleger übernommen, der die mediale Konkurrenz aus dem Internet unterschätzt hatte.

Die Hausherrin erschien in einem figurbetonten schwarzen Minirock-Body mit Spaghettiträgern. »Guten Abend, Frau Dr. Strachwitz, wie schön, dass Sie da sind!«

›Habe ich denn eine Wahl?‹, dachte Ellen und folgte ihrer Ministerin in den Garten, wo bereits eingedeckt war. Eine Haushälterin hatte Tappas und dazu passende spanische Weine vorbereitet und zog sich dann ins Nebenhaus zurück. Eigentlich hatte Ellen erwartet, dass ihr die Gastgeberin auch deren aktuelle Partnerin vorstellte, jedoch war der Tisch nur für zwei Personen gedeckt.

»Was ist denn das für ein ungewöhnlicher Anhänger an Ihrer Tasche?«, versuchte Delius das Eis zu brechen. Der modebewussten Frau war sofort der Stilbruch des silberfarbenen Anhängers zum Rest der Tasche ins Auge gesprungen.

Ellen grinste verlegen. »Dieses Schmuckstück hat ein kleines Geheimnis. Sie sind die Erste, der auffällt, dass er nicht zur Tasche passt.«

»Benötige ich denn eine Sicherheitsfreigabe für Ihr kleines Geheimnis …?«

»Nein, natürlich nicht. Es handelt sich um eine Minisirene, die ich mal auf einer Sicherheits-Messe gekauft habe. Wenn jemand versucht, Sie zu entführen, wird er Ihnen als Erstes den Mund zuhalten, damit Sie nicht um Hilfe schreien können, aber wenn Sie die Sirene einschalten, macht die für drei Minuten ein erstaunlich lautes wie unangenehmes Geräusch. Man muss nur das Gehäuse abziehen. Wenn Sie es festhalten und jemand reißt Ihnen die Tasche weg, löst der es witzigerweise selbst aus und muss die Tasche fallen lassen, wenn er nicht mit einer Sirene weglaufen will!«

»Könnte man den Anhänger denn nicht einfach abreißen?«

Ellen sicherte den Auslöser und nahm das Gehäuse ab. »Das ist gerade das Beste! Wenn das jemand versucht, wird er sofort merken, dass er gerade in Rasierklingen greift, und hat dann ganz andere Probleme!«

»Ganz schön fies.«

»Deshalb ist es in Deutschland auch illegal …«

»Wie schade. Ich hätte Verwendung für das Teil, zumal es ganz gut zu meiner Handtasche passen würde …«

»Ach, ich werde es wohl nie brauchen. Bei Ihrer Gefährdungsstufe ist es ja geradezu meine Dienstpflicht, es Ihnen zu überlassen …!«

»Wirklich? Das ist ja süß. Vielen Dank.«

»Keine Ursache. Mich wollte leider noch niemand entführen. Schade eigentlich!«, flachste Ellen.

Delius schenkte ihr Wein ein. »Wie sind Sie eigentlich zum Verfassungsschutz gekommen?«

»Ich hatte im Innenministerium als Spezialistin für Datenschutz und öffentliches Recht angefangen und habe dann die entsprechende Planungsgruppe beim Aufbau des Gemeinsamen Terrorabwehrzentrums geleitet, das nach 9/11 zur Koordinierung der Sicherheitsbehörden gegen islamistischen Terrorismus eingerichtet wurde. Als es dann Streit gab, wer die neue Stelle leiten soll, habe ich mich pro forma beworben, damit ich als ehrgeizig erscheine. Als sich alle Kandidaten schließlich gegenseitig beschädigt hatten, stand ich halt noch auf der Liste. Die Zusammenarbeit im GTAZ lief reibungslos, und als dann der Präsident des Verfassungsschutzes wegen des NSU-Skandals seinen Schlapphut nehmen musste, suchte man jemanden, der nicht nur fachlich geeignet war, sondern der umstrittenen Behörde auch ein – sagen wir es offen – schönes Gesicht geben könnte!«

»In diesem Punkt war die Wahl zweifellos exzellent! Aber lieben Sie denn Ihren Beruf?«

Ellen seufzte. »Der Appetit kommt mit dem Essen! Geheimdienstarbeit ist schmutzig. Man muss lügen und täuschen, und wenn man die Mails anderer Leute liest und ihre Gespräche abhört, weiß man, wie schlecht und verlogen die Welt insgesamt ist. Es ist sehr frustrierend, Verbrechen mitzubekommen, aber nicht eingreifen zu können, da wir nur im Rahmen unserer Zuständigkeit für Terror und so weiter agieren dürfen. Von vielen Geheimnissen wünschte ich, sie nie erfahren zu haben. Aber die Leitung eines Geheimdienstes ist auch eine faszinierende Herausforderung! Ich könnte mir heute nicht mehr vorstellen, etwa eine Polizei zu leiten und dabei nur die zulässigen Beweismittel zu nutzen!«

»Also lieben Sie Ihren Job nicht wirklich?«

»Ich liebe Herausforderungen und Verantwortung. Und als Datenschützerin möchte ich, dass der Geheimdienst von einer verantwortungsvollen Person geleitet wird. Ich kenne niemanden außer mir, dem ich mehr vertrauen würde ...«

»Wie lustig! Aus exakt dem gleichen Grund bin ich in den Vorstand der AEP gegangen. Das ist ja ein ziemlich gäriger Haufen, und viele Parteigänger sind einfach nur unappetitlich. Wenn ich nicht angetreten wäre, hätte meine Position vielleicht ein Nazi bekommen.«

Ellen wusste nicht, was sie sagen sollte. Die Bezeichnung »Nazi« durch ein prominentes Mitglied der AEP hatte sie nicht erwartet.

»Wie stehen Sie zur Politik der bisherigen Bundesregierungen zum Islam in Deutschland?«

»Ich stehe stets loyal zu meiner Bundesregierung. Die Bewertung von deren Politik ist nicht meine Aufgabe.«

»Ach, kommen Sie! Sie beobachten doch Tausende Islamisten. Wenn sich jemand eine Meinung zu dem Thema erlauben kann, dann doch wohl Sie, oder?«

»Islamismus und Islam sind ja zweierlei. Der Islam ist eine Weltreligion, er wird sich nicht durch meine Meinung ändern. Die Millionen Muslime, die hier in Deutschland leben, werden es auch nicht tun. Meine Aufgabe ist die Bewertung und Bekämpfung terroristischer Gefahren. Und bei allem Respekt für die Opfer muss man auch mal die Verhältnisse betrachten: Verteilt auf die EU in den vergangenen Jahren hatten wir jährlich etwa zehn islamistische Anschläge. Die Wahrscheinlichkeit, Opfer eines solchen Anschlags zu werden, liegt bei circa 0,0003 Prozent. Deutlich relevantere Gefahren sind falsche Ernährung, schlechte gesundheitliche Versorgung und ein Mangel an Pflegekräften. Wenn Politiker mathematisch begabter wären, würden sie nicht seit zwei Jahrzehnten wegen weniger Eiferer ihre gesamte Politik an Terrorhysterie ausrichten.«

»Bei mir scheint die Wahrscheinlichkeit für Anschläge ja wohl etwas höher zu liegen.«

»Generell ist das so. Aber trotz all dem Hass in den sozialen Netzwerken haben wir bislang keine Hinweise auf eine konkrete Gefährdung Ihrer Person.«

»Das ist ja mal eine gute Nachricht. Frau Strachwitz, ich möchte ganz offen mit Ihnen sein! Mich interessiert, was Sie von mir und der AEP halten.«

»Ich fürchte, da steht mir kein Urteil zu. Als Beamtin bin ich ...«

Delius hob die Hand. »Geschenkt. Wir sind hier unter uns, und was wir hier besprechen, wird diesen Garten nie verlassen. Ich habe eben einige meiner Parteifreunde ›Nazis‹ genannt, also tun Sie sich bitte keinen Zwang an!«

»Trotzdem bemühe ich mich um professionelle politische Distanz!«

»Es war bisher immer Linie der Bundesregierung, der Islam gehöre zu Deutschland, und die Medien machten artig einen auf Multikulti, alles töfte! Unsere Wählerinnen und Wähler haben allerdings nicht den Eindruck, als ließe sich die deutsche Kultur mit der islamischen vereinbaren, jedenfalls nicht bei ungebremster Zuwanderung und Ghettoisierung. Die Leute machen täglich Erfahrungen, dass diese linksgrüne Propaganda weltfremdes Wunschdenken ist! Die traditionelle Haltung muslimischer Männer etwa gegenüber Frauen wird sich nicht ändern, viele Muslime wollen auch unter sich bleiben. Ich habe selbst erlebt, welchen Hass gerade Schwule, Lesben und Transgenderpersonen hierzulande durch Muslime erfahren. Die Probleme unserer unterschiedlichen Kulturen wurden über Jahrzehnte hinweg ignoriert und kleingeredet, und wer sie ansprach, wurde sofort zum Nazi ausgerufen. Aber dann dürfen wir im Stau stehen, weil irgendwelche Idioten für Hochzeitsfotos die Autobahn blockieren und in die Luft schießen! Haben Sie mal von Mitteleuropäern gelesen, die so etwas machen? Wir lesen in der Presse Statistiken, dass Ausländer nicht krimineller als Deutsche sind, aber wenn Sie mal eine Führung durch ein deutsches Gefängnis machen, können Sie froh sein, überhaupt noch jemanden zu finden, der die deutsche Sprache versteht!«

Ellen verkniff sich einen Kommentar. Politikern widersprachen erfahrene Beamte nur dann, wenn sie sich hiervon einen Vorteil erhofften. Das Schweigen veranlasste Delius jedoch dazu, ihren Wahlkampfmodus herunterzufahren.

»Ich hoffe, dass Sie kein falsches Bild von mir haben,« fuhr Delius fort. »Ich sehe mich als Weltbürgerin und vor allem als Europäerin – und das als Vertreterin der Anti-Euro-Partei! Ich liebe unsere Kultur. Die Nachkriegsdeutschen waren ein sehr moralisches Volk! Sie hatten sich ein halbes Jahrhundert nicht mehr an Kriegen beteiligt, haben sich mit ihren Nachbarn ausgesöhnt, sie haben die antiautoritäre Erziehung realisiert, einen Sozialstaat geschaffen und die Ehe für alle eingeführt. Sogar unser Fernseh-programm ist im weltweiten Vergleich das Beste der Welt – und das sage ich, obwohl die ganzen TV-Journalisten die AEP runter-schreiben! Deutschland ist für mich sozialer Fortschritt, Über-windung von Religion, Gewährleistung von Bildungschancen für alle, Sozialstaat, Nackt-in-der-Sauna-Sitzen ... Und dann kom-men diese religiösen Fanatiker, stecken Frauen in die Burka und nutzen unsere Sozialsysteme aus. Wenn Schwule auf dem Schul-hof verkloppt und Frauen in der Familie kurzgehalten werden, wo sind dann unsere ganzen linken Kabarettisten?«

»Das sind alles Probleme, mit denen Politik und Verwaltung umgehen müssen. Und das ist Ihr Metier. Es gibt viele Beispiele, wie Deutsche und Migranten friedlich nebeneinander- und zu-sammenleben, und auch in meiner Behörde mache ich sehr gute Erfahrungen mit Kollegen, die ausländische Wurzeln haben. Und ohne unsere V-Leute mit Migrationshintergrund wären wir beim Thema Islamismus aufgeschmissen! Der Geheimdienst ist Teil der öffentlichen Verwaltung. Wir machen keine Politik, sondern ver-suchen, die öffentliche Sicherheit zu optimieren.«

»Das Eine wird aber ohne das Andere nicht gehen! Es ist nur eine Frage der Zeit, bis die anderen in der Überzahl sind, und dann gibt es vielleicht bald Scharia auf dem Lehrplan!«

Ellen musste an ein Wahlplakat der AEP denken, auf dem eine Richterbank abgebildet war. Der dort gezeigte Vorsitzende Rich-ter trug einen afghanischen Pakol, die Beisitzerinnen Kopftuch und Hijab, an der Wand hing kein Kruzifix, sondern ein Halb-mond.

Ellen räusperte sich vernehmlich. »Frau Delius, viele Ihrer Parteifreunde erwarten, dass es irgendwann sogar zu einem Bür-gerkrieg kommt. Da kann ich Sie beruhigen, für solche Horror-szenarien gibt es keine ernst zu nehmende Grundlage. Aber, Frau Delius, wenn Sie wirklich langfristig denken, dann sehe ich eine ungleich realistischere Gefahr auf uns zukommen. Der Klima-wandel treibt uns in einen globalen Konflikt mit Ländern aus dem Süden, weil die Menschen dort bald nicht mehr leben können.

Die Festung Europa wird langfristig noch wesentlich größere Bedeutung erhalten, nicht von ungefähr rüstet man bei FRONTEX auf. Intelligenter wäre es allerdings, wenn die Politik dafür sorgen würde, die Klimaziele endlich einzuhalten. Wissen Sie, wer bereits vor 20 Jahren gesagt hat, dass die Bedrohung des Weltklimas ein dramatisch größeres Sicherheitsrisiko ist als der Terrorismus? Die CIA! Die haben die Daten ausgewertet, die sie über Jahrzehnte mit Spionagesatelliten gesammelt haben, und damit den Klimawandel frühzeitig erkannt. Konservative Parteien sollten als Erstes einmal den Planeten erhalten, finden Sie nicht?«

»Da rennen Sie bei mir offene Türen ein! Ich bin wissenschaftlich orientiert.«

»Ist das Ihre Partei denn auch?«

»Ich weiß, dass viele in meiner Partei keinen sonderlich intelligenten Eindruck machen und allen möglichen Schwätzern hinterherrennen. Aber mich dürfen Sie schon ernst nehmen!«

»Ich nehme Sie ernst! Nur beurteile ich die Gefahr einer politischen Konfrontation mit dem Islam als weitaus unwahrscheinlicher, als man es in Ihrer Partei tut.«

»Sie nennen sich Verfassungsschutz. Glauben Sie eigentlich wirklich noch an die Verfassung als Selbstzweck? Hat denn die demokratische Mehrheit wirklich immer recht? Ergebnis unserer Demokratie sind mittelmäßige Politiker auf Ministerposten, obwohl sie fachlich keine Ahnung haben. Der Korrupteste kriegt traditionell das Verkehrsministerium, der Dümmste das Landwirtschaftsministerium und der Charakterloseste wird Innenminister!«

»Übertreiben Sie da nicht etwas?«

»Reden wir Klartext: Wir wissen beide, dass in meiner Partei eine Menge Spinner unterwegs sind, von denen viele weit rechts eingestellt sind. Vielleicht sogar der überwiegende Teil, ich weiß es nicht! Fakt ist aber, dass wir über ein Viertel der Wahlberechtigten überzeugt haben, uns ihre Stimme zu geben, und ich sehe es als meine Aufgabe an, das Beste aus der Situation zu machen. Ob mir nun mein innerparteiliches Fußvolk gefällt oder nicht. Es gibt hier eine Menge politischer Herausforderungen, die nichts mit ›rechts‹ oder ›links‹ zu tun haben, aber mit den etablierten Parteien nicht zu bekämpfen sind: Parteibuchfilz, Ämterpatronage, Staatskorruption. Ich kämpfe schlicht und ergreifend gegen die Unfähigkeit von Spitzenpolitikern! Ich erlebe die ja ständig am Kabinettstisch. Die beste Werbung für die AEP sind die etablierten Parteien.«

Ellen beugte sich verschwörerisch vor und grinste, »Haben Sie denn in Ihrer Partei fähigeres Personal zu bieten …?«

Delius seufzte. »Wir sind nun einmal noch ganz am Anfang. Insbesondere innenpolitisch haben wir weitaus mehr Sprücheklopfer als Leute mit Sachverstand. Von den Hohlbirnen in meiner Partei, die gerade um Jobs in meinem Ministerium buhlen, kann ich so gut wie keinen brauchen. Derzeit suche ich händeringend fähige Talente, die in meinem Ministerium Staatssekretäre werden wollen, aber von unseren Leuten ist niemand für den höheren Dienst zu gebrauchen! Im Moment kann der Herr Innenminister mir alles Mögliche erzählen, Schwerd hat Herrschaftswissen.«

»Warum engagieren Sie nicht einfach eine Beratungsfirma …?«

»Die kommen mir nicht ins Haus! Wenn Spitzenpolitiker anderer Parteien ihren Job an amerikanische Beratungskonzerne delegieren und Steuergelder verschwenden, müssen wir das nicht auch noch mitmachen! Ich hatte mir erhofft, dass Sie mir vielleicht ein paar Leute für mein Heimatministerium empfehlen könnten.«

Ellen schüttelte lächelnd den Kopf. »Wie stellen Sie sich das vor? Gute Leute sind in meiner Branche schon immer Mangelware gewesen. Ich brauche meine Experten da, wo sie sind. Das Letzte, was mir einfiele, wäre die Schwächung meiner Behörde!«

Delius löffelte verlegen ihr Sorbet. Ellen tat die Politikerin ein Stück weit leid. Sie ertappte sich bei dem Gedanken, dass sie die attraktive Frau gerne in den Arm genommen und getröstet hätte, trotz aller politischen Vorbehalte. Sie erinnerte sich an eine Affäre an der Uni, als sie mit einer Kommilitonin eine geheime Beziehung führte. Vom Typ her war ihre damalige Partnerin Delius nicht unähnlich gewesen. Sie hatten sich gut verstanden, der Sex war fantastisch, aber Ellen stand nun einmal primär auf Männer.

Doch den ganzen Abend über erwischte sie sich immer wieder beim Abgleiten ihres Blicks auf Delius' athletisch-femininen Körper. Waren deren Kurven bereits eine Augenweide, so waren die Beine der Ministerin geradezu sensationell.

»Frau Strachwitz, ich vertraue Ihnen vor allem deshalb, weil Sie kein Parteibuch haben und weil Ihr fachlicher Ruf exzellent ist. Alle schwärmen von Ihnen. Und ich mag Sie auch deshalb, weil ich den Eindruck habe, dass Schwerd Sie nicht leiden kann.«

»Sie möchten mich doch nicht etwa gegen Schwerd ausspielen?«

»Ein wenig! Ich benötige in erster Linie Expertise, und zwar möglichst von erfahrenen Insidern. Wenn Sie mir sinnvolle Vorschläge machen, etwa Wünsche für Ihre Behörde haben, werde ich das politisch umsetzen. Wenn Sie sehen, dass ich Fehler mache, werde ich immer ein offenes Ohr für Ihren Ratschlag haben und Entwicklungen so früh wie möglich in geordnete Bahnen lenken.«

»Bislang ist mir völlig unklar, welche Zuständigkeiten das neue Heimatministerium denn tatsächlich beansprucht. Für Folklore wäre ich wohl die falsche Ratgeberin.«

»Meinen Sie wirklich, mich interessiert dieser Traditionsscheiß? Wir sehen uns langfristig als Heimatschutzbehörde nach US-Vorbild. So sieht es ein geheimes Zusatzabkommen zum Koalitionsvertrag vor. Sowie wir personell einsatzfähig sind, darf sich das Innenministerium mit Kriminalität und Förderung von Spitzensport befassen, wir aber werden für die innere Sicherheit zuständig sein. Der Verfassungsschutz wird also absehbar nicht mehr Schwerd, sondern mir unterstellt sein.«

Ellen staunte. Damit, dass Schwerd sich die Butter vom Brot hatte nehmen lassen, hatte sie nicht gerechnet. Im Gegenteil hatte Schwerd seit Jahren versucht, faktisch die Kontrolle über die Geheimdienste zu bekommen, gegen Parteifreunde wie Ministerkollegen. Die AEP hatte offenbar ausgesprochen hart verhandelt. Das war also der Preis dafür gewesen, dass man die Kanzlerschaft der Amtsinhaberin belassen hatte. Delius schenkte Ellen und sich Wein nach.

»Wie Sie sehen, werden wir langfristig sehr eng zusammenarbeiten. Und daher möchte ich jede Schwellenangst und jede mögliche Befindlichkeit zwischen uns beiden bereits im embryonalen Zustand beseitigen! Meine Tür steht Ihnen jederzeit offen!«

»Danke, das weiß ich sehr zu schätzen.«

»Ich möchte, dass Sie mich beim Aufbau meiner Behörde beraten, so bald und konkret wie möglich. Wir können das ja vertraulich halten. Diese und kommende Woche ist bei mir terminlich alles dicht. Haben Sie am nächsten Wochenende schon etwas vor?«

»Samstag in acht Tagen, das ginge.«

»Dann lassen Sie uns doch von Samstag auf Sonntag in Klausur gehen. Ich komme gerne zu Ihnen ins Rheinland. Wir können uns im Hotel treffen.«

»Das wird nicht gehen. Wenn wir uns treffen, werden die Geheimdienst-Community oder das Innenministerium Wind davon kriegen und sich übergangen fühlen. Man wird Konspiration wittern, nicht einmal zu Unrecht.«

»Meine Firma hat in Belgien ein Gästehaus, da kennt uns niemand. Lassen Sie uns doch Samstag treffen – ohne die ganzen Sicherheitsleute.«

»Das wird dem Geheimdienst auffallen, selbst wenn wir keine Handys mitnehmen. Jeder Grenzübertritt wird inzwischen automatisch überwacht und verursacht Spuren. Wenn Sie mit dem Auto fahren, werden die Nummernschilder ausgelesen, wenn Sie mit dem Zug fahren, müssen Sie bei Buchung grenzüberschreitender Tickets Ihren Namen angeben. Beim Fliegen sowieso. Wenn wir uns treffen, müsste das schon professionell konspirativ geschehen.«

»Ich bin überzeugt, dass Deutschlands oberster Spionin da etwas einfallen wird.«

Ellen leerte ihr Weinglas. »Ich denke auch! Es ist schon spät, Zeit zum Aufbrechen.«

Delius legte ihre Hand auf Ellens. »Ich danke Ihnen wirklich sehr, dass Sie hergekommen sind. Unser Kontakt bedeutet mir wirklich sehr viel. Ich freue mich auf unsere Zusammenarbeit!«

Delius begleitete ihre Besucherin an die Tür. »Kommen Sie gut nach Hause! Darf ich?«, strahlte sie. Ellen lächelte irritiert, bis sie erkannte, dass ihre Gastgeberin sie lediglich umarmen wollte, wie es persönliche Freunde tun, die sie aber nicht waren.

Hatte Delius ein Glas zu viel getrunken, oder war sie einfach wie in Südeuropa drauf, wo man auch flüchtige Bekannte umarmte? Oder flirtete sie? Die junge Ministerin fühlte sich knackig an, duftete auch traumhaft gut. Ellen wusste nicht, wie sie auf die Umarmung reagieren sollte, verkrampfte spontan und ließ ihre Hände in der Luft, statt die Geste zu erwidern. Im selben Moment kam sie sich abweisend vor. Hatte sie gerade ihre Gastgeberin brüskiert? Delius sah sie nach wie vor freundlich an. Ellen wollte keinesfalls einen arroganten Eindruck hinterlassen, verabschiedet hatten sie sich bereits, sodass es nichts mehr zu sagen gab.

Und dann passierte es. Sie schaltete auf Autopilot, ging einen Schritt auf Delius zu, wartete eine Sekunde und küsste sie auf den Mund. War es Ellen, die zu viel getrunken hatte?

Delius ließ es geschehen, offenbar genoss sie es. Der Kuss war angenehm, schon lange hatte sie keine weiblichen Lippen mehr geküsst. Die beiden Frauen lächelten einander verlegen an, und Ellen verschwand durch die Tür, um weitere Peinlichkeiten zu vermeiden. Was immer eben passiert war, empfand Ellen als hochgradig unprofessionell. Aber Spaß hatte es gemacht, wie lange nichts mehr!

12

Gegen 1 Uhr nachts hielt Jörg mit Janinas SUV vor ihrer Wohnung. »Holt ihr morgen den Wagen bei mir ab oder soll ich ihn dir vorbeibringen?«

Janina grinste Jörg erwartungsvoll an, der wiederum so tat, als ob er die Situation nicht verstanden hätte. Sie gab ihm einen Kuss auf die Wange. »Willst du nicht noch mit hochkommen? Wir quatschen noch ein bisschen …«

»Es ist schon spät heute …«

Janina, die angeschickert war, lachte über Jörgs vermeintliche Schüchternheit. »Bleib mal cool! Du bist doch schon ein großer Junge!«

In diesem Moment spürte Jörg das gewisse Kribbeln, und sein Verlangen kämpfte mit seiner Vernunft. Die Braut eines Kameraden war tabu. Doch den ganzen Abend über war sein Blick immer wieder in Janinas Dekolleté gefallen. Jörg atmete tief ein und wusste selbst nicht, ob die Worte aus seinem Mund das Angebot an- oder ablehnen würden.

»Du, ich glaube, das wäre keine so gute Idee.« Jörg war erleichtert, er hatte das einzig in dieser Situation Vernünftige gesagt. Wenn ein solcher Seitensprung ausgerechnet zu Lasten seines Gastgebers irgendwann rauskäme, hätte er als Arschloch dagestanden. Es war auch nicht auszuschließen, dass Janina in Wirklichkeit seine Loyalität testen sollte. Irgendwas an ihr kam Jörg gespielt vor.

»Wie bist du denn drauf?«, protestierte die blonde Schönheit.

»Janina, lass uns morgen weiterreden. Ich bin eh zu müde für alles und muss jetzt ins Bett.«

»Der Stefan holt die Kiste morgen wohl ab. Du bist ein echt Süßer!«

Den Rest der Nacht stellte sich Jörg vor, wie es wohl gewesen wäre, wenn er eine Spur weniger diszipliniert gewesen wäre. Genial wäre es gewesen.

13

Am frühen Vormittag wieder in Köln angekommen, stand Ellen nachdenklich am Bürofenster und blickte auf den Gartenteich. Der Gebäudekomplex verfügte über insgesamt fünf Innenhofparks, da die verschiedenen Abteilungen streng voneinander abgeschottet waren, jedoch alle Mitarbeiter Parkbenutzung haben sollten. Nur Ellen und Höch hatten überall Zutritt. Wie ihre Vorgänger wahrte die gegenwärtige Amtschefin die Tradition, das Haus insgesamt auch gegenüber der Politik so gut wie möglich abzuschirmen. Doch wie es aussah, hatte die ehrgeizige Heimatministerin einen Fuß in die Tür des Verfassungsschutzes gesetzt. Die Kompetenzen, die das neue Ministerium beanspruchte, überschnitten sich klar mit dem Terrain des Inlandsgeheimdienstes. So peinlich Ellen der Kuss des gestrigen Abends auch war, er lag vielleicht sogar im Interesse ihrer Behörde.

Auf dem Schreibtisch warteten die Entwürfe für die neuen Sicherheitsgesetze, deren Sinn und Verfassungsmäßigkeit Ellen bezweifelte. Dennoch war sie verpflichtet, ihre Expertise einzubringen.

Statt mit der ungeliebten Arbeit zu beginnen, entdeckte sie dringendere Aufgaben wie die Observation des Gartenteichs. Da sich dort keine Terroristen zeigten, warf Ellen einen Blick auf die Kontaktauswertung der von ihr persönlich überwachten Zielpersonen.

Zielperson: Jörg Weberling.
Zielperson traf Stefan Hoffmann von 22.05.18 bis 22.05.18.
Zielperson traf Mario Reuth von 22.05.18 bis 22.05.18.
Mario Reuth * 1980, Mainz. Beruf: Gartenbau.
Zielperson traf Gernot Begonis von 22.05.18 bis 22.05.18.
Gernot Begonis * 1976, Fulda. Beobachtung durch BfV, hessisches LfV und BMAD. Erfassung durch Referat Neurechte.

Erfassungsgrund: Kontakte mit beobachteten Personen. Einord-
nung: Mitglied oder ehemaliges Mitglied der NPD. Beruf: LKW-
Fahrer.
   Zielperson traf Achim Tännstedt von 22.05.18 bis 22.05.18.
*Achim Tännstadt * 1984, Fulda. Beobachtung durch BfV.*
Erfassung durch Referat Neurechte. Erfassungsgrund: politisch
motivierte Straftaten. Einordnung: Mitglied der AEP, Prepper-
Szene. Beruf: Trockenbau.
   Zielperson traf Janina Stadler von 22.05.18 bis 23.05.18.
*Janina Stadler, * 1991, wohnhaft: Gera. Erfassung durch*
Referat Neurechte. Erfassungsgrund: politische Aktivitäten in
öffentlichen Medien. Einordnung: politische YouTube-Influen-
cerin. Beruf: Kauffrau

Höch erschien im Büro zum Rapport.

»Ellen, ich habe interessante Neuigkeiten! Bei den Aktivitäten
des Speidel-Bunds haben wir errechnet, dass die das nie und nim-
mer über ihre Mitgliedsbeiträge finanzieren können. Die scheinen Geld ohne Ende zu haben. Also habe ich mal ein bisschen
queranalysiert und Hinweise darauf gefunden, dass es mindestens
einen Reptilienfonds geben muss. Allerdings wohl erst seit 2014.
Vorher gab es immer wieder Hinweise auf Veruntreuung von Mitteln bei der Bundeswehr, aber die haben 2014 schlagartig geendet.
Offenbar hat der Speidel-Bund einen Goldesel gefunden! Aus den
Kontenbewegungen war nichts wirklich zurückzuverfolgen. Für
das Finanzamt sieht es topseriös aus. Aber auch unsere Spezialisten konnten nichts herausfinden, außer der Tatsache, dass man da
offenbar keine Geldsorgen hat. Alles hochprofessionell gemacht.«

»Beunruhigend …!«

»Mehr als das! Wer immer die Finanzierung organisiert hat,
scheint unsere Methoden zu kennen, wie wir Finanzströme ana-
lysieren und rekonstruieren. Wir haben es also offenbar mit einer
Organisation zu tun, die seit Jahren hochkonspirativ arbeitet.«

»Am ehesten für so etwas wären wohl Leute aus dem MAD
kompetent. Die haben einerseits mit dem Speidel-Bund zu tun und

kennen andererseits unsere Arbeitsweise und wissen, wie man sich tarnt.«

»Ist es für eine Verschwörungstheorie nicht etwas früh?«

»Sprechen wir mal besser von einer Ermittlungshypothese. Ich verstehe langsam, warum der MAD unbedingt die Zuständigkeit über den Speidel-Bund haben wollte. Ich habe gleich eine Video-Konferenz mit Lehr. Mal gespannt, ob er zuckt!«

»Du solltest meine Untersuchung besser nicht erwähnen. Und auf gar keinen Fall, dass wir einen V-Mann bei den Speidel-Leuten haben!«

»Wer ist eigentlich unser Mann dort genau?«

»Der ist extrem misstrauisch. Wir haben praktisch keine Personalakte. Der V-Mann-Führer, Herr Sannwald, musste ihm versprechen, die Identität nach dem Vier-Augen-Prinzip geheim zu halten. Außerdem misstraut der V-Mann allen fundamental, die irgendwas mit MAD und Militär zu tun haben. Der V-Mann hat sogar verlangt, dass Sannwald auf ein V-Mann-Pseudonym verzichtet, damit nichts zurückverfolgt werden kann.«

»Na super. Wenigstens ist er vorsichtig. Was liefert denn dieser V-Mann noch für Erkenntnisse?«

»Der V-Mann ohne Namen glaubt, dass es mehrere Zellen mit rechten Kämpfern gibt, die scheinbar voneinander unabhängig sind. Tatsächlich aber sollen sie im Ernstfall zentral kontrolliert werden.«

»Und was hältst du davon?«

»Nun, wir haben tatsächlich viele solcher Kreise auf dem Schirm. Häufig schon deshalb, weil sie sich alle im Internet organisieren oder telefonieren. Eine Befehlskette, wie sie der V-Mann vermutet, können wir nicht erkennen. Und daher halte ich das für linke Spökenkiekerei! Wenn die nicht genug Feinde haben, konstruieren sie sich halt welche.«

»Nun ja, könnte doch sein, dass die sich da so organisieren, oder?«

»Vielleicht, vielleicht aber auch nicht. Aber einiges, was der V-Mann so mutmaßt, klingt dann doch eher paranoid. So soll es eine besonders konspirative Zelle geben, die sich auf spezielle Kommando-Einsätze vorbereitet und dabei auf Profis in der Security-Szene zurückgreift. Das ist mir dann doch etwas zu abgehoben. Diese Nazi-Typen sind doch zu einfach gestrickt für solche Geschichten!«

»Mal angenommen, es wäre wirklich etwas dran … Können wir es uns leisten, so einen Verdachtsfall nicht zu untersuchen?«

Pünktlich um 11 Uhr erschien auf dem Monitor Generalmajor Malte Lehr. Der Norddeutsche führte den MAD nunmehr im siebten Jahr, auch die Verwicklung des Militärgeheimdienstes mit den Skandalen um den rechtsradikalen Thüringer Heimatschutz hatte Lehr gut überstanden. »Guten Morgen, Frau Strachwitz! Was verschafft mir die Ehre?«

»Guten Morgen, Herr Lehr! Wir interessieren uns für den Speidel-Bund. Wir hatten von Ihrem Haus hierzu einen Bericht angefordert.«

»Der ist Ihnen auch prompt geliefert worden!«

Ellen legte den Kopf zur Seite, zog die Augenbrauen hoch und lächelte gequält. »Der Bericht ist ja wohl unvollständig, oder? Wenn ich Ihr Papier ernst nehmen wollte, müsste ich diesen Speidel-Bund für einen Pfadfinderverein für Erwachsene halten. Wir haben aber allein mit der Kontaktdatenanalyse herausgefunden, dass es da signifikanten Zulauf von Rechtsradikalen gibt, darunter auch solche, die wir als Gefährder einstufen. Einige Personalien des Speidel-Bunds erscheinen mir einer Überprüfung wert, da müssen Sie einfach was gefunden haben! Und das wundert sicherlich auch niemanden, denn General Hans Speidel stand nun einmal für die Traditionalisten in der Bundeswehr, die das Erbe der Wehrmacht glorifizierten.«

»Aus einer sehr linken Perspektive erscheint alles als rechts. Soldaten sind nun einmal auf die Freiheit des deutschen Volkes vereidigt. Patrioten sind doch nicht automatisch Nazis, oder?«

»Wie dem auch sei, der Speidel-Bund ist kein Teil der Bundeswehr, sondern ein privater Verein und gehört daher ganz klar in unsere Zuständigkeit. Daher sollten wir perspektivisch eine Übergabe der faktischen Beobachtung in Betracht ziehen.«

»Ich fürchte, die Lage ist ein bisschen komplizierter. Die meisten Speidler sind aktive oder ehemalige Militärangehörige, die können wir ungleich kompetenter beobachten. Unsere Akten würden zudem Rückschlüsse auf Militärgeheimnisse erlauben, die den Verfassungsschutz – mit Verlaub – nichts angehen. Wir sind außerdem auch Partnern und insbesondere der NATO verpflichtet.«

»Dann nehmen Sie halt Ihre Militärgeheimnisse aus den Akten!«

»So einfach ist das nicht. Außerdem wird die Hardthöhe nicht mitspielen. Mir sind die Hände gebunden.«

»Dann werde ich das wohl dem Kanzleramt antragen müssen.«

»Wenn Sie das müssen, dann müssen Sie das. Hat Ihr Interesse am Speidel-Bund einen bestimmten Anlass?«

»Nein, das war hier nur allgemein aufgefallen. Ist eine strategische Entscheidung!«

Nun war es Lehr, der seinen Kopf schief legte und die Augenbrauen hochzog. Ellen hatte nicht wirklich erwartet, dass sie bei Lehr Erfolg haben würde. Der alte Fuchs war immer drei Schritte voraus. Doch auch Ellen war nicht so unbedarft, wie sie sich gab.

14

Stefans Wagen hielt vor Jörgs Haus, um Janinas Auto abzuholen. Statt Janina begleitete ihn jedoch Achim.

»Grüß dich, Jörg! Schade, dass ich gestern schon so früh wegmusste! Hast ja gut auf meine Janina aufgepasst! Der geht es heute nicht gut, hat wohl etwas viel getrunken. Achim bringt ihr den Wagen.«

»Ja, ich fand es gestern auch recht nett!«, heuchelte Jörg. »Wollt ihr nicht auf ein Bier reinkommen? Ich trinke meine Vorräte ja eh nicht aus.«

»Sorry, ich bin spät dran!«, verabschiedete sich Achim.

»Klar!«, schlug Stefan ein. Die zwei Männer setzten sich in die rustikal eingerichtete Küche. »Worüber ich eigentlich mit dir gestern Abend noch sprechen wollte, wir haben da eine Gruppe von Kameraden, die einen Bürgerschutz aufbauen. Wenn sich hier die Verhältnisse wirklich mal ändern, müssen sich die Bürger rechtzeitig organisieren! Auf die Polizei und Bürokraten können wir uns nicht verlassen. Wenn es hier rundgeht, haben die gar nicht genug Personal! Viele Speidler sehen das genauso. Deshalb bereiten wir uns vor.«

»Ihr macht eine private Bürgerwehr? Also richtig paramilitärisch und so?«

»Ja, alles gute Männer, die bereit sind, ihre Familien und ihr Land auch gegen den Feind im Inneren zu verteidigen, wenn der Tag X kommt! Also wir sind jetzt nicht offiziell organisiert, das läuft beim Speidel-Bund alles so nebenher. Das sind alles dezentrale Teams, die keinem etwas tun, solange hier nicht der Tag X kommt. Alles nach Need-to-know-Prinzip organisiert, keiner kann etwas verraten, was er nicht weiß! Wie du ja gesagt hast, man muss unsichtbar sein und darf keine Spuren hinterlassen, wenn man nicht ›zweiter Sieger‹ sein will.«

»Wie darf ich mir das konkret vorstellen? Wer führt den Oberbefehl?«

»Gute Männer, die wissen, was gespielt wird. Aber die haben keine Namen. Weißt du, warum man heute so gut wie nichts von den Druiden weiß? Weil sie nie etwas aufgeschrieben haben! Bei uns gibt es kein Papier und keine Mail, alles wird nur mündlich weitergegeben, wir verlassen uns auf das Wort eines Mannes! Und wir schauen uns schon sehr genau an, wem wir vertrauen.«

»Ich fühle mich geehrt! Aber ich muss schon wissen, mit wem ich es zu tun habe.«

»Natürlich. Wir müssen sehr vorsichtig sein, weil der Staat das nicht gerne sieht, wenn Bürger sich selber organisieren. Aber wir können mit dem Aufbau nicht warten, bis es zu spät ist für Deutschland. Wir ziehen jetzt die Strukturen auf, und wenn der Feind losschlägt, stehen wir bereit!«

»Cool.« Während Stefan sein Bier leerte, fiel Jörg auf, dass das Freundschaftsbändchen fehlte. Das war privat und ging ihn nichts an – interessierte ihn aber brennend.

»Ein paar von denen, die in deinem Lehrgang neulich beim Speidel-Bund waren, sind auch dabei. Leute wie dich könnten wir besonders gut gebrauchen! Wir wollen natürlich Männer, die nicht nur schwafeln, sondern auch zupacken, wenn es nötig ist.«

»Du, ich habe gerade die Chance, wieder ins … also zu meiner alten Einheit zurückzukommen. Ich bin dann erst mal wieder für Monate abgemeldet. Außerdem darf ich als Bundeswehrangehöriger nicht gleichzeitig für eine andere Armee tätig sein.«

»Ist doch keine Armee! Das sind nur Sportsfreunde. Erfährt auch keiner. Ist doch deine Sache, wenn du privat mit uns im Wald rumrennst!«

»Wenn ich Montag bei der Einheit antanze, werde ich befragt, in welchen Organisationen ich Mitglied bin. Ich möchte die Fragen gerne wahrheitsgemäß beantworten, die checken ziemlich schnell, wenn jemand lügt! Dazu brauchen die nicht einmal einen Polygraph. Aber wenn du in ein paar Tagen noch mal fragst …?«

Ellen schaltete die Aufnahme des abgehörten Gesprächs ab. Offiziell gab es nur einen Gesetzentwurf, der es etwa dem Bundeskriminalamt erlauben sollte, jedes Handy aus der Ferne zu einer Wanze umzufunktionieren, die alles in der Nähe übertrug. Wovon die Polizei noch träumte, praktizierte der Geheimdienst schon seit Jahrzehnten, auch ohne gesetzliche Grundlage. So hielt man es seit Anbeginn der Dienste. Geheimdienstgesetze dienten eher der Legalisierung ohnehin gelebter Praxis, wenn diese herauskam.

»Was hältst du von dieser Organisation?«

Höch wiegte seinen Kopf hin und her. »Kann sein, dass das eine Handvoll paranoider Spinner ist. Wenn es eine Riesenorganisation wäre, hätten wir bestimmt schon Wind davon gekriegt. Erst recht der MAD. Die haben uns aber nichts dergleichen berichtet.«

»Und was, wenn diese Leute wirklich so verschwiegen sind? Immerhin sind ja etliche Berufsgeheimnisträger dabei. Und was, wenn der MAD selber mit drinhängt?«

»Schwer zu sagen. Früher gab es ja mal so etwas Ähnliches!«

»Was meinst du damit?«

»In den 20er Jahren gab es paramilitärische Gruppen, die als Schwarze Reichswehr heimlich den Vertrag von Versailles unterliefen und mit Deckung von oben die Wiederbewaffnung Deutschlands organisierten. Anfang der 50er Jahre gab es dann einen Technischen Dienst des Bundes Deutscher Jugend. Das waren in Wirklichkeit Neonazis, die eine Geheimarmee mit 7000 Mann und schwerer Bewaffnung konzipierten. Die führten Listen mit SPD-Politikern und unpatriotischen Journalisten, die man im Spannungsfall liquidieren wollte. Wie man dann später herausfand, waren deren Kommandeure vom US-Geheimdienst geführt worden.«

»Davon habe ich gehört. Aber die waren ja schnell aufgeflogen und verboten worden.«

»Aber andere haben in den 50er Jahren heimlich und professionell weitergemacht, ohne aufzufallen. Ein ehemaliger Offizier namens Albert Schnez baute eigenmächtig in Westdeutschland eine geheime Schattenarmee aus SS-Veteranen auf. Die sollte im

Ernstfall bis zu 40 000 Mann stark sein. Zwar hatten Adenauer und Strauß Wind von den Schnez-Leuten bekommen, fanden das aber nützlich und schritten nicht ein. Soweit ich mich erinnere, war auch ein gewisser General Speidel dabei ...«

»Ach, guck mal einer an!«

»Genau. Und als dann die Bundeswehr gegründet wurde, wurden viele Schnez-Leute ganz offiziell Soldaten, sodass die Geheimorganisation nicht mehr benötigt und aufgelöst wurde. Schnez brachte es in der Bundeswehr zum Generalleutnant, beinahe sogar noch weiter. Als er das Grundgesetz ändern lassen wollte, um das Ansehen der Wehrmachtssoldaten zu fördern, wurde er den Europäischen Partnern aber unheimlich.«

»War da nicht auch was mit dem BND?«

»Allerdings. In Konkurrenz zu Schnez baute General Gehlen seine Geheimorganisation auf und sammelte ebenfalls lauter Nazis ein, um heimlich den Wiederaufbau einer deutschen Armee zu organisieren. Allerdings gab Adenauer den Schnez-Leuten den Vorzug und aus Gehlens Organisation wurde der Bundesnachrichtendienst.«

»Und in welcher Beziehung standen diese Schattenkrieger zu den Stay-Behind-Kräften der NATO?«

»Die Stay-Behind-Leute waren Zivilisten, die vom US-Militärgeheimdienst ursprünglich zu Partisanenkriegern ausgebildet wurden, um im Fall einer sowjetischen Invasion einen Widerstand aufzubauen und Sabotage zu betreiben. Armeestärke hatten die aber nicht, nicht einmal Kommandostärke, denn das waren alles Einzelkämpfer. In diese Pläne waren die Geheimdienste involviert. Die wurden ja erst von den Amerikanern aufgebaut und dann vom BND übernommen, und auch der Verfassungsschutz war informiert. Wenn mal Waffenlager von denen gefunden wurden, hatte man die der RAF oder Neonazis untergeschoben. Die Polizei kriegte damals nicht raus, dass der eigene Staat involviert war. Stay-Behind wurde in der Öffentlichkeit erstmals in den 1990ern bekannt und dann aufgelöst. Heute gibt es keine solchen Strukturen mehr.«

»Woraus schließt du das?«

»Man braucht heute kein Stay-Behind mehr, da bewaffnete Konflikte nicht mehr auf dem Boden der Bundesrepublik erwartet werden. Wir wären über so etwas doch wohl informiert, oder?«

»Vielleicht. Vielleicht aber auch nicht. Ich hörte von BND-Programmen, in die nicht einmal alle drei Vizepräsidenten des BND eingeweiht sind. Wenn der MAD von so einem Geheimprogramm weiß oder sogar involviert ist, würde er uns davon nur erzählen, wenn er einen Vorteil hätte.«

»Dann hoffe ich mal, dass du mir immer alles erzählst!«

»Bleib mal bitte ernst jetzt! Wir haben hier einerseits beim KSK hochspezialisierte Elite-Kämpfer, von denen nicht einmal der geheim tagende Bundestagsausschuss so genau weiß, was die wirklich tun. Und in deren Dunstkreis gibt es jetzt also eine private Organisation, die noch mal geheimer ist und an einem Tag X losschlagen will. Wir müssen da langfristig rauskriegen, wer dahintersteckt.«

»Das wird den Brüdern und Schwestern vom MAD aber gar nicht gefallen.«

»Die lassen wir besser draußen!«

15

In futuristischer Kampfmontur wartete Jörg auf seinen Einsatz und kontrollierte diszipliniert seine Atmung. Dank moderner Materialien war beschusshemmende Kleidung in den letzten Jahrzehnten deutlich leichter geworden, aber noch immer schwitzte man darin wie ein Schwein. Dann kam das Klingelzeichen. Jörg riss die Tür auf und blickte in ein Café, in dem drei Terroristen acht Geiseln genommen hatten. Von links hörte er Hundegebell, rechts ertönte Techno-Musik. Einer der Terroristen zielte auf Jörg und hatte im selben Moment eine Kugel in der Stirn. Die beiden anderen Terroristen nahmen Geiseln als menschliche Schutzschilde. Eine weitere Geisel drehte plötzlich durch, was Jörg professionell ignorierte. Dann tauchte von rechts ein vierter Terrorist auf, den Jörg umgehend ins Jenseits beförderte. Brüllend ging er in Schussposition. Obwohl der anvisierte Terrorist ständig hinter seiner Geisel herumtänzelte, entschloss sich Jörg zum Schuss – und traf das richtige Ziel. Ein Dampfstrahl trübte die Sicht und Lichtblitze nervten. Endlich bot auch der letzte Terrorist ausreichend Schussfeld.

Normalerweise dauerte der berühmte Stresstest in der modernsten Schießanlage Europas 90 Sekunden. In dieser Zeitspanne musste der Soldat beweisen, dass er die Entführer bekämpfte und Geiseln oder unschuldige Dritte verschonte. In einem 360-Grad-Kino wurde mit scharfer Munition auf Projektionen von Gegnern geschossen, die tatsächlich vor der Kamera im Nebenraum posierten. Ab Sekunde 50 hätten die Terroristendarsteller hinter Geiseln geeignete Schusspositionen bieten sollen, doch Jörg hatte alle schon nach 20 Sekunden plattgemacht.

Der Ausbilder überlegte kurz, Jörg wegen der eingegangenen Risiken für die Geiseln zu kritisieren, doch die Schüsse waren präzise gesetzt. Nach kurzem Überlegen bescheinigte der Ausbilder den Status »combat ready«. Jörg war wieder im Spiel!

In der Kommandantur wurde er bereits erwartet.

»Herr Hauptfeldwebel, es wird Sie nicht überraschen, dass Sie sämtliche Tests bestanden haben. Ihre Fitness ist zwar nicht mehr die wie vor fünf Jahren, aber beim Schießen und den intellektuellen Tests haben Sie mit Bravour bestanden. Und das schon beim ersten Versuch. Gratuliere!«

»Danke, Herr Brigadegeneral!«

»Wir haben natürlich auch von Ihrem unkonventionellen Einsatz im Indischen Ozean neulich gehört.«

»Ich hatte keinen Einsatz im Indischen Ozean, Herr Brigadegeneral!«

Der Kommandant und seine drei Beisitzer sahen einander anerkennend an. Da nahm es jemand mit der Geheimhaltung sehr genau.

»Das KSK wurde mit dem Primärziel gegründet, Geiselbefreiungen von Deutschen im Ausland durchführen zu können. Seit 20 Jahren warten wir auf genau einen solchen Einsatz. Das wäre für uns das, was Mogadishu für die GSG 9 war. Und nun haben Sie als Erster eine solche Herausforderung bekommen und gemeistert, und was passiert? Ihre Leistung muss geheim bleiben! Irgendwie tragisch, auch für uns!«

»Ich weiß nichts von einem Geiselbefreiungseinsatz. Die Bundeswehr darf im Indischen Ozean nicht operieren, also hat sie da nicht operiert.«

Der Kommandant schmunzelte. »Ihre Zeit beim Heer haben Sie produktiv genutzt und sich weitergebildet. Sie haben Ihre Sprachkenntnisse in Arabisch und Französisch vertieft. Das qualifiziert Sie natürlich für Auslandseinsätze, insbesondere in Nordafrika. Außerdem haben Sie Kurse in Nahostpolitik belegt. Sehr ehrgeizig! Doch bei allem Stolz für Sie fragen wir uns: Wie gehen wir mit den weißen Stellen in Ihrer Akte um?«

»Wenn da weiße Stellen sein sollten, kann ich nicht darüber sprechen, Herr Brigadegeneral.«

»Warum war man denn der Ansicht, dass Sie aus dem KSK entfernt werden sollten?«

»Vermutlich wollte man vermeiden, dass man mir genau solche Fragen, wie Sie es tun, stellt Herr Brigadegeneral.«

»Offenbar ist man ganz oben inzwischen der Ansicht, dass ausreichend Gras über Ihre Probleme von 2013 gewachsen ist, was auch immer die gewesen sein mögen. Was wir uns aber fragen müssen: Werden Sie uns enttäuschen?«

»Nein, Herr Brigadegeneral.«

»In Ihrer Akte steht, dass Sie vier Feldjäger verprügelt haben.«

»Es handelte sich um vier Personen, die nicht uniformiert waren und mich unter einem Vorwand entführen wollten. Echte Feldjäger müssen uniformiert sein. Ich hatte daher die Pflicht, meine Dienstfähigkeit zu erhalten und mich gegen die Verbringung zu wehren!«

»Laut der Akte haben die Feldjäger aber Uniformen getragen!«

»Dann ist die Akte falsch, Herr Brigadegeneral! Sie haben darauf meinen soldatischen Eid.« Jörg salutierte martialisch.

»Kann schon sein, dass die Akte geschönt wurde«, kommentierte einer der Beisitzer. »Denn eine Festnahme durch Feldjäger mitten in Berlin hätte wohl Aufmerksamkeit erregt, und tatsächlich dürfen Feldjäger nicht zivil auftreten. Jedenfalls gab es kein Verfahren wegen dieser Sache gegen Sie, und wir kennen auch nicht den Grund, warum man Sie 2013 festnehmen wollte. Aber das scheint sich ja nach Meinung von ganz oben erledigt zu haben.«

»Wenn Sie uns Ihr soldatisches Ehrenwort geben, dass Sie uns keine Schande machen, haben auch wir keinen Anlass, Ihrer Rückkehr ins KSK im Wege zu stehen!«

»Sie haben mein Ehrenwort, Herr Brigadegeneral.«

Der Kommandant und seine drei Beisitzer erhoben sich, Jörg bekam den ersehnten Handschlag.

»Willkommen zurück! Sie trainieren hier die nächsten zwei Wochen mit Ihrem neuen Team, und danach geht es für drei Monate in den Niger. Melden Sie sich in der Stabsstelle! Wegtreten!«

Jörg genoss es, wieder unter seinesgleichen zu sein. Unter Männern, die nicht jammerten oder Fragen stellten, sondern zupackten, füreinander einstanden und gefährliche Aufträge erledigten und schweigen konnten. Das gab es für ihn weder im zivilen Leben noch bei den Kameraden in der normalen Bundeswehr. Das gab es für ihn nur beim KSK.

16

Ellen war erleichtert, dass die Ministerin bei der der wöchentlichen Besprechung der Geheimdienstchefs im Bundeskanzleramt fehlte. Die Peinlichkeit wegen des Kusses am Freitag steckte ihr noch in den Knochen.

»Fangen wir ohne die Ministerin an!«, eröffnete Klawitter. »Erster Tagesordnungspunkt ist die große Demo gegen die Regierungsbeteiligung der AEP in Berlin. Aktuelle Schätzungen gehen von bis zu 250000 Demonstrationsteilnehmern aus sowie von einer bedenklichen Anzahl von Autonomen. Neben dem Unmut über die Koalition registrieren wir eine gewisse Unzufriedenheit über den Kurs der US-Regierung im Nahen Osten. Wie Sie wissen, hat die Berliner Polizei bundesweit Einsatzkräfte angefordert, aber im Krisenfall wird die Sicherheit kaum noch zu realisieren sein. Daher will die Berliner Polizei zu einem möglichst frühen Zeitpunkt eine Gefahrenlage ausrufen und die Demo vorzeitig auflösen. Dazu fehlt ihnen aber im Moment noch eine geeignete Coverstory, wir benötigen insoweit noch Vorschläge. Frau Strachwitz, haben Sie Erkenntnisse, dass über Ausschreitungen hinaus mit Anschlägen zu rechnen ist?«

»Nein, soweit uns bekannt, wird es bei den eingespielten Ritualen bleiben. Es planen wohl auch nur die üblichen Verdächtigen gewaltsame Aktionen, aber nichts, was die Schwelle zum Terrorismus überschreitet. Keine Prognose können wir uns allerdings über diese neue Gruppe erlauben, die Autos von AEP-Politikern anzündet.«

»Da hatten wir uns von Ihnen etwas anderes erhofft ...«, mokierte sich Klawitter und wurde nun direkter. »Die Berliner Polizei möchte die Situation bereits nach der Auftaktkundgebung vor dem Start des Demonstrationszugs beenden. Das ist rechtlich kaum möglich, solange die Demo friedlich bleibt. Um eine Gefahrenlage zu legendieren, brauchen wir kurz vor der Demo eine Warnung des Verfassungsschutzes mit Hinweisen über gewaltbereite Linksextremisten. Lässt sich das einrichten?«

»Ich werde sehen, was ich tun kann«, antwortete Ellen und rang sich ein Lächeln ab.

»Die Berliner Kollegen werden außerdem verdeckte Beamte einsetzen, um Krawalle an Orten zu provozieren, die für Polizei und Hilfskräfte verkehrstechnisch gut zu erreichen sind. Das liegt ja wohl im Interesse aller Beteiligten!«

»Werden es die Verdeckten bei rechtswidriger Vermummung belassen, oder sollen wieder Straftaten gebilligt werden?«, fragte BKA-Präsident Vetter.

»Das ist derzeit noch nicht entschieden.«, antwortete Klawitter.

Die Tür öffnete sich, und Delius betrat doch noch den Raum. »Entschuldigung, im Kabinett hat es länger gedauert!«

»Sie haben noch nichts verpasst. Frau Dr. Strachwitz referiert gerade über die Erkenntnisse aus der linksextremen Szene, bitte fahren Sie fort!«

»Wir haben zwei neue Anschläge mit politischem Hintergrund. Wie Sie sicher aus den Medien wissen, wurden in Leipzig und Aachen erneut Autos von Politikern der AEP angezündet. Es wurde das gleiche Flugblatt mit ›Nie wieder 33!‹ gefunden. Auch hier haben die Täter die gleichen Zünder benutzt und keine verwertbaren Spuren hinterlassen. Ermittlungsansätze haben wir leider derzeit nicht. Was uns aber stutzig macht, ist die Tatsache, dass der oder die Täter einfach zu perfekt agieren, was für genuine Terroristen eher untypisch ist. Man könnte fast meinen, dass diese Anschläge professionell orchestriert sind. Auch haben die Täter das seltsame Glück, nie von irgendwelchen Kameras gefilmt zu werden, als wüssten sie, wo welche hängen.«

»Danke, Frau Strachwitz. Neben dem AEP-Parteitag in München und dann der großen AEP-Demo in Berlin haben wir leider auch eine weitere Herausforderung. Ich setze Sie hiermit in Kenntnis einer neuen Lage. Die Amerikaner haben uns gestern darüber informiert, dass sie in einigen Wochen einen groß angelegten Militärschlag gegen Syrien planen. Der genaue Zeitpunkt hängt davon ab, inwiefern ein taktischer Anlass hierzu gefunden wird, um die Operation gegenüber der Öffentlichkeit zu legitimieren. Verständlicherweise sind die Amerikaner wegen ihrer Standorte in Deutschland besorgt. Die Kollegen sind beunruhigt, weil derzeit über eine Million Syrer im Land sind, die meisten davon junge Männer im wehrfähigen Alter. Außerdem will das Pentagon wissen, ob von den Linken wieder Anschläge zu erwarten sind. Frau Strachwitz, wie schätzen Sie die Lage ein?«

Ellen antwortete umgehend: »Die Linken sind nicht unsere Sorge, insbesondere Antiamerikanismus, wie es ihn zu Zeiten der RAF gab, ist bei Linksextremisten heutzutage verpönt. Die aktuelle Generation junger Leute interessiert sich nicht für Friedenspolitik, sondern für Computerspiele und Netflix. Bezüglich der arabischen Welt haben wir keine Anzeichen dafür, dass etwa der syrische Geheimdienst auf deutschem Boden tätig ist. Was syrische Dissidenten betrifft, werden die eher mit einem Angriff auf das Regime sympathisieren. Auch syrische Extremisten könnten hierzulande dem US-Militär allenfalls symbolisch gefährlich werden.«

»Woher wollen Sie das denn wissen?«, wandte Delius ein. »Es sind über eine Million Syrer hier! Wenn die alle auf die Kasernen zulaufen ...«

Fricke unterbrach die Ministerin. »Frau Delius, bei allem Respekt. Solche Aktionen müssten vorbereitet werden und benötigen Struktur. Das wäre uns längst aufgefallen, wir haben insoweit genug technische Aufklärung, und Frau Strachwitz hat Hunderte V-Leute eingeschleust, oder?«

Die Blicke richteten sich auf Ellen. »Wir haben die Syrer im Griff. Die nutzen alle fleißig ihre Smartphones und sind daher leicht zu überwachen. Wir haben ihnen extra über verdeckte Programme Telefonkarten mit ermäßigten Tarifen eingeräumt. Die meisten haben andere Probleme als das US-Militär. Wahrscheinlich werden sie genauso friedlich reagieren wie die Vietnamesen, die nie den Krieg in die USA zurückgetragen haben. Gefahr sehe ich allenfalls bei unseren üblichen islamistischen Gefährdern, aber auch die sind keine Fans der syrischen Staatsführung. Ich gehe daher davon aus, dass es während des angekündigten Angriffs ruhig bleiben wird.«

»Das wird unseren amerikanischen Freunden aber nicht reichen«, entgegnete Fricke. »Seit dieser Schießerei am Frankfurter Flughafen 2011 sind die sehr nervös. Sie haben eine Liste mit möglichen Gefährdern angefragt.«

»Gibt es denn für die Weitergabe dieser Liste an die Amerikaner eine rechtliche Grundlage?«, fragte Ellen rhetorisch.

»Das regeln wir pragmatisch. Ich werde vorher noch mit dem Kabinett sprechen.«

BKA-Chef Vetter meldete sich zu Wort. »Mit der arabischen Welt gibt es leider noch ein anderes Problem. Wir vermissen seit letzter Woche den saudischen Dissidenten Farid Al Hussein. Er besuchte letzten Mittwoch in Begleitung seiner Ehefrau die saudische Botschaft in Berlin. Die Frau wartete draußen auf ihn, aber er tauchte einfach nicht mehr auf.«

BND-Chef Fricke warf Klawitter einen Blick zu, der wiederum nickte.

»Ich kann Ihnen sagen, was mit Al Hussein geschehen ist! Man hat ihn in der Botschaft verhört, gefoltert und getötet. Wir haben eine Tonaufzeichnung, da wir die Botschaft akustisch überwachen. Er war dem saudischen Herrscherhaus schon seit Langem ein Dorn im Auge.«

»Dann wäre das ja jetzt auch geklärt«, kommentierte Klawitter. »Kommen wir dann zum nächsten Tagesordnungspunkt.«

»Moment mal!«, unterbrach Delius. »Vor einer Woche hat also ein fremder Geheimdienst in Berlin einen Mord begangen, und ich erfahre erst jetzt davon?«

Fricke atmete kurz durch, bevor er schulmeisterlich antwortete. »Sie bekommen unseren Bericht für die Bundesregierung, wenn er fertig ist. Die Sache hat aus unserer Sicht keine Eile.«

»Wie bitte? In unserer Hauptstadt ermordet ein fremder Staat Menschen, und wir haben es nicht eilig?«

»Warum sollten wir?«, fragte Fricke. »Deutschland wird auf den Mord nicht reagieren und offiziell auch keine Kenntnis nehmen.«

»Bitte, was?«

»Im Geheimdienst geben wir grundsätzlich nie solches Wissen preis, weil wir dadurch unsere Quellen und Methoden verraten würden. Außerdem pflegen wir intensive wirtschaftliche Beziehungen mit den Saudis, das saudische Herrscherhaus ist politisch eng mit den USA verbunden, sie halten beträchtliche Anteile an der deutschen Industrie, und auf nachrichtendienstlicher Ebene läuft es derzeit gut. Außerdem genießen die Täter diplomatische Immunität. Warum also sollte Deutschland die sensiblen Beziehungen zum Saudischen Königshaus gefährden?«

»Bin ich hier die Einzige im Raum, die das ungeheuerlich findet?«, entrüstete sich Delius.

Ellen meldete sich zu Wort. »Als Geheimdienst sind wir stille Beobachter, die insbesondere ihre Position dem Gegner nie verraten. Wir bekommen ständig irgendwelche Verbrechen mit. Anders als die Polizei sind wir nicht zur Strafverfolgung verpflichtet und auch noch nicht einmal berechtigt.«

»Aber wir können doch keine mordenden Geheimagenten tolerieren!«

»Ich fürchte, da muss ich Sie korrigieren. Im Prinzip haben wir das hier immer so gemacht«, erklärte Klawitter in ruhigem Beamtenton. »In den 80er Jahren hat der kroatische Geheimdienst über 40 Exilkroaten in Westdeutschland getötet, mehr Menschen als die RAF in ihrer gesamten Geschichte. Hätten wir deshalb Spannungen mit der Sowjetunion riskieren sollen? Wir wussten damals auch von den Massenmorden in Argentinien, trotzdem haben wir die Nationalmannschaft zur Fußballweltmeisterschaft geschickt. Außerdem weiß doch heute jeder, dass die Saudis Menschenrechte missachten. Die köpfen Hunderte eigener Leute und führen einen blutigen Krieg im Jemen. Die Linie der Bundesregierung ist die, dass wir uns nicht einmischen. Ob die ihre Staatsangehörigen nun hier in ihrer Botschaft oder im eigenen Land massakrieren, betrifft uns nicht.«

Fricke pflichtete bei: »Und, verehrte Frau Ministerin, glauben Sie denn, dass die Öffentlichkeit begeistert darüber wäre, dass wir die Botschaft eines befreundeten Staates lückenlos abhören? Dann könnten wir doch gleich einpacken!«

»Welche Botschaften hören wir denn eigentlich noch so ab?«, wollte Delius wissen.

Fricke rollte vorwurfsvoll die Augen, atmete demonstrativ aus, klopfte mit der Hand auf die Stuhllehne und sah zur Decke. »Na, selbstverständlich alle, die uns interessieren.«

»Herr Fricke, Sie werden mit mir zusammenarbeiten und mir als Ministerin Respekt entgegenbringen. Oder haben Sie damit ein Problem?«

»Ein Problem habe ich damit, dass wir die bisweilen verwegenen Wünsche der Bundesregierung ausführen. Und nun müssen wir uns von einem Mitglied der neuen Bundesregierung Vorwürfe gefallen lassen, das kaum etwas von unserem Handwerk versteht. Verzeihen Sie, Frau Ministerin, aber Respekt muss man sich erst verdienen. Das mag Ihnen auf anderen Gebieten gelingen, aber in dieser Runde würde ich es vorziehen, wenn Sie uns einfach in Ruhe unsere Arbeit machen ließen!«

Die Ministerin erhob sich. »Dann werde ich Sie hier nicht länger aufhalten. Ich habe Dringenderes zu tun.«

»Frau Ministerin!« Ellen zückte einen verschlossenen Umschlag. »Hier ist noch das Dossier, das Sie angefordert hatten.«

Ohne eine Miene zu verziehen, nahm Delius den Umschlag und verließ den Raum.

17

Normalerweise ließ Ellen ihr Personal in ihrem Büro antanzen, heute aber begab sie sich persönlich in den Gebäudeflügel, in dem die Referate für Linksextremismus untergebracht waren. Als Ellen unangemeldet im Büro von Klaus Sannwald erschien, dudelte dort Musik von den Beatles. Der Ermittler galt als erfahrener V-Mann-Führer der alten Schule, der seit zwanzig Jahren im Bereich Linksextremismus recherchierte. Mit seiner Nickelbrille und ergrauter Hippiemähne wirkte der Mann eher wie ein Sozialarbeiter und verstand sich auch als solcher. Im Milieu der Linken fühlte er sich offenkundig wohl. Auch der unangekündigte Besuch der Behördenchefin brachte den Mann nicht aus der Ruhe.

»Herr Sannwald, behalten Sie Ihren Platz!« Ellen schloss die Bürotür, Sannwald stellte die Musik aus. »Ihre Ausführungen über den Speidel-Bund haben mich sehr beeindruckt. Es hat den Anschein, dass wir es mit einem militanten Prepper-Netzwerk zu tun haben, das sich konspirativ organisiert. Sie führen unsere einzige menschliche Quelle dort! Erzählen Sie mir bitte von Ihrem V-Mann.«

Sannwald räusperte sich. »Was die Quelle berichtet, steht lückenlos in den Akten. Über die Quelle selbst kann ich leider keine Auskunft geben.«

»Aber Herr Sannwald, wie sollen wir denn die Zuverlässigkeit der Quelle beurteilen, wenn Sie mir nichts über die Person und deren Motivation verraten?«

»Da werden Sie sich auf meine Einschätzung verlassen müssen. Die Quelle ist sehr dicht an der Führungsschicht dran und hat immer sachlich und zuverlässig berichtet. Ich wünschte, alle meine Quellen würden so perfekt arbeiten. Die Quelle geht ein sehr hohes Risiko ein, die Zielpersonen sind zu einigem fähig. Ich halte es für dringend erforderlich, dass wir die Beobachtung ausdehnen.«

»Sie weichen meiner Frage aus! Aus der Tatsache, dass Sie die Quelle aufgetan haben und nicht unsere Kollegen von der ›Rechts‹-Abteilung, schließe ich, dass die Quelle wohl aus dem Antifa-Spektrum stammt.«

Sannwald lächelte gequält. Offenbar rang er mit sich, ob er seine Zunge vor der Vorgesetzten lösen sollte oder nicht. »Bitte verstehen Sie: Ich habe der Quelle und anderen Beteiligten mein Wort gegeben. Wir würden da nie wieder einen Fuß in die Tür bekommen, wenn wir deren Vertrauen verspielen. Die Informationen, die wir bekommen, sind definitiv wertvoll!«

»Eine Ausweitung der Überwachung kann ich auf dieser Basis leider nicht vertreten. Ich biete Ihnen an, dass ich persönlich mit der Quelle spreche.«

»Die Quelle würde dieses Risiko nicht eingehen. Selbst ich treffe sie schon lange nicht mehr in persona, damit niemand Verdacht schöpft. Sie schickt mir das Material mit starker Verschlüsselung online, und auch das nur unregelmäßig, wenn sie absolut sicher ist, dass niemand sie beobachtet. Einen perfekteren V-Mann habe ich noch nicht erlebt.«

»Und wenn ich Sie jetzt direkt anweise, uns seine Identität preiszugeben?«

»Dann würde ich um meine Versetzung in den vorzeitigen Ruhestand bitten.«

18

Seit seiner Rückkehr zum KSK hatte Jörg außer einigen Ausbildern noch kein vertrautes Gesicht gesehen. Die Fluktuation im KSK war hoch, denn wer die anspruchsvollen Tests nicht mehr bestand, wurde als Belastung betrachtet und verlor umgehend seinen »combat-ready«-Status. Von den 1 200 in Calw stationierten Kräften erfüllten nur rund 300 Mann aktuell die Kriterien eines Kommandosoldaten, die Sollstärke von kampfbereiten 1 000 Mann hatte das KSK wegen seiner hohen Ansprüche nie erreicht.

Da Jörg niemanden zum Quatschen hatte, vertrieb er sich die Freizeit mit Social Media. Längst hatte er auch Janinas YouTube-Channel und ihr Facebook-Profil gefunden. Janina war dort mit eigenen Beiträgen sehr aktiv, mehrmals täglich kommentierte und likte sie in Social Media. Dass er Janina abgewiesen hatte, wurmte ihn. Noch nie hatte ihn eine Frau schneller beeindruckt. Da Stefan kein Freundschaftsbändchen mehr trug, war die Bahn vielleicht nunmehr frei. Mehr als einmal erwischte sich Jörg beim Gedanken, Janina einfach anzurufen. Bei der Suche nach einem aktuellen Gesprächsthema fiel ihm auf, dass Janina seit über einer Woche nichts mehr im Netz kommentiert hatte.

Um den Abend nicht alleine zu verbringen, fand sich Jörg im Offizierskasino ein. Zu seiner Freude erkannte er dort Lars, mit dem er 2012 in Afghanistan gedient hatte. Gemeinsam hatten sie in einem Vierer-Team hochgefährliche Einsätze hinter feindlichen Linien durchgeführt. Nur wenigen Männern würde Jörg sein Leben eher anvertrauen als Lars. Als sich die Freunde zu später Stunde im Offizierskasino trafen, lagen sie sich in den Armen.

»Alter, wo warst du denn die letzten Jahre?«

»Erst Spezialeinsätze mit besonderer Geheimhaltung, und zum Dank habe ich dann aus Sicherheitsgründen beim Heer rumgegammelt, damit ich mit niemandem vom KSK darüber rede, was wir auch jetzt besser lassen. Und wie ist es dir ergangen? Sind noch die anderen Jungs von früher dabei?«

Lars sah sich nach möglichen Zeugen um, denn Fragen zu Personal und Einsätzen hatte ein KSK-Mann weder zu stellen noch zu beantworten.

»Nur noch Ramon, der ist im Moment wieder in Afghanistan. Erik hat posttraumatisches Stressysndrom, Dietmar wurde zum Krüppel geschossen, und Hauke hat irgendwann so richtig durchgedreht. Jochen und Knuth haben Familien gegründet, und deren Frauen stehen nicht so auf ›Papa ist im Krieg‹. Gerd hätte bleiben können, hat sich aber für eine Laufbahn bei der Marine entschieden. Ralph, Ecki und Roger sind zu FRONTEX gewechselt, die zahlen ja besser, und der Job ist auf die Dauer auch lockerer. Die haben eine Super-Ausstattung. Olaf, Jan und Rüdiger haben die sportlichen Tests nicht mehr geschafft. Die sind jetzt wieder beim normalen Heer. Gundolf ist zur Bundespolizei gegangen. Eigentlich wollte er dort zur GSG 9, hat es aber nur zur BFE+ geschafft.«

»Und Alex?«

Lars sah sich erneut um. »Tja … Ob du es glaubst oder nicht: Alex ist jetzt Kriegsdienstverweigerer!«

»Mann, du verarschst mich gerade …?!?«

»Nein. Der gute Alex hatte von Afghanistan genug. Lass uns mal draußen eine rauchen.« Lars legte die Finger auf seine Lippen und deutete auf sein Handy. Beide versteckten draußen ihre Handys im Gras und spazierten in der Dämmerung ins Kasernengelände.

»Warum hat ausgerechnet Alex verweigert? Der war doch der krasseste Frontkämpfer überhaupt!«

»In Afghanistan ist es gnadenlos hart geworden. Wir begleiten CIA-Kommandos mit Shoot-to-kill-Order. Vor ein paar Jahren haben Taliban den US-Kameraden die Haut abgezogen, die Genitalien abgeschnitten und den Leichen in den Mund gesteckt. Die

Amis haben jetzt so einen Hass auf die Kameltreiber, das glaubst du nicht! Und jetzt unter diesem neuen Präsidenten gibt es gar keine Grenzen mehr. Die knallen die Taliban oder wen sie dafür halten, ab wie die Hasen. Und wir machen mit.«

»Ist das so befohlen?«, fragte Jörg sarkastisch.

Lars atmete durch. »Wir sollen halt mit den CIA-Kommandos kooperieren. Jeder im KSK weiß Bescheid, und jeder macht mit. Außer halt Alex. Der hat irgendwann ganz offen gesagt, dass er zum KSK gegangen sei, um gegen Todesschwadronen zu kämpfen, aber nicht, um selbst Todesschwadron zu werden. Hat er wörtlich so gesagt! Und als sie ihn dann rausschmeißen wollten, hat er gleich total verweigert. Das hat die hier alle schwer gefuchst, Alex war ja hier eine kleine Legende. Wir haben sogar Kontaktverbot, sprich die Sache besser nirgendwo an.«

Jörg nickte. »Ich habe da neulich was aufgeschnappt. Die Amis wollen auch, dass wir bald die Drecksarbeit für die in Syrien machen. Die haben sehr konkrete Päne, aus Syrien den neuen Irak zu machen. Wäre nicht überrascht, wenn schon Teams von uns da unten sind und sondieren.«

»Hattest du eigentlich Yannick und Gregor gekannt?«

»Der Yannick aus dem Saarland und der Gregor aus Thüringen?«

»Ja. Die beiden sind bei diesem sogenannten Unfall vor zwei Monaten in Afghanistan gefallen. Angeblich ist was beim Munitionsverladen hochgegangen. Tatsächlich sind sie in einem inoffiziellen Kampfeinsatz unter Beschuss geraten. Die Bundesregierung hat das vertuscht. Da stirbt unsereins den Heldentod, und dann lässt uns Berlin aussehen wie die letzten Deppen, die zu doof sind, um Munition sicher zu verladen. In den USA hätten die zwei ein Heldenbegräbnis bekommen! In jedem anderen Land wäre das so gewesen. Hier beim KSK haben wir eine Riesenwut auf die Regierung. Also auf die alte Regierung. Bin mal gespannt, ob sich das jetzt mit der AEP bessert.«

Die beiden Freunde stießen auf eine Gruppe angetrunkener Männer, die offenbar irgendetwas zu feiern hatten. Im Schein des

Feuers standen sie mit feierlichen Gesichtern – und zeigten den Hitlergruß. »Meinen die das ernst,« fragte Jörg, »oder albern die nur herum?«

»Beides! Hier ist in den letzten Jahren einiges unverkrampfter geworden.«

»Ob das deren Vorgesetzter wohl auch so sieht?«

»Der Typ da vorne ist der Vorgesetzte!«

»Zu meiner Zeit hier im KSK gab es zwar immer wieder Rechtsausleger, aber normal war das nicht. Ich war jetzt vier Jahre beim normalen Heer, da habe ich nicht einen Nazi getroffen oder irgend so einen Spruch gehört. Was ist denn jetzt los hier im KSK?«

»Bleib mal locker! Jetzt mit der AEP in der Regierung muss man sich ja auch nicht mehr 24 Stunden am Tag schämen, weil man Deutscher ist. Solange die Männer gut kämpfen, sollen sie doch feiern, wie sie wollen.«

19

Auf Ellens Schreibtisch türmten sich die Akten: Autonome planten Ausschreitungen gegen den Parteitag der AEP in München. Der türkische Staatspräsident kündigte einen kurzfristigen Deutschland-Besuch an. Angebliche chinesische Hacker führten in großem Stil Cyberangriffe gegen deutsche Firmen durch. In Schwerin hatten Unbekannte ein weiteres Kraftfahrzeug eines AEP-Politikers angezündet. Ein Abteilungsleiter konnte nicht mit seinem Rivalen. Ein V-Mann-Führer meldete sich mit Burn-out ab. Ein anderer hatte ein Alkoholproblem. Die Frauenbeauftragte beklagte einen Mangel an weiblichen Spionen.

Klawitters Nummer erschien im Display auf der sicheren Leitung. »Hallo, Ellen! Diese unsägliche Mail von Fricke gestern hat hier im Bundeskanzleramt für erhebliche Verstimmung gesorgt. Der Herr Kanzleramtschef hat Schnappatmung! Auch der neue Koalitionspartner wird nicht begeistert sein. Wir haben hier mal alle Szenarien durchgespielt: Wenn Fricke das ernst meint, gibt es einen Kleinkrieg zwischen BND und Bundeskanzleramt. Eine vertrauensvolle Zusammenarbeit können wir uns hier jedenfalls nicht mehr vorstellen.«

»Was denn für eine Mail?«

»Wie, du kennst die noch gar nicht? Fricke forderte für die geplante Neufassung der Geheimdienstgesetze, dass der BND entweder dem Verteidigungsministerium unterstellt werden soll oder dass das Bundeskanzleramt für konkrete Einsätze selber die Verantwortung trägt!«

»Unter uns: Ich wäre es auch leid, immer den Blitzableiter spielen zu müssen. Fricke ist noch immer sauer darüber, dass der vormalige Chef des Bundeskanzleramts, der allen die NSA-Misere eingebrockt hat, jetzt als Bundespräsident glänzt, während redliche Geheimdienstler als Prügelknaben der Nation herhalten.«

»Es kommt noch besser: Fricke weigert sich ab sofort, Staatsgeheimnisse mit unserer geschätzten Heimatministerin zu teilen. In der Mail bezeichnet er sie wörtlich als ›hoffnungslos inkompetent‹.«

»Eigenartig! Fricke ist doch ein sehr beherrschter und vernünftiger Mann. Vermutlich artikuliert er, was bei den BND-Leuten ohnehin allgemeine Auffassung ist.«

»Frickes Aufgabe ist es, die Interessen des Bundeskanzleramts bei seinen Leuten zu vertreten, nicht umgekehrt. Wir denken über eine sehr kurzfristige Ablösung nach.«

»Wirst du den BND kommissarisch führen?«

»Ich? Nein, auf keinen Fall. Die Kanzlerin wünscht auch keine halben Sachen. Wenn wir die Absetzung von Fricke bekannt geben, möchte die Kanzlerin im gleichen Moment den Nachfolger präsentieren.«

»Wen habt ihr euch denn ausgeguckt?«

»Die Kanzlerin lässt fragen, ob du vielleicht Interesse an der Stelle hättest!«

»Das kommt jetzt ein bisschen unerwartet … Aber wenn du so direkt fragst, ausschließen würde ich es nicht. Mein Haus ist bestellt, meine Mitarbeiter haben den Laden gut im Griff. Höch würde seine Sache als mein Nachfolger sicherlich sehr gut machen.«

»Dann kann ich das als Zusage verstehen?«

»Ich möchte in keiner Weise die Absetzung von Fricke fördern, ich schätze ihn fachlich wie persönlich sehr. Ich möchte auch keinesfalls den Eindruck erwecken, dass mir meine aktuelle Position nicht gefällt. Aber wenn ich gerufen werde: Ja, ich stehe bereit!«

»Das freut mich zu hören!«

Höch erschien zur täglichen Berichterstattung. »Interessante Neuigkeiten: Schmitz hat uns gerade ganz heiße »odays‹ angeboten.«

Der Informationshändler Sandro Schmitz war einer der zuverlässigsten Lieferanten sogenannter »odays«. Wenn Hacker sicherheitsrelevante Schwachstellen in Software fanden, verkauften sie ihr Wissen entweder an den Hersteller zur Nachbesserung, das Bundesamt für Sicherheit in der Informationstechnologie zur allgemeinen Prävention – oder aber an Käufer, die an Sicherheitslücken ein unseriöses Interesse hatten. Geheimdienste gehörten naturgemäß zu den besten Kunden von »odays«. Schmitz fiel dabei die Rolle eines Hehlers zu, der seinen Auftraggebern Anonymität bot.

»Schmitz behauptet, dass jemand das Kommunikationssystem der AEP aufgemacht hat. Die haben ja so eine Art parteiinternes Facebook, das gegen Angriffe ziemlich stark gesichert war. Da hat jemand offenbar eine Hintertür gefunden, mit der man nahezu alle privaten Direktmitteilungen lesen kann.«

»Ähm ... wollen wir das denn überhaupt? Die AEP steht derzeit nicht unter nachrichtendienstlicher Beobachtung.«

»Die AEP selbst nicht, allerdings finden wir die Art der Sicherheitslücke spannend. In der Parteisoftware ist nämlich eine gut versteckte Hintertüre eingebaut, die wie geschaffen für eine nachrichtendienstliche Auswertung ist. Schmitz behauptet, dass der Grad der Verschlüsselung der internen Mails künstlich geschwächt wird. Mit der richtigen Software und einem Mastercode lässt sich jede Nachricht binnen Sekundenbruchteilen entschlüsseln.«

»Reden wir hier nur über die theoretische Möglichkeit, dass die AEP ihre eigenen Mitglieder ausspionieren könnte, oder haben wir konkrete Anhaltspunkte dafür?«

»Letzteres. Die Sicherheitslücken sind systematisch angelegt. Es handelt sich um spezifische Modifikationen scheinbar konventioneller Softwarekomponenten, die unauffällig manipuliert wurden. So etwas zu programmieren, ist sehr teuer, das macht niemand, der das nicht auch benutzen will. Diese Software wurde bereits zu einem Zeitpunkt implementiert, als die AEP noch in den Kinderschuhen steckte.«

»Wer war für die Anschaffung verantwortlich?«

»Das haben wir noch nicht herausgefunden. Das wurde damals in verschlüsselten Chats besprochen.«

»Gibt es denn Hinweise auf Einflüsse aus dem Ausland?«

»Nein, aber ausschließen können wird das natürlich auch nicht. Bei solchen Sachen ist es immer sehr schwierig, die Herkunft zu bestimmen. Wenn ein ausländischer Geheimdienst seine Finger in einer Regierungspartei hat, wäre das ein klarer Fall für den Verfassungsschutz. Wir haben auch Regierungsbezug, da zu diesen AEPlern ja nunmehr mehrere Mitglieder des Kabinetts gehören.«

»Wie viel hat Schmitz dafür aufgerufen?«

»Er will 200 000 Euro haben. Er bietet auch eine Aufzeichnung von unerlaubten Zugriffen über mehrere Wochen an.«

»Zu hoch. Der AEP kann er das in dieser Größenordnung kaum anbieten. Die können ihre Software billiger neu machen lassen. Bieten wir ihm 80 000 und gehen bis 100 000 Euro mit. Wenn wir das Ding kaufen, muss aber sichergestellt werden, dass niemand von uns die Mails von Regierungsmitgliedern und Parlamentariern liest. Wir könnten in Teufels Küche kommen, wenn wir auch nur den Anschein erwecken, die eigene Regierungspartei abzuhören.«

»Werden wir nicht! Du bist die Einzige, der ich davon erzähle. Die politische Auswertung weiß nichts, die Techniker interessiert nur ihr Nerdkram, und die halten sich an Verbote. Ich handle außerdem im Interesse der Behörde, oder sollten wir etwa nicht wissen, mit wem wir so unsere Staatsgeheimnisse teilen?«

»Das Letzte, was wir im Moment brauchen können, sind wieder selbst gemachte Skandale!«

In diesem Moment unterbrach die Sekretärin die Sitzung. »Herr Sannwald möchte Sie dringend sprechen!«

»Soll reinkommen!«

Sannwald trat ein, mit versteinerter Miene. »Guten Morgen, Frau Präsidentin!«, grüßte der Ermittler ungewöhnlich förmlich. »Erlauben Sie mir eine Frage: Haben Sie mit irgendjemandem über meine Quelle im Speidel-Bund gesprochen?«

»Nein!«, antwortete Ellen und sah zu Höch. »Du etwa?«

»Nein.«

»Dann sind wir drei die Einzigen im Haus, die von der Existenz der Quelle wussten.«

»Was ist passiert?«

»Die Quelle ist tot. Man hat ihre verkohlte Leiche in einem Auto identifiziert. Angeblich Unfall durch Trunkenheitsfahrt. Aber bei einer so vorsichtigen Person wie meiner Quelle habe ich Zweifel. Die Ermittlungen laufen noch, ist ja gerade erst passiert. Ich will aber ausschließen, dass wir die Quelle auf dem Gewissen haben.«

»Wir haben die Existenz einer Quelle niemandem offenbart und keine ihrer Informationen weitergegeben. Jetzt, wo die Quelle tot ist, könnten Sie uns ja die Identität Ihrer Quelle nennen.«

»Ich habe geschworen, den Namen mit ins Grab zu nehmen. Jetzt ist sie mir zuvorgekommen. Es handelt sich um eine Kämpferin aus der Antifa-Szene, die sich den Kampf gegen rechts buchstäblich zur Lebensaufgabe gemacht hatte. Sie ist in Eigenregie undercover bei den Rechten eingedrungen, hat sich sogar auf eine Beziehung mit so einem Nazi-Typen eingelassen und online als Influencerin jede Menge Streetcredibility gesammelt. Sie hat es in Kauf genommen, dass sich ihr gesamter Bekanntenkreis von ihr abgewendet hat. So eine hätten wir bei uns gar nicht backen können. Eine wirklich beeindruckende Person!«

Ellen sah Tränen in Sannwalds Augen, seine Stimme stockte. Wortlos machte er kehrt und verließ grußlos das Büro. Auch Ellen und Höch hatten einen Kloß im Hals.

20

Ein leichter Wind wehte am Samstagmorgen über die Bergwiesen im Sauerland. Weit und breit waren nur die Vögel Zeugen, als gegen 11 Uhr ein biederer Golf an der Ferienhütte eintraf und diskret hinterm Haus parkte. Die blonde Fahrerin im weißen Sommerkleid wurde an der Tür von einer Frau in schlabberigen Batik-Sachen empfangen, die zu einer ökologischen Yoga-Lehrerin gepasst hätten. Kein möglicher Beobachter dieser Begegnung wäre auf die Idee gekommen, dass sich hier die konservative Heimatministerin und die Geheimdienstchefin trafen. Ellen war noch unsicher, ob sie die Ministerin förmlich begrüßen sollte, auch Delius zögerte einen Moment, ergriff dann aber die Initiative und umarmte Ellen kurz.

»Ich freue mich, dass wir uns treffen!«

»Schön, dass Sie da sind! Ich bereite gerade Ingwer-Hähnchen und Gemüsesalat vor. Helfen Sie mir beim Schnippeln?«

»Gerne. Ich habe ewig nicht mehr selbst gekocht.«

»Sind Sie sicher, dass Ihnen niemand gefolgt ist?«

»Absolut. Ich habe eine Leibwächterin übers Wochenende mit meinen Handys auf einen Segeltörn auf der Ostsee geschickt. Von Weitem sieht die mir sogar ähnlich! Jemand hat mir diesen Privatwagen besorgt, der nicht mit mir in Verbindung gebracht werden kann. Niemand hat mich einsteigen sehen. Tja, bei den ganzen Morddrohungen in letzter Zeit lebe ich ohnehin sehr vorsichtig.«

»Bei mir hier sind Sie sicher!« Ellen klappte ein Notebook auf und aktivierte ein Programm. Auf dem Monitor erschienen vier Kamerabilder, die die einzige Auffahrt erfassten. »Wenn jemand den Weg zu uns herauffährt oder sich irgendwie dem Haus nähert, bekommen wir automatisch Alarm. Meine Sicherheitsleute haben ein Tal weiter ihr Quartier. Die denken, ich treffe hier meinen Liebhaber!« Die beiden Frauen kicherten.

»Schön ist es hier im Sauerland. Ich kannte diese Gegend noch gar nicht.«

»Ich hatte hier vor 10 Jahren zu tun, als ich das gemeinsame Terrorismusabwehrzentrum geleitet habe. Damals haben wir hier mit der CIA die sogenannte Sauerland-Gruppe observiert: junge Islamisten, die Bomben für Anschläge bauten. An der Überwachung waren rund 500 Personen beteiligt.«

»War das auch wieder eine von euren selbst gezüchteten Organisationen?«

»Nein, die war kein Honigtopf. Aber wir hatten das Umfeld mit V-Leuten durchsetzt und die Jungs daher weitgehend unter Kontrolle. Der Fall wurde damals vom Bundesinnenminister dazu benutzt, ein heimliches ›Supergrundrecht Sicherheit‹ zu begründen, mit dem beliebiges Abhören intern heimlich gerechtfertigt wurde. Damals wurde der Öffentlichkeit erzählt, wir seien auf einen Tipp der NSA hin auf diese Terroristen gestoßen.«

»Und war das so?«

Ellen lächelte geheimnisvoll. »Operative Details kann ich nicht verraten. Aber wenn ich sage, dass die Massenüberwachung nach wie vor nicht einen einzigen Terroranschlag verhindert hat, schließt das auch diesen Fall mit ein.«

»War der Fall Ihre Bewährungsprobe, um sich für die Leitung des BfV zu qualifizieren?«

»Geschadet hat es nicht. Und jetzt lassen Sie uns besser in der Küche über die Struktur Ihrer neuen Behörde sprechen. Ich habe da so einige Ideen.«

Den ganzen Nachmittag über brüteten Ellen und Delius über dem Konzept einer Heimatschutzbehörde, die im Katastrophen- oder Spannungsfall die Zusammenarbeit der Polizei- und Ordnungsbehörden koordinieren sollte. Die Karrierebeamtin erklärte der Neupolitikerin die informellen Königreiche, die sich Staatssekretäre geschaffen hatten, und wie man die Eitelkeiten von Spitzenbeamten elegant ausnutzte. Ellen achtete jedoch konsequent darauf, ihren Geheimdienst so weit wie möglich vom Heimatministerium abzuschotten.

Trotz der politisch unterschiedlichen Ansichten beider Frauen verlief die Arbeit reibungslos. Ellen kam Delius, die sie vor zwei Wochen als arrogante Möchtegern-Ministerin kennengelernt hatte, fast wie eine alte Freundin vor.

»Mir ist wichtig, dass durch das Heimatministerium nicht das Trennungsprinzip zwischen Geheimdienst und Polizei unterlaufen wird«, erklärte Ellen. »Geheimdienste sollen nur schnüffeln dürfen, haben also gegenüber dem Bürger keine hoheitlichen Befugnisse.«

»Das ist ausgerechnet Ihnen wichtig? Sie haben doch das gemeinsame Antiterrorzentrum der Sicherheitsbehörden aufgebaut. Sie haben damit Geheimdienst und Polizei permanent am selben Tisch gehabt.«

»Wir haben streng darauf geachtet, dass durch diese Kooperation keine geheime Staatspolizei entstand und die Befugnisse des Geheimdienstes auch ausschließlich für dessen Aufgaben genutzt wurden. Wir ließen keiner anderen Behörde die Möglichkeit, heimlich ihr eigenes Ding zu machen. Das hat auch funktioniert.«

»Alle anderen Länder benötigen so eine künstliche Trennung nicht. Ist das nicht ein unpraktikables Relikt, das uns die damaligen Besatzungsmächte Anfang der 50er Jahre aufgezwungen haben?«

»So sieht es der Innenminister. Und deshalb würde er ja am liebsten BKA und den Verfassungsschutz ganz zusammenlegen, und wir hätten dann wieder eine Art Reichssicherheitshauptamt wie in den 30er Jahren. Eine geheime Staatspolizei führt aber unweigerlich in den Polizeistaat.«

»Ist das nicht eine sehr deutsche Sichtweise? In Schweden, wo ich ein Haus habe, haben die Leute ein positives Verhältnis zum Staat. Wenn da die Regierung etwas sagt, wird das in der Bevölkerung prinzipiell erst mal als gut und richtig unterstellt.«

»In Schweden hatten sie aber weder eine nationalsozialistische noch eine kommunistische Diktatur. Wenn ich mir ansehe, welche Personen auch im westlichen Nachkriegsdeutschland an die Spitzen der Sicherheitsbehörden gelangt sind, dann war das Trennungsgebot definitiv eine gute Idee. Unsere Verfassung ist geprägt von tiefem Misstrauen gegen den Staat, und das hat sich jedenfalls im Geheimdienst als berechtigt herausgestellt. Und wenn ich mir die Entwicklung in Ungarn ansehe, dann kann ich auch für unser Land nicht ausschließen, dass wir eines Tages wieder eine Regierung mit totalitären Machtansprüchen bekommen.«

»Sie haben jetzt gar nicht Österreich genannt. Und auch nicht die AEP. Sie können das ruhig offen ansprechen, ich denke nämlich diesbezüglich genauso wie Sie. Ich traue inzwischen in meiner Partei genau niemandem mehr, dafür aber allen alles zu.«

»Und trotzdem tun Sie sich das politische Geschäft an?«

»Selbst wenn ich gar nichts bewirken könnte, so würde ich zumindest verhindern, dass ein Schwein auf meinen Posten kommt. Und davon haben wir in meiner Partei genug!«

»Sie wollen doch nicht etwa Parteiinterna an den Verfassungsschutz kolportieren?«

Delius lachte. »Dass in meiner Partei wenig Lichtgestalten wandeln, wird dem Geheimdienst wohl auch so bekannt sein, oder?«

Als die Sonne langsam versank, beschlossen die Frauen, dass es mit der Arbeit für heute genug war. Delius holte eine Flasche Wein hervor, auf deren Etikett »Grand Cru Classé« stand und die vermutlich einige Hundert Euro wert war. Außerdem packte sie Kerzen aus sowie eine Soundbox.

»Ellen, es ist wirklich sehr angenehm, mit Ihnen zu arbeiten. Ich darf Sie doch Ellen nennen?«

»Unter uns dürfen Sie das. Und ja, ich denke auch, wir sind auf einem guten Weg!«

»Ich wünschte nur, ich könnte mit meinen Parteikollegen so professionell zusammenarbeiten wie mit Ihnen. Diese Leute eint nur, wogegen sie sind, und selten haben sie wirklich Ahnung. Wenn die ein modernes Unternehmen führen müssten, wären viele längst weg vom Fenster! Mir ist die Auseinandersetzung mit dem politischen Gegner deutlich lieber als die mit meinen eigenen Leutchen.«

»Das ist halt das Problem politischer Organisationen: An die Spitze kommen nicht die kompetenten Leute, sondern die mit dem dicksten Sitzfleisch. Der aktuelle US-Präsident hatte noch nie ein politisches Amt bekleidet und weiß gar nicht, was er überhaupt alles für Behörden unter sich hat.«

»Ach, Ellen, Sie wären eine fantastische Politikerin. Wenn ich Ihre Kompetenz und Methodik mit der aller Wichtigtuer vergleiche, die ich am Kabinettstisch ertragen muss. Auch beim Koalitionspartner sitzen überwiegend Blender, die bei ihrer Doktorarbeit geschummelt haben und nichts auf die Reihe kriegen, außer ihrer Lobby nach dem Mund zu reden!«

»Nein, Politik ist nichts für mich. Aus genau diesem Grund, den Sie gerade genannt hatten! In der deutschen Sicherheitscommunity sind zwar auch nicht alle pflegeleicht, aber auf professioneller Ebene kann ich mich über die Zusammenarbeit nicht beklagen. Sie gelangen nicht in den höheren Dienst, wenn Sie nicht gewisse Mindestqualifikationen nachweisen und akademische Umgangsformen pflegen. In den Parteien hingegen laufen ausgerechnet auf der Führungsebene lauter Quartalsirre herum, mit denen ich mich nicht sehen lassen würde – leider in allen Parteien!«

»Mit Quartalsirren könnte ich leben. Das Traurige an Parteien ist die unglaubliche Intriganz, mit der Ränkespiele ausgefochten werden. Sie glauben gar nicht, wie viele Leute an meinem Stuhl sägen! In der Koalition läuft es nicht besser. Vor allem der Senfft hasst mich, weil ich die Dulles Corporation aus den Behörden drängen will. Der würde mich lieber heute als morgen abservieren. Thürmer hasst mich, weil er mich zwar für die Basis braucht, aber Schiss hat, dass ich selbst Parteichefin werde. Die halbe Partei hasst mich, weil ich denen nicht rassistisch genug und außerdem zu ökologisch bin. Die Linken und die Grünen hassen mich, weil ich die AEP vertrete – und weil ich erfolgreich bin, ohne dass ich dafür eine Frauenquote bräuchte. Und bei der SPD hassen sie mich, weil die keinen einzigen Politiker mehr von Format im Rennen haben.«

»Wenigstens die Medien lieben Sie doch! Niemand ist präsenter in Talkshows als Sie!«

»Die Fernsehleute lieben nun einmal die Kontroverse!«

»Und schöne Frauen.«

Die beiden Frauen sahen sich einen Moment schweigend in die Augen. Bei Ellen kribbelte es plötzlich. Würde die erheblich jüngere Frau sie akzeptieren? Delius' Busen war vermutlich ein Meisterwerk der Schönheitschirurgie, womit Ellen so nicht mithalten konnte. Wollte sie das überhaupt? Delius steuerte auf ihrer Smartphone-App die Soundbox, kurz darauf intonierte David Bowie mit Leidenschaft sein melancholisches »Life on Mars?«. Mit einem genussvollen Lächeln stellte sich Delius selbstbewusst, wenn nicht gar fordernd vor Ellen und wartete einfach. Die erhob sich beinahe schüchtern, ging auf Delius zu und umarmte sie. Ihre Wange duftete nach Hautcreme, ihr Haar nach einem dezenten Parfüm. Spontan tanzten die Frauen einen Klammerblues. Ellen sah plötzlich, dass Delius Tränen über das Gesicht liefen. Als die sonst so selbstbewusste Frau sich wieder gefangen hatte, schmiegte sie ihre zarte Wange an Ellens. Dann küssten sie sich.

21

Im Kölner Zoo hatte Philip besonders Spaß an den Elefanten. Gegen Mittag hatte es Ellen aus dem Sauerland nach Hause geschafft, um an diesem Wochenende noch etwas von ihrem Sohn zu haben.

Während sie ihn auf dem Schoß hatte und streichelte, dachte sie über die Nacht mit Delius nach. Es hatte sich einfach alles gut und richtig angefühlt. So wenig sie mit der Ministerin politisch verband, so sehr schätzte Ellen Delius' Stil und Klasse. Und nun auch ihren Körper, ihre Augen und ihr Charisma. Die Politikerin mochte schwierig sein, aber das waren eben viele Hochintelligente. Ellen wusste natürlich, dass eine Affäre sie beide erpressbar machte. Was, wenn sich eine ernste Beziehung entwickelte? Wie würde ein Kind damit umgehen, dass die Mutter mit einer Frau zusammen wäre?

Für den Moment hatte Ellen handfestere Sorgen, und die ließen sie auch in privatesten Situationen nicht los. Sie packte ihr Notebook aus und checkte die für sie wichtigsten Informationen.

Zielperson: Jörg Weberling.

Zugang zu Informationen gesperrt.

Ellen stutzte. Dass sich für sie eine Akte nicht öffnete, passierte der Präsidentin des Inlandsgeheimdienstes nur selten. Als Bundesamt für Verfassungsschutz, das über die Verfassungstreue der Beamten wachte, hatte sie Zugang zu nahezu allen Verkehrsdaten, die sie für wichtig hielt. Die letzte Spur von Jörgs Handydaten, die im System gespeichert waren, führte zur Graf-Zeppelin-Kaserne in Calw. Aus dem Status der Geheimhaltung schloss Ellen, dass Jörg beim KSK rehabilitiert worden sein musste. In der Kaserne, wo er vermutlich auch lebte, war er nunmehr selbst für den Inlandsgeheimdienst unerreichbar. Alles im Zusammenhang mit dem KSK war so geheim, dass sogar das parlamentarische Kontrollgremium allenfalls nachträglich informiert wurde – oder auch gar nicht. Doch nicht nur für den Inlandsgeheimdienst waren die Elitesoldaten tabu, auch der Militärische Abschirmdienst verfügte am KSK-Stützpunkt über keine Dienststelle. Inwiefern der Bundeswehr-Geheimdienst Quellen bei den Spezialkräften hatte, war dem Verfassungsschutz nicht bekannt. Soweit man hörte, hatte auch der MAD dort blinde Flecken.

Ellen klappte den Rechner zu und wandte sich wieder dem Sohnemann zu. »Sollen wir uns mal die Affen ansehen? Ja? Die Mami kennt sich nämlich mit Affen ganz toll aus!«

22

Bei der täglichen Lagebesprechung berichtete Höch von den Erkenntnissen des Referats »Ausländerextremismus und Linksextremismus/-terrorismus«, um den vorläufigen Bericht zu den Autoanzündern zu diskutieren.

»Zu den ›33er‹-Vorfällen haben wir leider noch immer keine brauchbaren Erkenntnisse. Alle Taten wurden nachts ausgeführt, der Brandsatz mit einem chemischen Zünder ist stets baugleich und erlaubt keinen Aufschluss auf die Bombenbastler. Die Bekennerschreiben stammen allesamt von ein und demselben Drucker. Leider wurde ein Schwarz-Weiß-Drucker verwendet, sodass wir keine Mikropunkte zur Identifizierung der Seriennummer des Druckers haben. Fingerabdrücke und Faserspuren sind ebenfalls nicht zu entdecken, das Papier selbst und die Klarsichthüllen liefern keinen Aufschluss über die Herkunft. Nicht einmal DNA-Spuren konnten wir sichern. Es ist anzunehmen, dass der oder die Unbekannten sehr genau über Kriminaltechnik informiert sind. Die unterschiedlichen Tatzeiten und Tatorte lassen keinen Rückschluss auf einen Wohnsitz des oder der Beteiligten zu. Das Bekennerschreiben erschöpft sich in der Parole ›Nie wieder 33!‹ und ist damit im Vergleich zu denen etwa der RAF auffällig unterkomplex. Wir vermuten, dass der oder die Täter vor Ort mit einem Fahrrad unterwegs sind, da bislang nie Motorengeräusche oder Schritte vernommen wurden. Obwohl etliche gefährdete Personen ihre Grundstücke mit Kameras sichern, ist bislang noch keiner dieser Täter gefilmt worden. Statistisch ist das auffällig.«

»Also mir erscheint diese Serie irgendwie als zu perfekt«, kommentierte Ellen. »Normale Terroristen machen Fehler, hinterlassen irgendwelche Spuren oder prahlen in der Öffentlichkeit. Hier haben die Täter eine auffällige Ortskenntnis und sind möglicherweise über Alarmanlagen und Kameras informiert.«

»Willst du damit andeuten, dass die AEP das nur inszeniert hat, um sich in der Öffentlichkeit als Opfer darzustellen?«

»Ich sage nicht, dass die AEP dahintersteckt. Das wäre viel zu riskant, denn wenn es wirklich Innentäter sind und alle Autobesitzer mitmachen, hätten die zu viele Mitwisser. Und die meisten AEPler haben nun einmal einen Hang zum Prahlen, da hätte sich längst jemand verplappert. Aber für mich sieht das ganz so aus, dass irgendwer da eine linksterroristische Gruppe inszeniert. Ein Motiv hierzu kann ich leider nicht anbieten.«

»Vielleicht will jemand eine Stimmung erzeugen, etwa für die Verschärfung der Sicherheitsgesetze, die aktuell in der Diskussion ist. Für die Security-Branche, die auf Milliardenaufträge hofft, wäre schwarze Propaganda effizienter als jeder Lobbyismus. So etwas hat es schon gegeben.«

»Oder jemand hat ein politisches Interesse an weiterer Terrorparanoia und an Diskreditierung der Linksextremisten.«

»Wir können nicht ausschließen, dass es sich bei diesen Autoanzündern um eine Desinformations-Kampagne eines ausländischen Geheimdienstes handelt. Wir hören ja immer wieder, dass der deutsche Datenschutz bei unseren ausländischen Partnern auf Unverständnis stößt.«

»Selbst wenn die Anschläge authentisch wären, hätten die Täter offenbar gelernt, professionell unsichtbar zu bleiben. Das sind definitiv keine normalen Terroristen.«

»Frau Strachwitz, da ist ein dringendes Gespräch aus dem Bundeskanzleramt!«, unterbrach die Sekretärin aus dem Vorzimmer.

»Machen Sie ohne mich weiter«, entschuldigte sich Ellen.

Auf dem Monitor erschien Kanzleramtsminister Bogk. »Guten Morgen, Frau Strachwitz. Die Bundeskanzlerin will Sie umgehend in Berlin sprechen. Sie brauchen keinen Termin, setzen Sie sich bitte ins nächste Flugzeug.«

Ellen atmete durch. In ihrer gesamten Zeit beim Inlandsgeheimdienst hatte sie bei der Kanzlerin nicht ein einziges Mal einen

Termin bekommen. Wie die meisten anderen Spitzenpolitiker hielt sich die Regierungschefin von den Geheimdiensten öffentlich so fern wie möglich, als ob man nichts miteinander zu tun hätte. Ellens Ansprechpartner waren für gewöhnlich der Geheimdienstkoordinator, der Bundesbeauftragte für die Nachrichtendienste und der Kanzleramtsminister. Das Gespräch mit der Kanzlerin konnte keinen anderen Sinn haben als den, Ellen die Leitung des BND anzutragen. Die Juristin sollte also tatsächlich den personalstärksten Auslandsgeheimdienst Europas leiten. Das Kapitel Köln, jene Stadt, die sie so sehr in ihr Herz geschlossen hatte, war demnach vorbei, nun ging es ins preußische Berlin. Ihre dortige Residenz würde das größte Bundesgebäude überhaupt sein, und in München wartete fürs Wochenende eine feudale Dienstvilla, die ihrem Sohn größtmögliche Sicherheit bot. Ein Umzug käme auch für Philip vor dem Kindergartenalter zum idealen Zeitpunkt.

Schon bald würde Ellen keinem launischen Innenminister oder gar der Heimatministerin Rechenschaft schuldig sein, denn der BND war direkt dem Bundeskanzleramt unterstellt. Mit Klawitter würde sie schon klarkommen. Der Preis war jedoch der Verlust ihrer Zuständigkeit für die innere Sicherheit. Ihre aktuellen Sorgen um die Vorgänge im Speidel-Bund würde sie abhaken müssen. Und auch für die Affäre mit Delius wäre künftig weder Raum – noch Nutzen.

23

»Sie haben fünfzehn Minuten, dann ist der eriträische Botschafter
dran!«, erklärte die Büroleiterin der Bundeskanzlerin. »Gehen Sie
rein, ohne anzuklopfen, Sie werden erwartet.« Ellen kam sich vor
wie im Traum. Eigentlich hatte sie mit der halben Abteilung 7
gerechnet, doch die Regierungschefin empfing ihre Verfassungsschutzpräsidentin ohne Zeugen.

»Guten Tag, Frau Bundeskanzlerin!«

»Frau Dr. Strachwitz, wie schön, dass Sie da sind. Nehmen Sie
Platz.« Die Kanzlerin erhob sich vom Schreibtisch und wies zu
einer Sitzecke. »Sie wissen es ja wohl schon: Fricke muss gehen.
Wir suchen einen Nachfolger. Sie haben den Verfassungsschutz in
schwieriger Zeit übernommen und umgekrempelt. In Ihrer gesamten Zeit haben Sie sich nicht einen einzigen Skandal zuschulden
kommen lassen. Das ist angesichts Ihrer Vorgänger beachtlich.
Trauen Sie sich das auch beim BND zu?«

»Bei derartigem Personal ist das sicherlich eine besondere Herausforderung, aber irgendjemand muss es halt machen! Ich stehe
schon heute in regem Austausch mit unseren ausländischen Partnern, sodass wir etwa bei der Terrorabwehr nach innen schon
heute eine internationale Perspektive haben.«

»Schön. Mir wurde gesagt, dass Sie die Vorfälle in Hamburg
nicht politisch dazu benutzt haben, den Etat Ihrer Behörde zu vergrößern. Das ist ungewöhnlich für Ihre Profession. Normalerweise verlangen Sicherheitsbehörden immer Erhöhung der Mittel.«

»Unsere Dienste sind groß genug für ihre Aufgaben. Arbeitsbe-
schaffung und Selbstzweck halte ich für kontraproduktiv.«

»Sie haben kein Parteibuch. Es hat sich für die Bundesregierung bewährt, jeweils ein Mitglied der Oppositionspartei als
BND-Chef zu berufen. Dann kann der größte politische Gegner

nicht auf den Geheimdienst der Regierung schießen, ohne den eigenen Mann zu treffen. Aus diesem Grund favorisiert Klawitter eigentlich Meier vom Hamburger Verfassungsschutz.«

»Meier ist in der SPD, die sind bald bei 10 Prozent und damit keine relevante Oppositionspartei. Ich könnte natürlich bei den Grünen oder der Linkspartei eintreten …«

»Der größte politische Gegner ist jetzt wohl eher unser Koalitionspartner. Ein Parteibuch wird bei Ihnen aber wohl nicht nötig sein, Sie sind bei den Parteien respektiert und bei den Medienleuten beliebt. Meier hat keine glückliche Hand in der Öffentlichkeit und mit der SPD tatsächlich ja kein wichtiges Parteibuch mehr. Ich bin überzeugt, dass Sie die richtige Wahl sind. Bei den Geheimdiensten ist die Hauptsache, dass sie nicht negativ auffallen. Viel mehr verlange ich nicht! Und Sie werden auch in Ihrer neuen Position damit leben müssen, dass wir Sie nie öffentlich loben werden.«

»Damit kann ich umgehen.«

»Wie Sie wissen, haben Frauen im BND einen schweren Stand. Sie werden in viele Staatsgeheimnisse eingeweiht werden, die Ihnen ethische Kompromisse abringen werden.«

»Das alles ist bereits in meiner jetzigen Position der Fall. Wir kooperieren beim Verfassungsschutz mit Geheimdiensten etwa der arabischen Welt, die ihre Informationen durch Folter und Mord gewinnen. Wir lassen unsere V-Männer über die Klinge springen. Wir decken Nazis. Und wir werden beim Abhören mit schwerer Kriminalität konfrontiert, die wir nicht verhindern dürfen. Ich habe schon bei mehreren Morden mehr oder weniger zugesehen. Trotzdem finde ich jeden Abend Schlaf!«

»Wie ich hörte, halten Sie viel von Datenschutz. Kann man sich das denn beim Geheimdienst überhaupt leisten?«

»Wann immer die Sicherheit unseres Landes bedroht ist, werde ich alles tun, was erforderlich ist. Und ich bin bereit, wenn es sein muss, jede Regel zu brechen und notfalls dafür den Kopf hinzuhalten. Allerdings sollten die Geheimdienste nur so viel können, wie zur Erfüllung ihrer Aufgaben erforderlich ist. Ein Staat sollte über seine Bürger nicht mehr wissen als nötig, denn sonst kann er leicht in einen Polizeistaat abdriften. Niemand weiß, wer die nächste Bundesregierung stellen wird, und ich halte es für gefährlich, einer möglichen Diktatur den Überwachungsstaat schlüsselfertig einzurichten. Die Technologien, über die wir inzwischen verfügen, sind effizienter, als selbst die hysterischen Datenschützer es heute erahnen.«

»Beim BND werden Sie deutlich mehr Informationen aus fragwürdigen Quellen erhalten.«

»Dann ist es doch umso besser, wenn der BND von einer verantwortungsvollen Person geleitet wird.«

»Sind Sie bereit, Ihre Bundesregierung in allem loyal zu unterstützen?«

»Solange Sie diese Bundesregierung führen, kann ich diese Zusage bedenkenlos geben.«

Die Kanzlerin lächelte verhalten. »Werden Sie auch unserem Koalitionspartner gegenüber loyal sein?«

»Aber selbstverständlich …!«, antwortete Ellen erkennbar ironisch. »Wie alle meine Vorgänger werde ich mit gleichem Eifer auch den Koalitionspartner ins Vertrauen ziehen.«

Die Kanzlerin zog schmunzelnd die Augenbrauen hoch. »Können wir Sie denn guten Gewissens vom Verfassungsschutz abziehen?«

»Mein Stellvertreter Höch ist ein kompetenter und loyaler Kollege. Er hat mich einmal auf eigenes Risiko vor einer Palastintrige bewahrt und delikate Angelegenheiten diskret erledigt. Ich habe keinen Zweifel daran, dass er seine Sache ausgezeichnet machen wird. Als Eigengewächs des Verfassungsschutzes wird er im Haus vorbehaltlos akzeptiert und respektiert werden. Außerdem wird die SPD keine Einwände erheben, denn Höch hat ein rotes Parteibuch – wie die meisten im Verfassungsschutz. Der AEP bietet er keinerlei Angriffsfläche.«

»Haben Sie einen zuverlässigen Partner an Ihrer Seite, der Sie auffängt, wenn die Dinge brenzlig werden?«

Ellen schluckte. »Machen Sie sich um mein Privatleben bitte keine Sorgen. Ich lebe mit einem jungen Mann unter einem Dach, der die nächsten Jahre garantiert bei mir bleiben wird. Die Beziehung ist denkbar vertrauensvoll!« Dass es sich dabei um Philip handelte, dessen Existenz nicht einmal der Kanzlerin bekannt war, erwähnte sie nicht.

»Sie Glückliche!«

Die Büroleiterin betrat den Raum und signalisierte, dass die Zeit um war.

»Also gut, Frau Dr. Strachwitz! Dann hoffen wir mal das Beste! Ich werde in Kürze den Koalitionspartner informieren. Wenn die einverstanden sind, geben wir es an die Presse.«

»Vielleicht sollten wir noch das Treffen des Berner Clubs kommende Woche abwarten. Ich werde es diesmal leiten. Das wäre ein schönes Finale meiner Zeit beim Inlandsnachrichtendienst!«

»Das können wir gerne so halten. Ich danke Ihnen für Ihr Kommen.«

Auf ihrem Kryptohandy entdeckte Ellen mehrere Anrufversuche von Delius. Offenbar war ihrer neuen Freundin gerade etwas sehr eilig, sodass Ellen noch aus dem Bundeskanzleramt zurückrief.

»Ellen, wo bist du gerade?«

»In Berlin, Abteilung 7. Ich fliege aber gleich nach Köln zurück.«

»Bitte bleibe da, ich muss dich so schnell wie möglich sehen.«

»Privat oder dienstlich?«

»Beides. Ich kann dich gleich in der Tiefgarage einsammeln.«

»Dann schaffe ich aber den Rückflug nach Köln nicht mehr.«

»Das hier ist wichtiger als alles, was in Köln auf dich wartet! Du musst unbedingt kommen! Bleib doch einfach über Nacht.«

24

In der Tiefgarage unter dem Reichstag hielt eine Limousine mit getönten Scheiben vor einem silbernen BMW auf dem Stellplatz 245, gerade so, dass er die Sicht der Überwachungskamera verdeckte. Delius stieg vom Rücksitz aus und huschte in den BMW. Danach setzte die Limousine ihre Fahrt fort und stieß draußen an der Oberfläche auf eine Eskorte von sechs Polizeifahrzeugen und vier Motorrädern, welche scheinbar die bei vielen verhasste Ministerin zu ihrem Haus in Potsdam begleitete.

Kurz darauf hielt eine Mercedes E-Klasse, der Ellen in gleicher diskreter Weise entstieg und sich zur Ministerin in den BMW gesellte.

Delius schickte sich an, Ellen zu küssen, doch diese wehrte ab.

»Nicht! Jemand könnte uns sehen.«

»Wie schade.« Delius zog die Schultern hoch.

»Hast du ein Handy dabei?«

»Nein, meine Handys fahren gerade nach Potsdam und simulieren meine Anwesenheit dort! Anrufe werden auf ein sicheres Festnetztelefon umgeleitet.«

»Dass du eine geheime Zweitwohnung in Berlin hast, wusste ich nicht. Daraus schließe ich, dass es kein behördliches Sicherheitskonzept hierfür gibt.«

»Gibt es nicht und brauche ich auch nicht. Das Appartement läuft auf den Namen eines Freunds eines Freunds, und niemand sieht, wie ich hinein- oder hinauskomme. Das ist viel praktischer als die zeitraubenden Fahrten nach Potsdam, bei denen die Linken Tomaten auf das Auto werfen.«

»Und wer garantiert dir, dass du beim Autofahren an der Ampel nicht erkannt wirst?«

»Weil wir gar nicht oben fahren werden! Warte es ab.«

Statt zum Ausgang fuhr Delius zu einem Rolltor, das mit »Materiallager IV« beschriftet war. Per Fernbedienung schoben sich die Elemente des Tors nach oben und ließen den BMW in einen Nebenraum passieren, der weitere Rolltore aufwies.

»Was gibt das denn jetzt bitte?«

»In den Garagen da steht lauter Gerümpel, aber die vor uns ist etwas Besonderes!« Als sich das Tor hinter ihnen geschlossen hatte, öffnete sich eines der anderen. Die Scheinwerfer des BMW leuchteten in einen langen Tunnel, dessen Wände aus unverkleideten Wellblechbögen bestanden. Die in Drahtkäfigen montierten Leuchtröhren erschienen eher zweckmäßig als geschmackvoll, außerdem blieben sie ausgeschaltet.

»Hast du dich nie gefragt, warum das unterirdische Erschließungssystem des Bundestags damals über hundert Millionen Euro gekostet hat? Das hier ist ein geheimer Fluchttunnel, durch den Bundesregierung und Parlament notfalls evakuiert werden. In 400 Metern sind wir unter dem Potsdamer Platz. Dass ich den Tunnel benutzen darf, wissen bis jetzt gerade einmal drei Leute.«

»Offenbar gibt es Geheimnisse in Berlin, von denen nicht einmal der Geheimdienst etwas weiß …!«

Beide Frauen grinsten sich an und küssten sich, dann gab Delius Gas. »Ich hatte heute einen schrecklichen Tag! Ich bin noch ganz geplättet. Ich habe gerade eine krasse Fraktionssitzung hinter mir, einige ›Parteifreunde‹ sägen an meinem Stuhl, die Presse will mich fertigmachen, das halbe Internet hasst mich, die Amerikaner wollen wieder irgendeinen Krieg anfangen – ich bin gerade echt etwas durch. Wie geht es dir, meine Liebe?«

»Stress ohne Ende! Ich habe gerade eigentlich gar keine Zeit. Kommende Woche ist das Treffen des Berner Clubs, und ich werde es diesmal leiten!«

»Berner Club? Was ist das?«

»Der Club de Berne ist ein informelles Treffen der westlichen Inlandsgeheimdienstchefs. Sogar die Schweiz, Norwegen und Israel sind dabei. Wir treffen uns zweimal im Jahr zum Gedankenaustausch und organisieren unbürokratische Amtshilfe. Diesmal wird das Treffen hier in Berlin stattfinden, und wir sind mit der Leitung dran.«

»In unserer Sitzung wurde dieser Club bislang gar nicht erwähnt.«

»Der Club bleibt so unsichtbar wie möglich. Formal gibt es ihn gar nicht, daher unterliegt er auch keiner parlamentarischen Kontrolle. Wir helfen einander unbürokratisch aus, aber nur unter der Prämisse absoluter Geheimhaltung. Nicht einmal Klawitter, Bogk oder die Kanzlerin erfahren operative Details und wollen das auch gar nicht, weil sie sonst in Teufels Küche kämen.«

»Ein bisschen unheimlich klingt das schon.«

»Ist es auch. In den 70er Jahren haben da vor allem Rechtsnationale geklüngelt. Deshalb ist es ja so wichtig, dass nur verantwortungsvolle Personen an solche Positionen gelangen.«

»Ist das denn gegenwärtig der Fall?«

»Sorry, aber diese Frage zu beantworten wäre ein Bruch der Geheimhaltung.«

Der Tunnel endete an einem Sektionaltor, die dahinter liegende Sichtschleuse mit einem weiteren Tor führte zu einer öffentlichen Tiefgarage. Delius parkte ihr Fahrzeug schließlich auf einem reservierten Stellplatz neben dem Aufzug und nutzte eine andere Fernbedienung.

»Der Fahrstuhl checkt, ob er leer ist, und kommt dann nur für uns runter, um uns direkt raufzufahren. Mich hat hier noch niemand rein- oder rauskommen sehen.«

»Bis auf die Überwachungskameras!«

»Auch die nicht. Wenn ich den Fahrstuhl anfordere, frieren die automatisch die Bilder ein, bis ich oben bin. Das hat ein Freund arrangiert, dem die Sicherheitsfirma dieses Hauses gehört.«

Als sich die Tür des Fahrstuhls hinter ihnen geschlossen hatte, umarmte Delius Ellen, und wieder küssten sie sich, bis sie oben ankamen.

»In dieses Stockwerk kann man nur mit besonderer Berechtigung fahren. Das Personal ist nur vormittags anwesend und wird automatisch ausgesperrt, während ich da bin. Auch die Aktenschränke sind stets zentralverriegelt. Die Reinigungskräfte wissen nicht, wer hier wirklich wohnt!«

Statt eines Schlüssels war die Türschlussanlage mit einer Gesichtserkennung gekoppelt. Delius' Zweitwohnung machte einen modernen wie geschmackvollen Eindruck, erinnerte eher an ein luxuriöses Hotelzimmer. Das Badezimmer war größer als manche Wohnung. Nichts lag herum, alles war perfekt aufgeräumt, einzig das Ladekabel für das Notebook zeugte von einem Bewohner.

Delius brachte Getränke auf die Terrasse, wo eine elektrisch ausfahrende Jalousie einer Sitzgruppe Schatten spendete. Der Ausblick über den Tiergarten war beeindruckend. So grün hatte Ellen Berlin noch nie gesehen.

»Du hast mir noch immer nicht gesagt, was denn so dringend sein soll, dass ich deshalb extra meinen gesamten Terminplan umgestellt habe.«

Delius seufzte. »Thürmer plant eine Intrige gegen mich. Er möchte mich abservieren.«

»Warum sollte er denn? Der braucht dich doch! Du bist doch die Einzige, die wirklich Anklang bei bürgerlichen Wählern findet.«

»Der gute Mann fürchtet, dass ich ihm den Parteivorsitz streitig mache. Und er sieht mich langfristig als Konkurrenz für eine Kanzlerkandidatur.«

»Und ist das denn nicht so?«

»Ich weiß aus absolut sicherer Quelle, dass Thürmer schon sehr bald irgendein krummes Ding lostreten will. Und er hat einen mächtigen Verbündeten in der Union.«

»Nämlich?«

»Senfft! Ich weiß es ganz sicher. Ich finde, dass deine Behörde sich einmal die Methoden dieses Mannes ansehen sollte.«

»Da benötige ich aber schon etwas Konkreteres als Geraune.«

»Ellen, vertraust du mir?«

»Senfft ist zugleich Vorsitzender der CDU und Deutschland-Chef der Dulles-Corporation. Weder die US-Wirtschaft noch die deutsche Wirtschaft und schon gar nicht die Bundesregierung wären erfreut, wenn über ihn irgendetwas Peinliches herauskäme. Der Geheimdienst darf Politiker der eigenen Regierung nur dann überwachen, wenn wirklich konkrete Anhaltspunkte für verfassungsfeindliche Bestrebungen vorliegen. Und selbst dann würden wir uns gut überlegen, ob wir uns mit dem US-Establishment anlegen.«

»Und was wäre, wenn es Anhaltspunkte für die Tätigkeit für einen ausländischen Geheimdienst gäbe? Der Mann vertritt doch ganz offen die Interessen der USA! Wie kann er gleichzeitig deutscher Parteichef sein?«

»Senfft ist Geschäftsmann und Politiker, kein Geheimagent. Er ist eine Etage höher: Geheimdienste sind Instrumente der Wirtschaft. Der US-Geheimdienst wurde von US-Industriellen aufgebaut und anfangs sogar von Wallstreet-Millionären und ihren Anwälten geleitet. Die Wirtschaft sagt der CIA, was sie zu tun hat, nicht umgekehrt.«

»Aber was ist, wenn Senfft einen ausländischen Geheimdienst nutzt, um mir zu schaden?«

»Das wäre für uns natürlich interessant. Hast du denn mehr als nur eine Verschwörungstheorie?«

»Na ja! Hast du dich mal gefragt, wie sich die AEP finanziert?«

»Dir ist klar, dass ich dir solche Fragen nicht beantworten darf …«

»Es gibt verdeckte Zahlungen aus Österreich. Irgendwelche Reptilienfonds von Leuten, die sich eine rechtsgerichtete Bundesregierung wünschen. Irgendwer pumpt Geld aus dem Ausland rein, um eine rechtspopulistische Partei zu finanzieren, die spaltet und deren Anhänger sich gegen Werte des Grundgesetzes stellen.«

»Was weißt du über die Geldgeber?«

»Nichts, außer dass das Geld aus Österreich kommt.«

»Wenn Geld über Österreich kommt, muss das nicht heißen, dass dort die Quelle liegt. Da gibt es zwar rechte Millionäre, die sich als politische Mäzene aufspielen und die dortige Parteienlandschaft beeinflussen, aber dass die auch in Deutschland investieren, wäre überraschend. Kannst du mir was Konkretes geben?«

»Da hält sich Thürmer bedeckt. Aber es kommen stetig irgendwelche Beträge, die aufwendig gewaschen und gestückelt werden, damit sie nicht nach dem Parteiengesetz gemeldet werden müssen. Und fast alle Landesverbände haben schwarze Kassen, die regelmäßig mit Bargeld aufgefüllt werden. Da wird getrickst und gemauschelt ohne Ende. Bei der Anmietung von Plakatflächen kriegen wir günstige Konditionen, weil irgendeine Scheinfirma die Flächen teuer kauft, die in Wirklichkeit nie plakatiert werden.«

»Hat dich denn Thürmer ins Vertrauen gezogen, obwohl er dich als seine Rivalin betrachtet?«

»Nein, ich habe es aus anderer Quelle. Aber wie ihr im Geheimdienst ja immer sagt, geht Quellenschutz allem vor!«

»Hast du etwa vor mir Geheimnisse …?«

»Nein, du etwa …?«

»Dir ist aber schon klar, dass du gerade über deine Partei an den Verfassungsschutz berichtest. Und wenn ich Kenntnis von solchen Vorgängen habe, muss ich dem nachgehen. Ist dir bewusst, in was für eine heikle Situation du uns gerade bringst?«

»Ich befinde mich seit Jahren in einer heiklen Situation. Über kurz oder lang werde ich langsam schmerzfrei.«

»Wenn ich gegen Thürmer ermittle, würde ich dir damit allerdings auch einen Parteirivalen vom Hals schaffen! Findest du nicht, dass …«

»Nein, finde ich nicht. Denn du schaffst ihn nicht mir vom Hals, sondern dem Land, dessen Verfassung du die Treue geschworen hast. Thürmer will ein anderes Deutschland, er will Verhältnisse wie in Österreich, Polen und sogar Ungarn. Und es hat schon angefangen, denn in der Regierung sind wir ja schon, und auch in den Medien sind wir inzwischen nahezu etabliert. An uns kommen die schon lange nicht mehr vorbei. Die setzen demnächst eine Satire-Sendung ab, weil Thürmer sonst die Talkshows boykottiert.«

»Ich bin schon interessiert, aber ich habe zwei Probleme. Zum einen brauche ich handfeste Informationen. Und zum anderen muss ich mich fragen, ob das zwischen uns ausschließlich persönlich ist oder ob dein Interesse an mir vielleicht einen taktischen Hintergrund hat.«

Delius schwieg betreten. Ellen bohrte nach. »Politisch trennt uns so einiges. Deine Partei ist mir mehr als suspekt. Hast du schon vergessen, dass ich eure Krabbelgruppe beobachten lassen wollte?«

»Vergiss doch diese Idioten! Die Partei ist für mich nur ein Mittel zum Zweck. Und der Zweck ist der gleiche wie bei dir: Arschlöcher von der Macht fernzuhalten. Überleg doch mal: Alle anderen Parteien liefern doch nur, was die Lobby will! Die unterscheiden sich vielleicht durch die Wähleransprache, aber du kriegst überall am Ende das Gleiche, nur mit einer anderen Farbe serviert. Die halten ein paar Jahre den Kopf hin und bekommen dafür Dankeschön-Jobs in der Wirtschaft. Wir beide hingegen sind weder Lobbyisten noch arrivierten Journalisten verpflichtet.«

»Du bist aber deiner rechten Klientel verpflichtet.«

»Ich schätze diesen Begriff nicht, aber das, was man Rechtspopulismus nennt, liegt nun einmal weltweit im Trend. Das Zeitalter der Sozialromantiker und Ideologen ist vorbei. Demoskopen haben das schon lange kommen sehen. Wir haben den politischen Trend besetzt. Während Rechtspopulisten in den meisten Ländern von Idioten geführt werden, habe ich die Chance gesehen, die Partei für sinnvolle Zwecke einzuspannen. Die ist für mich nur Mittel zum Zweck! Besser ich kontrolliere die als umgekehrt, meinst du nicht auch?«

»Und was genau möchstest du denn anders machen als Thürmer?«

»Ich mache wertkonservative Politik, ohne mich wie die Union von Linksideologen beirren zu lassen. Ich habe gelernt, die Medien notfalls zu ignorieren und ihren Spott auszuhalten. Die CDU hingegen hat schon Panik vor Kabarettisten und kopiert die SPD, um den Medienleuten zu gefallen, die SPD kopiert die Grünen aus demselben Grund, und die Grünen sind inzwischen eine CDU für besserverdienende FDP-Wähler mit Hang zu Symbolpolitik.«

»Du wirst dich aber in deiner Partei nur halten können, wenn du ihr zu Willen bist. Und eure Basis strebt nicht gerade nach Völkerverständigung und Fortschritt.«

»Zumindest muss ich meine Politik so verkaufen, dass Basis und Wähler mir vertrauen. Und ja, ich will dieses korrupte System aufmischen! Ich will diese ganzen Beratungsfirmen aus Berlin vertreiben.«

›Und du willst einen Keil zwischen die Deutschen und diejenigen treiben, die ihr als Fremde seht‹, dachte sich Ellen.

»Genug geredet!« Delius verschwand in der Küche und erschien mit zwei Sektgläsern. Im Hintergrund intonierte Annie Lennox ihr »Why«, und die Gastgeberin lächelte in einer warmen Weise, die schlichtweg entwaffnend wirkte. War sie für Ellen im einen Moment die blonde Eiskönigin der rechtspopulistischen Partei, war sie im andern des Augenkontakts die zarte Prinzessin, die sie sofort küssen wollte.

»Ellen, was immer du über mich denkst, also … Ich glaube, ich habe mich in dich verliebt. Ich war seit Jahren nicht mehr intim. Unsere Nacht neulich hat mir wirklich sehr viel bedeutet.«

Die Frauen saßen sich gegenüber und sahen einander schweigend an. Ellens Verstand begehrte die Ministerin eher nicht, das Herz von Felicitas umso mehr. Das Parfum der eleganten Frau war so umwerfend wie ihr Musikgeschmack. Delius setzte sich neben Ellen, ihre Hand ging nun unter Ellens Bluse, schob sich unter den BH und zwickte sein Ziel.

Ellen rang zwischen Vernunft und Verlangen. Letzteres gewann.

25

Gegen 4 Uhr morgens fuhren drei Jeeps der Marke Serval durch die Nacht im Thüringer Wald. An Bord befanden sich jeweils Vierer-Teams in futuristischer Kampfmontur. Laut Übungsszenario hatte eine Handvoll Terroristen eine Industriellenfamilie entführt und sich mit ihr in einer abgelegenen Fabrikhalle verschanzt. Zwei der Geiseln waren verletzt und benötigten dringend medizinische Hilfe.

Zehn Kilometer vor dem Ziel befahl Kommandant Jörg, das verräterische Licht auszuschalten. An den Helmen waren jeweils vier Röhren befestigt, welche die Soldaten wie Insekten erscheinen ließen. Diese sogenannten Quad-Eye-Nachtsichtgeräte boten einen 97-Grad-Winkel und ermöglichten damit Nahkampf sogar in engen Räumen. Die Fahrzeuge verließen die Straße und befuhren unbefestigtes Gelände, bis Jörg entschied, dass man nahe genug am Objekt sei.

»Wir haben noch eine Stunde bis Sonnenaufgang. Drei Kilometer schneller Fußmarsch bis 1000 Meter vor dem Objekt. Dann gehen die Sniper auf die Bäume, und Team A und B nähern sich dem Objekt frontal von zwei Seiten. Funkstille und keine Quasselei. Ausführen!«

Im Idealfall hätte Jörg sich für unsichtbares Bewegen im Gelände stundenlang Zeit genommen, doch unter diesen Umständen befahl er zügiges Annähern. Nach einer halben Stunde durch unwegsames Gelände trennten sich die Teams. Die beiden Sniper bauten mit ihren jeweiligen Flankenmännern die langen Präzisionsgewehre zusammen und suchten nach geeigneten Schusspositionen, um die Operation zu sichern. Je nach Windverhältnissen waren sie in der Lage, aus zwei Kilometern Entfernung ein Ziel zu treffen, bevor der Gegner auch nur ihre Präsenz ahnte. Das dicht bewaldete und unebene Gelände um das Zielobjekt bot allerdings kaum freies Schussfeld.

Die Späher von Team A und B eilten voraus, um den besten und unauffälligsten Weg zu erkunden, der Rest folgte im Gänsemarsch, die Waffen im Anschlag. Die Soldaten waren mit ihren modernen Nachtsichtgeräten klar im Vorteil, Guerilleros nutzten solche Ausrüstung für gewöhnlich nicht. Weitaus realistischer war das Risiko eines Bewegungsmelders am Gebäude.

Und dann geschah es doch: 300 Meter vor dem Objekt eröffneten überraschend drei Gegner von einem Hang aus das Feuer und attackierten Jörgs Leute aus dem Hinterhalt mit Farbmunition und Übungsgranaten. »Nummer 2, 3, 5, 6 und 8 sind tot!«, konstatierte der Einsatzleiter des gegnerischen Teams per Funk. Jörg, Nummer 4 und 7 hatten den Angriff überlebt, saßen aber in der Falle. Jetzt hatte er nur noch die Wahl zwischen Kapitulation und Heldentod. »Sniper: Feuerschutz!«, befahl Jörg. »Kein Schussfeld!«

»Hier auch nicht!«

Die Gegner setzten das Feuer fort, offenbar hatten sie ebenfalls Nachtsichtgeräte, vermutlich sogar mit Wärmebildfunktion. »Sniper: Rescue-Einsatz!«

Das war gegen die Regeln. Und wenn schon die Pionier-Teams aufgerieben waren, machte es wenig Sinn, auch noch die Sniper zu opfern. Anstandslos gehorchten die Männer, ließen ihre unhandlichen Präzisionswaffen zurück und rannten zum Angriff auf den Hügel. Jörg versuchte, aus der Gefahrenzone zu robben. Da er die Taktik kannte, erwartete er, dass sich einer der Gegner unter Feuerschutz annäherte. Als er tatsächlich einen Angreifer bemerkte, setzte er alles auf eine Karte. »Nummer 4, ich gebe dir Feuerschutz,« funkte er, »Ausfall jetzt!«

Jörg schoss in die vermutete Richtung des Angreifers, um die Flucht seines Kameraden zu ermöglichen, und erwischte den Gegner tatsächlich. Der Preis war jedoch, dass er durch sein Mündungsfeuer seine Position verriet und das Feuer damit auf sich zog. Leider verfehlte das Ablenkungsmanöver die erhoffte Wirkung. »Nummer 4 tot.«

Jörg versuchte einen Positionswechsel, erneut erscholl eine Sturmgewehrsalve. »Nummer 1 getroffen. Team A Totalverlust.« Team C rückte nun heldenhaft heran, um die Angreifer unter Beschuss zu nehmen und wenigstens Nummer 7 zu retten. Da Jörg mit der Nummer 1 offiziell tot war, hatte man ihm den Funk abgestellt. So musste er tatenlos zusehen, wie die Sniper in ihr Verderben liefen. Einer der Gegner versteckte sich, ließ sich überrennen und erschoss dann die vorrückenden Männer von hinten. »Team C: Totalverlust.« Nummer 7 versuchte noch, dem Gemetzel zu entkommen, hatte gegen die Wärmebildkameras jedoch keine Chance. »Team B: Totalverlust. Alle drei Teams tot. Übung beendet. Sammeln am Zielpunkt!«

Alle wussten, dass das Szenario unrealistisch war, doch keiner dachte auch nur daran, sich durch Beschwerden eine Blöße zu geben. Ein KSK-Mann hatte mit jeder Situation zu rechnen, auch mit vorgewarnten Spezialeinheiten und Nachtsicht-IT. Innerlich kochte Jörg, doch wie Soldaten mit Niederlagen umgingen, wurde beim KSK genauso aufmerksam beobachtet wie die Leistung selbst.

»Weberling! Haben Sie eine Ahnung, warum der Gegner Sie erwartet hat?«

»Wir haben uns zu schnell bewegt!«

»Nein, Ihre Aktion war bereits in dem Moment zum Scheitern verurteilt, als Sie sie begonnen haben. Sie haben das Einsatzgebiet nicht mit allen zur Verfügung stehenden Mitteln aufgeklärt. Ihr Gegner hingegen hat seine Hausaufgaben gemacht. Schauen Sie mal dort auf den Baum. Sehen Sie etwas?«

Jörg entdeckte in drei Metern Höhe einen in Tarnfarben bedruckten Kasten, etwa doppelt so groß wie ein Handy.

»Ist das eine Wildkamera?«

»Fein erkannt! Eine Wildkamera mit Bewegungsmelder und Nachtsichtfunktion bekommen Sie heute als Fotofalle für unter 50 Euro. Hier im Wald hat das gegnerische Team 80 dieser Kameras versteckt. Sie haben nicht eine einzige bemerkt. Ihr Blick sagt mir ganz genau, was Sie jetzt denken. Sie finden, dass die Kameras unfair waren, weil sie von außen gut getarnt sind. Tja, für das Auge vielleicht. Aber Sie hätten die Kameras ganz leicht entdecken können. Diese Kameras sind alle per WLAN verbunden und bilden ein Netz. Sie hätten durch Auswertung der Funksignale vor Beginn Ihres Einsatzes erkennen können, dass der Feind Sie sieht! Sie hätten die Kameras sogar anpeilen und diese umgehen können. Und die Königsdisziplin wäre gewesen, dieses Kameranetz zu hacken und die Kameras gegen Ihren Feind einzusetzen. Diese Möglichkeit hätten Sie ohne Weiteres gehabt, denn das Netz lässt sich mit Tools hacken, die auf Ihrem mobilen Rechner installiert sind. Wer beim KSK ein Kommando führen will, sollte solche Tricks draufhaben.«

»Jawohl!«

»Aber was ich besonders tragisch finde: Ihr Gegner hätte die Kameras gar nicht gebraucht. Zwei Leute in Ihrem Team hatten nämlich ihre privaten Handys dabei. Auch der Feind schläft nicht und kann leicht erkennen, wer sich alles in eine Funkzelle eingewählt hat, und Angreifer anpeilen. Haben Sie das nicht gelernt?«

»Nein. Ich war die letzten vier Jahre nicht beim KSK. Damals gab es das nicht bei uns. Das war Aufgabe der Strategischen Aufklärung.«

Die Ausbilder sahen einander an.

»Vor dem Einsatz wird als Erstes der Äther gecheckt. Das machen inzwischen die Kommandosoldaten selber, die Software ist kinderleicht zu bedienen. Jeder mit »combat-ready«-Status muss das können. Sie werden umgehend am Lehrgang zur Kampf IT teilnehmen. Sie werden sich wundern, was Handys und das Internet of Things so alles über den Feind verraten. Die weitere Manöverkritik machen wir in der Kaserne. Und jetzt: Wegtreten!«

26

Zurück in Köln, versprach Ellens Tag mal wieder eher ruhig zu werden: Der ägyptische Geheimdienst drohte mit der Aufkündigung der Kooperation gegen Islamisten, wenn sich der Verfassungsschutz weiter weigere, politische Dissidenten zu denunzieren. Lobbyisten mit Abgeordnetenmandat versuchten, dem Amt die Dienstleistungen einer amerikanischen Unternehmensberatungsfirma zu verkaufen. Die Gleichstellungsbeauftragten forderten eine genderneutrale Toilettentür. Die IT-Abteilung jammerte über Personalknappheit, weil die meisten deutschen Hacker den Staat als Arbeitgeber ablehnten. Ein Islamist suchte im Internet Rizin für eine biologische Bombe. Ein Reichsbürger verfügte offenbar über eine irrwitzig große Waffensammlung, die er ausgerechnet gegen die vorige Verteidigungsministerin einsetzen wollte. Ein unverzichtbarer V-Mann, der die rechte Szene infiltriert hatte, verlangte die Bezahlung seiner Geschlechtsangleichung. Ein Linken-Politiker forderte mal wieder die Abschaffung des Geheimdienstes, während ein CSU-Mann die Vorratsdatenspeicherung auch für die Bekämpfung gewöhnlicher Kriminalität empfahl. Ein Abteilungsleiter schlug vor, den neurechten Influencer Trutz Gerstel zu beobachten. Unbekannte hatten in der Nacht erneut ein Auto eines AEP-Funktionärs abgefackelt und ein 33er-Bekennerschreiben am Tatort zurückgelassen.

Nach Sichtung der Posteingänge traf sich Ellen mit Höch und Sannwald, der über die Todesumstände der V-Frau Janina Stadler referierte.

»Die Polizei geht von einem Unfall durch eine Trunkenheitsfahrt aus. Die Obduktion der verkohlten Leiche verlief erwartungsgemäß unergiebig. Man hat im Wagen leere Bierdosen gefunden, also soll die Fahrerin betrunken gewesen sein. Der Zeuge Hoffmann, der mit dem Opfer liiert war, gab gegenüber der Polizei an, dass die Tote ein Alkoholproblem gehabt habe. Die Fahrerin soll in der Kurve mit mumaßlich überhöhter Geschwindigkeit einfach geradeaus weitergefahren sein. Das Feuer soll durch eine brennende Zigarette der verunfallten Fahrerin ausgelöst worden sein. Soweit der Polizeibericht.« Sannwald machte eine dramatische Kunstpause. »Von einem Alkoholproblem weiß ich jedenfalls nichts, ich habe die V-Frau auch nie rauchen sehen, und die Materialien der Sitze sind auch nicht so brandgefährlich, dass eine Zigarette das Auto hätte in Brand setzen können. Ich kann mir auch nicht erklären, warum eine so ordentliche Person wie die V-Frau leere Bierdosen durch die Gegend fahren sollte, die entsorgt man doch vorher, damit die nicht durch den Wagen kullern und alles einsauen. Außerdem kannte sie die Strecke so gut, dass sie vermutlich auch betrunken die Kurve genommen hätte. Wäre sie wirklich mit Tempo 100 gefahren, wäre der Wagen nach der Kuppe ein Stück weit durch die Luft geflogen. Die durchgehenden Reifenspuren am steilen Abhang und der Landepunkt sprechen aber dafür, dass der Wagen langsamer fuhr. Da hat jemand offenbar die vermutlich bereits tote Frau ins Auto gesetzt, angeschoben und den Wagen bergab in die Kurve rollen lassen. Anschließend wurde dann Feuer gelegt.«

Höch signalisierte Skepsis. »Das wäre eine von möglichen Erklärungen. Es könnte ja durchaus so gewesen sein, dass sie am Steuer eingeschlafen ist. Der Brand kann auch andere Ursachen gehabt haben.«

»Dann möchte ich aber gerne wissen, wie sie es noch Stunden nach ihrem Unfalltod geschafft hat, ihre Social-Media-Accounts zu benutzen. Irgendjemand hat sich da nämlich mit ihrem Passwort ein- und wieder ausgeloggt.«

»Das ist in der Tat merkwürdig. Wer hat sie denn als Letztes lebend gesehen?«

»Am Vorabend hatte sie mit ihrem Freund Hoffmann eine Party besucht. Allesamt Nazitypen. Jemand anderes, ein gewisser

Jörg Weberling, hat sie dann nach Hause gefahren. Dies bestätigen auch die Handydaten. Das Handy des Opfers wurde dann einen Tag lang bis zur Todesfahrt nicht mehr aus der Funkzelle bewegt. Sie hat es zum letzten Mal gegen 12 Uhr benutzt, als sie versuchte, ihren Freund anzurufen. Irgendeinen Besuch können wir anhand der Handydaten nicht erkennen. In ihrem normalen Bewegungsprofil verließ sie täglich mehrfach das Haus zum Bäcker, Supermarkt und Gassigehen mit ihrem Hund. Wenn der Hund einen Tag lang eingesperrt war, hätte der in der Wohnung eigentlich eine Pfütze hinterlassen müssen. Die Polizei hat aber alles ordentlich vorgefunden, das Tier war bestens versorgt, sogar nach ihrem Tod.«

»Haben Sie einen Verdacht, warum jemand die Frau umbringen wollte?«

»Möglicherweise ist die V-Frau aufgeflogen. Der genannte Zeuge Hoffmann ist ein umtriebiger Funktionär des Speidel-Bunds. Nach Meinung der V-Frau ist er ein maßgeblicher Organisator einer geheimen Bürgerwehr, die er im Schatten des Speidel-Bunds organisiert. Er guckt sich die Leute an, und wenn er sie für brauchbar hält, wirbt er sie für seine Organisation ohne Namen an. Die Kämpfer verhalten sich streng konspirativ. Hoffmann ist ein ehemaliger Zeitsoldat mit Einzelkämpferausbildung, er ist heute Teilhaber einer Spedition. Der Mann ist intelligent und gibt sich äußerlich den Anstrich eines bürgerlichen Konservativen, aber er hat Verbindungen zu Reichsbürgern und ganz rechten Kreisen.«

»Welche Absichten verfolgt denn seine Organisation ohne Namen?«

»Der V-Frau berichtete er immer von einem Tag X, auf den sich seine Schattenarmee vorbereitet. Dieser Tag X kann entweder eine Machtübernahme durch die Islamisten sein oder ein bewaffneter Konflikt. Die V-Frau glaubte allerdings, dass die Rechten von sich aus die Macht übernehmen wollen. Hoffmann und seine Freunde reden einander ein, dass Deutschland ihre Dienste als Schlägertruppe oder Geheimpolizei benötigt. Die führen schon heute Listen mit unpatriotischen Politikern und Journalisten, die am Tag X beseitigt werden sollen.«

»Ist Hoffmann der Kopf dieser Schattenarmee?«

»Nein, er ist eher so eine Art rechte Hand von irgendwem. Die V-Frau wollte herausfinden, wessen Befehle er befolgt. Wir hatten anfangs vermutet, dass der Vereinsvorsitzende Dr. Erwin Nessel vom Speidel-Bund hinter diesem Netzwerk steckt, aber der hat offenbar keine Ahnung, was Hoffmann da heimlich aufbaut. Die V-Frau war sich sicher, dass es da jemand anderen geben müsse, der das koordiniert, und dass Nessel nicht eingeweiht sei. Wir hatten das anfangs für eine Verschwörungstheorie gehalten, aber tatsächlich haben wir bei Nessel zwar sehr konservative Kontakte ausgemacht, aber er scheint nicht der große Hintermann für eine paramilitärische Schlägerorganisation zu sein. Da der MAD die alleinige Zuständigkeit für den Speidel-Bund beansprucht, fehlen uns allerdings Einblick und Quellen.«

»Der Verdacht liegt nahe, dass Hoffmann die V-Frau getötet hat. Die meisten Morde sind Beziehungstaten. Woraus schließen Sie auf einen politischen Hintergrund?«

»Dafür spricht Hoffmanns geändertes Kommunikationsverhalten. Er hat seit dem Tod der V-Frau seine Aktivitäten stark eingeschränkt. Er telefoniert und mailt nicht mehr mit beobachteten Zielpersonen, außerdem hat er diverse Termine abgesagt. Für mich sieht das so aus, als hätte er Janina verhört und wüsste nun, dass er von uns beobachtet wird.«

»Es könnte doch durchaus sein, dass Hoffmann bloß in Trauer um seine Freundin ist.«

»Das wäre auch möglich, aber ich glaube an Taktik. Die V-Frau berichtete, dass Hoffmann sein Handy meistens zuhause lässt, wenn er sich mit Personen aus seinem Netzwerk trifft. Offenbar ist ihm klar, dass wir andernfalls rekonstruieren könnten, wen er wann getroffen hat. Ich schlage daher eine intensive Beschattung vor.«

»Wie hatten Sie denn eigentlich diese V-Frau rekrutiert?«

»Ich kannte sie aus ihrer Antifa-Zeit, wo ich sie vergeblich für die Beobachtung der Linksextremisten gewinnen wollte. Sie war in ihrem Heimatort in der linksextremen Szene aktiv gewesen, allerdings nie unter ihrem richtigen Namen. Dann entschloss sie sich, an ihrem neuen Wohnort eigenmächtig die rechte Szene auszuspionieren. Da sie eine sadomasochistische Neigung hatte, hat sie sich mit solchen Typen wie Hoffmann eingelassen. Sie hat das auf ihre Weise sogar genossen. Als sie da in dieses Nest eingedrungen war, hat sie dann von sich aus den Kontakt zu mir gesucht. Sie war sehr konsequent und extrem vorsichtig.«

»Danke, Herr Sannwald, das war aufschlussreich,« kommentierte Ellen. »Bitte stellen Sie ein Team zusammen und durchleuchten Sie den Verein gründlich. Ich genehmige hiermit die Beschattung von Hoffmann. Befassen Sie möglichst nur Leute aus Ihrer Abteilung. Aus Gründen der operativen Sicherheit möchte ich nicht, dass die Abteilung für Rechtsextremismus involviert wird. Auch den MAD lassen wir vorerst mal nichts davon wissen.«

»Dann werden wir unsere Erkenntnisse also auch nicht an die Strafermittlungsbehörden weitergeben …«, murmelte Sannwald und fügte sarkastisch hinzu: »Natürlich nicht. Wir sind ja der Geheimdienst, nicht die Justiz.«

Als Sannwald den Raum verlassen hatte, klickte Höch auf dem Monitor eine Präsentation an. »Ich habe ebenfalls meine Hausaufgaben gemacht!«

Auf dem Monitor erschienen Falschfarben-Bilder, die Gebäude von oben zeigten. »Diese Satellitenaufnahmen hier hat SAR-Lupe 5 an dem Tag der Ermordung der V-Frau gemacht. Es sind leider sehr grobkörnige Bilder, da es sich um großflächige Routine-Überwachung handelte.«

»Seit wann hast du Zugang zu Bundeswehrsatelliten?«

»Ach, man kennt sich, man hilft sich … Offiziell habe ich den auch nicht!«

»Na schön!«

»Auf diesem Bild hier sehen wir, dass vor dem Haus der V-Frau an jenem Tag zwei Fahrzeuge mehr als gewöhnlich geparkt waren. Einer davon stand da auch nachts während und nach der Tatzeit. SAR-Lupe 5 hat Nachtsichtfähigkeit, der arbeitet mit Radar und sieht sogar durch Wolken. Am Tatort wiederum haben wir eine Aufnahme, auf der ein Fahrzeug in der Nähe des Unfallorts geparkt ist.«

»Also haben mindestens zwei Personen die V-Frau – in welchem Zustand auch immer – mit ihrem Wagen zum späteren Fundort gebracht, haben einen Unfall fingiert und sind mit dem anderen Fahrzeug zurückgefahren.«

»Genau. Auf diesem Bild sieht man nach dem sogenannten Unfall wieder beide fremde Autos an dem Haus der V-Frau. Offenbar haben die etwas gesucht oder Spuren beseitigt. Die Polizei und unser Team haben da jedenfalls nichts gefunden. Interessant ist, dass diese beiden Autos nicht von Handysignalen begleitet wurden. Niemand fährt heute Auto, ohne sein Handy dabeizuhaben, es sei denn, er will Spuren vermeiden.«

»Wenn es sich um mehrere Täter handelte, können wir eine Beziehungstat wohl ausschließen. Haben wir Spuren der Autos?«

»Leider so gut wie nichts. Die Auflösung ist nur ein Meter pro Pixel. Mehr haben wir nicht. Der Satellit arbeitet halt mit einem radarbasierten System, optische Spionagesatelliten hat Deutschland ja nicht. Auch die Auswertung der Handydaten von Hoffmann hat keine positiven Treffer ergeben, es lag offenbar die ganze Zeit zu Hause.«

»Das muss aber nicht für Hoffmann selber gelten.«

»Tut es auch nicht. Entgegen seiner Gewohnheit hat er nämlich keine Anrufe getätigt und außerdem vier ankommende Anrufe nicht entgegengenommen. Er wird wohl mit dem Unbekannten den Unfall arrangiert haben. Der Unbekannte wird sein Kumpel Achim gewesen sein, denn auch der nahm in dieser Zeit keine Anrufe an.«

27

Als Jörg in die Kaserne zurückkehrte, machte er sich über die Bewertung seiner misslungenen Übung keine Illusionen. Nach dieser Pleite war eine Beförderung zum Stabsfeldwebel erst einmal vom Tisch. Beim bevorstehenden Einsatz im Niger »freute« er sich wieder auf Befehle von Leuten mit weitaus geringerer Kampferfahrung und Intelligenz.

Vor seiner Bude erwartete ihn ein etwa dreißigjähriger Kamerad. »Hallo, ich bin der Cedric. Ich bestelle kameradschaftliche Grüße von Stefan.«

»Der Stefan vom Speidel-Bund? Warum ruft er mich nicht an?«

»Wir benutzen keine Telefone. Wir ziehen es vor, unsichtbar zu bleiben, klaro?«

Jörg antwortete mit einem verschwörerischen Grinsen.

»Stefan fragt, ob du ihm einen Riesengefallen tun kannst.«

»Klar doch!«

»Können wir ungestört reden, am besten draußen? Hier haben die Wände vielleicht Ohren. Und tu bitte dein Handy in den Spind.«

Eigentlich hatte Jörg auf solche Leute keine Lust, aber er verdankte nun einmal dem Speidel-Bund seine Rückkehr ins KSK. Hier in Calw fehlte ihm ein Freundeskreis, nach Lars' Abflug nach Afghanistan hatte er niemanden zum Quatschen. Und wenn er mit Stefan zu tun hätte, würde er vielleicht Janina wiedersehen.

»Eigentlich passt es mir im Moment nicht. Ich komme gerade vom Manöver.«

»Es ist aber sehr dringend.«

»Also gut.«

Jörg räumte seine Sachen weg, und die Männer gingen ins Freie.

»Ich bin der Teampartner von Stefan, wenn wir Aktionen machen. Wir sind aber kein normales Team, sondern wir erledigen spezielle Aufträge. Sachen, die von Patrioten erledigt werden müssen und die man nicht Amateuren überlassen kann. Der Stefan fällt aber kurzfristig die nächsten Monate aus.«

»Wie bitte? Es ist ihm doch nichts passiert?«

»Sagen wir, er hat Stress. Frag lieber nicht! Du sollst ihn auch nicht anrufen, auch nicht seine Freundin oder so. Es ist besser, wenn du möglichst wenig Kontakt zum Speidel-Bund hast. So halte ich das auch, dann vermeiden wir Spuren, Verdacht und so weiter. Ist ein Prinzip bei uns.«

»Okay, Stefan fällt aus, und jetzt brauchst du Ersatz?«

»Stefan hat mir von dir erzählt. Er vertraut dir, und deshalb vertraue ich dir. Und wenn wir beide sowieso hier stationiert sind, dann liegt es doch auf der Hand, wenn wir ein Team bilden würden, oder?«

»Was macht ihr denn konkret so?«

Cedric grinste, zog die Schultern hoch und zeigte seine leeren Handflächen. »Habe ich vergessen! Im Ernst: Was wir machen, ist etwas für Leute, die schweigen können. Da kann ich ja schlecht mit Reden anfangen.«

»Was genau willst du von mir?«

»Alle sagen, dass du zupacken und die Fresse halten kannst. Ich vertraue normalerweise nur Leuten, die ich lange und gut kenne. Aber wir haben vielleicht bloß noch wenige Tage Zeit, bis eine Situation eintritt, in der wir jeden Mann brauchen. Jedenfalls jeden guten Mann. Ich muss wissen, ob wir mit dir rechnen können.«

»Na klar könnt ihr das! Aber wofür genau braucht ihr mich denn?«

»Der Tag X, wenn es zum Clash gegen die Islamisten hier kommt, ist wesentlich näher, als wir es erwartet hatten. Wahrscheinlich wird es schon in wenigen Wochen losgehen. Ich weiß, es klingt verrückt.«

»Alter! Wenn die Muslime hier den Aufstand machen wollen, kriegen die das nie im Leben in zwei Wochen organisiert.«

»Du wirst in den nächsten Tagen merken, dass alle Sicherheitsbehörden eine kurzfristige Urlaubssperre verhängen. Hier geht es bald richtig rund! Bis dahin müssen wir vorbereitet sein. Und das werden wir.«

»Da kann ich euch leider keine Hilfe sein. Ich bin ab der nächsten Woche zum Auslandseinsatz abkommandiert.«

Cedric grinste. »Nicht mehr. Du solltest in den Niger, aber seit heute bist du aus dem Kader gestrichen. Die sind mit deiner Teamfähigkeit unzufrieden, und heute hast du in der Übung offenbar richtig Scheiße gebaut. Du hast so schnell gar keinen Einsatz mehr.«

Jörg stutzte. Solche operativen Details kannten nur diejenigen, die sie dienstlich benötigten. Als Jörg zur Frage ansetzen wollte, kam ihm Cedric zuvor. »Ich weiß es definitiv, frag lieber nicht. Aber du kannst Deutschland dienen, wenn du uns unterstützt. Glaub mir, effizienter kannst du Deutschland nicht verteidigen als bei uns!«

»Wie viele seid ihr denn?«

»Vielleicht sind wir 10, vielleicht 100, vielleicht 1000. Es reicht, wenn der Adler die Truppenstärke kennt. Wer nur weiß, was er wissen muss, kann nichts verraten!«

»Na gut, nehmen wir mal an, ich bin bei euren Aktionen dabei. Woher weiß ich, dass mich keiner reinlegt oder verpfeift? Wer erfährt eigentlich alles von unserer Zusammenarbeit?«

»Von dir wissen nur Stefan, der Adler und ich. Aber jeder von uns würde lieber sterben, als den Kumpel zu verpfeifen. Auch Stefan erhält fortan keine Infos. Einsätze laufen ausschließlich über den Adler.«

»Wer ist dieser Adler?«

Cedric legte theatralisch den Finger auf seine Lippen. »Wir halten alle Identitäten geheim. Wir arbeiten mit temporären Codenamen, die nach jedem Einsatz geändert werden. Deine Code-Bezeichnung lautet aktuell Wüstenigel. Ich bin Wildschwein. Und der Adler ist halt der Adler.«

»Bei aller Liebe, so geht das nicht. Ich kann doch keine Befehle von irgendeinem Scheiß-Adler befolgen! Und überhaupt: Wie wollt ihr Deutschland effizient beschützen, wenn ihr nicht telefoniert oder Mails versendet? Verschickt ihr Brieftauben?«

»Wir haben ein Kommunikationssystem vorbereitet, aber das nutzen wir erst im Ernstfall. So kann es nicht vorher entdeckt und kompromittiert werden. So lange arbeiten wir mit Codes, mündlichen Gesprächen und Tarnung. Wie in der guten alten Zeit. Die Sache ist sehr professionell vorbereitet.«

»Sag mal, wer sagt mir eigentlich, dass unser Gespräch hier nicht gerade ein Test ist? Wenn ich der Militärische Abschirmdienst wäre, würde ich es genauso machen. Woher weiß ich, dass du kein Provokateur bist, der mir eine Falle stellt?«

»Das kann ich dir genau sagen: Das wäre dann nämlich wohl das erste Mal, dass der MAD etwas mit Hand und Fuß auf die Reihe bekommen hätte! In Wahrheit ist es genau umgekehrt: Wir haben den MAD im Griff. Wir kennen inzwischen alle Spitzel, die die hier im KSK haben. Das sind übrigens weniger als zehn, und die meisten arbeiten in Wirklichkeit für uns. Wir wissen ganz genau, was hier in Calw läuft, der MAD hat keine Ahnung!«

»Schön und gut, aber mal im Ernst: Ich glaube nicht, dass hier in zwei Wochen Bürgerkrieg ist. Und ich glaube auch nicht, dass eine Organisation wie eure lange existiert, ohne dass der MAD oder sonst wer davon Wind bekommt. Je mehr Leute involviert sind, desto höher steigt die Wahrscheinlichkeit, dass jemand quatscht.«

»Bei uns quatscht keiner. Sind alles Ehrenmänner. Und mit Verrätern würden wir auch keinen Spaß verstehen …«

»Also wenn es denn tatsächlich ernst werden sollte in Deutschland, dann werde ich als Patriot tun, was getan werden muss. Ihr könnt dann auf mich zählen, aber ich muss schon persönlich wissen, mit wem ich es zu tun habe.«

»In Ordnung. Egal ob du mitmachst oder nicht, wir kennen uns offiziell nicht, verstanden? Wir grüßen uns nicht, wir werden nicht zusammen gesehen, schon gar nicht rufen wir uns an, klar?«

»Von mir aus.«

»Wir werden die nächsten Wochen zusammen interessante Zeiten haben – Wüstenigel!«

28

»Ich habe Neuigkeiten aus Syrien!«, leitete BND-Chef Fricke die außerordentliche Video-Konferenz der Geheimdienstchefs ein. »Ich habe aus erster Hand valide Informationen, dass US-Spezialkommandos der CIA Chlorgaskanister nach Nordsyrien einschleusen wollen. Wenn die Informationen stimmen, wurden die Behälter bereits von einem Spezialkommando in einer Black Op in die Region geflogen. Aktuell sucht die CIA über befreundete Geheimdienste Einheimische, die das Zeug über die Grenze schmuggeln.«

»Was wollen Sie uns damit sagen?«, fragte Ellen.

»Man kann die Kanister heimlich in Wohngebieten positionieren und öffnen, um einen weitgehend missglückten Giftgasangriff vorzutäuschen. Wir glauben, dass hier eine Kriegslist vorbereitet wird, um die uns angekündigten Angriffspläne auf Syrien zu legitimieren.«

»Sehr überzeugend wird diese Kriegslist ja wohl nicht sein!«, wandte Lehr ein. »Man müsste schon eine plausible Erklärung bieten, wie das Giftgas ins Zielgebiet geschossen und dort ausgebracht worden sein soll. Jeder mit Ahnung würde nach Geschossen suchen, aber dann ja wohl keine finden. Außerdem wären Chlorgasverletzungen kaum überzeugend, um Giftgaseinsatz vorzutäuschen. Wenn ein echter Giftgasangriff erfolgt, haben selbst Überlebende mindestens gerötete Augen. Wenn später irgendwelche Fotos Überlebender auftauchen, wird Journalisten sicherlich auffallen, wenn solche Verletzungen fehlen.«

»Lieber Kollege Lehr, Ihre optimistische Meinung über Journalisten teile ich nicht«, erwiderte Fricke, »die schreiben, was zum Narrativ passt, wenn die ihren Job langfristig behalten wollen.

Und das Narrativ, wer im Syrienkrieg die Bösen sind, ist längst etabliert. Journalisten warten auf Stichworte und machen dann Ski-Urlaub in den Rocky Mountains auf Einladung des Aspen Instituts.«

Klawitter ließ keine Emotion erkennen. »Danke, Herr Fricke. Dann haben wir also demnächst einen Spannungsfall. Ich habe heute bereits mit dem Innenminister gesprochen. Er regt an, eine Vielzahl möglicher Gefährder unter einem Vorwand festzunehmen, bis die wesentlichen Kampfhandlungen in Syrien beendet sind. Wir halten es auch für sinnvoll, auffällig gewordene Syrer in Präventivhaft zu nehmen. Immerhin haben die überdurchschnittlich häufig Stichwaffen dabei.«

Ellen verlor in Rekordzeit die Contenance. »Ich glaube, ich höre nicht recht. Das ist doch völlig inakzeptabel. Eine Inhaftierung wäre weder mit dem Rechtsstaatsprinzip zu vereinbaren noch langfristig sinnvoll. Außerdem würden wir damit einige Leute, die wir verdeckt überwachen, unnötig warnen und jahrelange Ermittlungsarbeit zunichtemachen. Wir müssten dann aus Gründen der Glaubwürdigkeit auch Hunderte unserer eigenen V-Leute, die sich im Umfeld bewegen, ebenfalls inhaftieren. Das ist doch völlig undurchdacht und konzeptionslos.«

Klawitter seufzte. »Das beurteile ich ähnlich. Aber es ist die Linie insbesondere des neuen Koalitionspartners, eine Null-Toleranz-Politik zu kommunizieren. Und da will die Union natürlich ebenfalls einen starken Staat beweisen. So etwas passiert nun einmal, wenn man Rechtspopulisten in der Regierung hat.«

»Wo sollen die ganzen Gefährder denn überhaupt alle untergebracht werden?«, hakte Ellen nach. »Die Gefängnisse sind doch schon heute mit Kriminellen voll! Sollen wir die etwa freilassen? Wenn wir alle Syrer, die sich zu Rache an den Amerikanern für einen Angriff auf ihre Heimat herausgefordert fühlen könnten, in Gewahrsam nehmen wollten, dann kämen wir auf eine sechsstellige Zahl!«

»Das Targeting ist Aufgabe des Verfassungsschutzes, also Ihre. Sie müssen beurteilen, wen wir mit welcher Priorität festsetzen oder lediglich beobachten. Das dürfte durch die automatisierte Überwachung von Social Media ein durchaus lösbares Problem sein, oder? Außerdem hat uns die NSA eine Liste gegeben, wer in den kommenden Monaten von US-Einrichtungen ferngehalten werden soll.«

»Algorithmen sollen entscheiden, wer ins Lager kommt? Wäre da nicht die Hautfarbe praktischer? Oder der Ariernachweis? Oder noch besser: Wie lassen die AEP bestimmen, wer aus dem Verkehr gezogen wird.«

»Frau Strachwitz, Ihre Polemik ist hier unangebracht!«, schnaubte Klawitter. »Wir werden den Amerikanern beweisen, dass wir in der Lage sind, unsere Aufgaben zuverlässig zu erfüllen. Die Alternative wäre ja sonst wohl, dass die Amerikaner ansonsten selbst bekämpfen, wen sie für eine Bedrohung halten. Noch mehr verdeckte US-Operationen im Bundesgebiet würden die aktuell angespannte Freundschaft zu den Amerikanern mehr als belasten.«

Ellen hielt dagegen: »Die Weitergabe einer solchen Liste birgt unkalkulierbare Risiken. Je größer wir den Empfängerkreis der Gefährderliste ziehen, umso größer wird die Gefahr von Abflüssen. Was wäre, wenn solche Listen mit Gefährdern in die Hände von Rechtsradikalen fielen? Die würden es dann wohl als ihre patriotische Pflicht ansehen, Gefährder zu lynchen! Im Zeitalter der Leaks ist diese Streuung unverantwortlich. Und wir alle wissen doch, dass unsere Listen auf unvollständigen oder manchmal fehlerhaften Informationen beruhen. Zwangsläufig werden Unschuldige ins Visier geraten. Wir können doch nicht unsere eigenen Steuerzahler ans Messer liefern!«

Ihre Sekretärin betrat eigenmächtig den Raum, Ellen stellte den Ton auf stumm.

»Die Heimatministerin will Sie sprechen. Es sei sehr dringend.«

»Ich rufe die Frau Heimatministerin nach der Konferenz zurück!«

»Aber sie besteht darauf, sofort durchgestellt zu werden. Sie ist sehr verärgert. Sie hat damit gedroht, den Verfassungsschutz aufzulösen, wenn Sie nicht sofort rangehen.«

Ellen wandte sich wieder an die Runde. »Meine Herren, möglicherweise haben wir gerade eine kleine Notlage. Wir müssen um fünf Minuten vertagen!« Sie klickte die Konferenz weg und nahm den Hörer. »Hier Strachwitz!«

»Seit wann hast du es gewusst?«, fauchte Delius grußlos.

»Was meinst du?«

»Tu doch nicht so! Du weißt genau, wovon ich rede!«

»Wovon genau redest du denn?«

»Die Kanzlerin hat uns vorhin mitgeteilt, dass du zum BND gehst! Gestern noch waren wir uns darüber einig, dass wir gemeinsam die innere Sicherheit dieses Landes wiederherstellen wollen, und jetzt lässt du mich im Stich!«

»Langsam, das ist doch alles noch nicht offiziell entschieden.«

»Sehr richtig, das entscheiden nämlich die Koalitionspartner. Oder auch nicht!«

»Was soll denn das jetzt bitte?«

»Wir beraten uns gerade, ob die AEP der Wahl zustimmt. Wir finden eigentlich, dass du an deiner jetzigen Position genau richtig bist und da auch bleiben solltest!«

»Meine Aufgabe beim Verfassungsschutz können andere fortsetzen. Mein Ziel war die Umstrukturierung, und die Arbeit ist erledigt. Jetzt ist der BND dran!«

»Was willst du überhaupt beim BND? Unser primäres Problem ist die innere Sicherheit. Deutschland wird in Deutschland verteidigt, nicht am Hindukusch! Wir sind kein Weltpolizist, wir sind unseren Wählern hier verpflichtet.«

»Bist du jetzt wieder im Wahlkampf?«

»Lenk nicht ab! Ich hatte geglaubt, dass wir beide das Heimatschutzministerium gemeinsam aufbauen und Deutschland sicher machen, und jetzt willst du zu diesen Spinnern vom BND? Wenn es den nicht gäbe, würde das kein Mensch merken! Warum hast du mir nichts von deiner Bewerbung gesagt?«

»Erstens war das keine Bewerbung, die haben mir das kurzfristig angeboten. Und zweitens sind solche Sachen naturgemäß geheim. Wir nehmen die Geheimhaltung beim Geheimdienst nun einmal sehr ernst.«

»Du hast mich auflaufen lassen! Du hattest kein Recht, mir das zu verschweigen. Ich bin deine Freundin und deine Vorgesetzte.«

»Ich muss Privates vom Beruflichen trennen! Und es wäre für uns beide dann doch leichter, wenn der berufliche Interessenskonflikt nicht mehr zwischen uns wäre, wenn ich zum BND gehe. Was genau wirfst du mir denn eigentlich vor? Was hätte ich denn deiner Meinung nach tun sollen? Das Vertrauen der Kanzlerin brechen?«

»Du hast mein Vertrauen gebrochen!« Delius legte auf.

Ellen klickte wieder zur Konferenz. »Meine Herren, entschuldigen Sie die Unterbrechung.«

»Sie haben eine Notlage?«

»So dramatisch ist es wohl doch nicht. Herr Klawitter, wie konkret sind denn die Pläne für den Vollzug einer präventiven Schutzhaft gediehen? Haben wir ernsthaft ausreichende Kapazitäten?«

»Nun, wir haben ja die Pläne für den Krisenfall. Hier in Berlin werden wir das leer stehende Internationale Congress Centrum nutzen, um eine Vielzahl an Personen festzusetzen. Bundesweit können wir notfalls Kasernen und Sporteinrichtungen umwidmen. Der Koalitionspartner hat zudem angeregt, die Bundeswehr im Inneren einzusetzen.«

»Eine präventive Inhaftnahme bloßer Verdächtiger aus außenpolitischen Gründen wäre aber kein Krisenfall nach der Intention der Gesetze«, protestierte Ellen.

»Die aktuelle Bundesregierung kommt hier vermutlich zu anderen Ergebnissen. Im Kabinett wurde vorhin beschlossen, dass wir mögliche juristische Inkonsistenzen vorerst in Kauf nehmen, um Ergebnisse zu erzielen. Bis jemand dagegen geklagt und Recht in letzter Instanz bekommen hat, werden Jahre vergehen. Sicher-

heit geht vor. Nach außen hin soll die Federführung beim Heimatministerium liegen. Durch diese Maßnahmen soll das Heimatministerium aufgewertet werden, die Ministerin möchte Zähne
zeigen.«

»Na super«, kommentierte Ellen. »Das bedeutet, dass die eingespielten Zuständigkeiten kurzfristig umgestellt werden müssen.
Hat man denn im Kabinett auch nur eine ungefähre Vorstellung,
was das für ein organisatorischer Aufwand ist? Erinnert das nicht
fatal an die Pläne der SED, im Spannungsfall ›verdächtige Elemente‹ in Lager einzusperren? Vielleicht können wir ja noch deren alte
Pläne benutzen.«

»Frau Dr. Strachwitz, bitte …!«, mahnte Klawitter.

»Inwiefern soll die Bundeswehr im Inneren eingesetzt werden?«, erkundigte sich Lehr.

Auf dem Monitor war zu erkennen, wie Klawitters Sekretärin
ihrem Chef einen Telefonhörer reichte und einen Zettel zuschob.
Klawitter las ungläubig und machte eine abwehrende Geste. »Entschuldigen Sie bitte. Wir waren dabei stehen geblieben, inwiefern
wir die Bundeswehr bei einem Spannungsfall im Inneren einsetzen. Der Innenminister hat hierzu bereits konkrete Pläne. Die
verfassungsrechtlichen Probleme, die dann auf uns zukommen,
werden …«

Erneut kam die Sekretärin ins Bild und reichte wieder den
Telefonhörer. »Entschuldigen Sie, ich muss ein offenbar sehr dringendes Telefonat annehmen! Es wird länger dauern.«

29

Nach dem Morgenappell wurde Jörg zum Kommandanten zitiert.

»Herr Weberling, haben Sie sich gut bei unserer Truppe hier wieder eingelebt?«

»Jawohl, Herr Brigadegeneral!«

»Die Pläne für Ihr Kommando haben sich geändert. Die Ergebnisse der letzten Übung hatten wir uns ein bisschen anders vorgestellt. Wir wissen, dass Sie zweifellos ein exzellenter Kämpfer sind. Aber bevor wir Ihnen ein eigenes Kommando übertragen, müssen wir davon überzeugt sein, dass Sie die Männer auch wieder möglichst an einem Stück zurückbringen.«

»Jawohl, Herr Brigadegeneral!«

»Ihre Abkommandierung zum Niger ist aufgehoben. Sie werden an Lehrgängen zu Personalführung, Strategie und, besonders dringend, Kampf-IT teilnehmen. Die nächsten Wochen bleiben Sie hier in Calw. Sie bekommen einen neuen Trainingsplan. Melden Sie sich zur einer allgemeinen Sonderbesprechung gleich in Raum C 25!«

Der große Unterrichtsraum war bis auf den letzten Platz gefüllt.

»Guten Morgen, Soldatinnen und Soldaten!«, grüßte der Ausbilder militärisch zackig.

»Guten Morgen, Herr Major!«, erwiderte die Zuhörerschaft im Chor.

»Ich begrüße Sie zu einem außerordentlichen Lehrgang im deutschen Polizeirecht. Wie Sie wissen, ist das KSK nur im Ausland aktiv. Die Bundeswehr darf nicht im Inneren eingesetzt werden. Die Lage kann sich jedoch in Zeiten wie diesen schneller ändern, als dies der Politik bewusst ist. Im Katastrophenfall etwa ist auch Manpower der Bundeswehr im Inneren gefragt, egal, was im

Grundgesetz drinsteht. Im Spannungsfall würde die Polizei nicht über ausreichend Personal verfügen, um die Aufrechterhaltung der öffentlichen Ordnung sicherzustellen. Daher bereitet sich die Bundeswehr darauf vor, notfalls die Kollegen zu entlasten, insbesondere in Bereichen, die in unsere fachliche Kompetenz fallen. Offiziell ist dieser Lehrgang geheim, da er nicht der geltenden Rechtslage entspricht, sondern nur der Vorbereitung auf mögliche Konfliktlagen dient. Ich werde Sie nun mit den Grundlagen von deutschem Polizeirecht und inneren Dienstabläufen vertraut machen, damit Sie in der Lage sind, verantwortungsvoll Polizeigewalt auszuüben.«

30

Höch platzte ins Büro.

»Ellen, wir haben da bei der AEP-Software-Geschichte ein paar interessante Entdeckungen gemacht!«

»Schieß los!«

»Wir haben uns gefragt, wer wohl am ehesten von solchen Hintertüren profitiert hätte. Schließlich können wir ja nicht ausschließen, dass ein ausländischer Nachrichtendienst verdeckten Einfluss auf die innerdeutsche Politik nehmen will. Daher haben wir abgeglichen, welche Leute in der AEP in den letzten Jahren ungewöhnliche Schwierigkeiten bekommen haben, wie anonyme Durchstechereien und so weiter. Und dann ist uns schließlich aufgefallen, dass überraschend viele AEPler, die innerparteiliche Ambitionen hatten, seltsame Probleme bekamen. Die hatten plötzlich Stress mit Steuerprüfungen, verschwiegene NPD-Mitgliedschaften flogen auf und andere Indiskretionen. In einigen Fällen wurden Leute in ihrem Lebensalltag quasi blockiert, weil sie durch Softwarefehler negative Schufa-Einträge bekamen mit allen damit verbundenen Folgen für ihre wirtschaftliche Existenz. In keinem dieser Fälle konnten wir die Quelle der möglichen Sabotage zurückverfolgen. Außerdem gab es wohl anonyme Leaks an die Presse und an die Antifa, die dann den Ruf von bestimmten AEP-Politikern ruinierte. Und wenn die nicht anbissen, tauchte allerhand Schmutz auf anonymen Accounts in sozialen Netzwerken auf.«

»Aber so läuft das doch in allen Parteien.«

»Ja, schon. Aber in den meisten Fällen parteipolitischer Intriganz kann man sich schnell zusammenreimen, wer da was durchgestochen hat. Bei einem Großteil der Fälle, die wir ausgewertet haben, ist das aber anders. Aus der Häufigkeit und dem hohen Grad an konspirativem Verhalten schließen wir, dass da im Hintergrund sehr professionell gearbeitet wurde. Das ist weit ausgefuchster als alles, was unsere Feierabendpolitiker so auf die Reihe kriegen.«

»Was genau meinst du damit?«

»Da scheinen mehrere Leute hauptberuflich Kompromat zu sammeln, um es höchst intrigant einzusetzen. Und diese Leute reagieren offenbar nicht erst, wenn sich jemand aus der Deckung wagt. Entweder haben sie hellseherische Fähigkeiten oder sie machen das Gleiche wie ein Geheimdienst: Sie spionieren in anderer Leute Rechnern und bevorraten sich mit Kompromat. Wir wären daher nicht überrascht, wenn es sich um dieselben Leute handelt, die auch die Hintertüren im AEP-Interface eingeschleust haben. Das war richtig teure Software, die nicht ohne Weiteres zu entdecken ist. Unsere Techniker sind begeistert!«

»Demnach hat also jemand richtig Geld in die Hand genommen. Das engt ja dann den Kreis der Verdächtigen ein.«

»Nicht unbedingt. Wenn die AEP hier in Deutschland so viele Reptilienfonds hat wie die Rechtspopulisten in Österreich, könnte das auch ein Normalverdiener arrangiert haben. Allerdings glauben wir, dass in unserem Fall tatsächlich ein Spitzenverdiener beteiligt ist.«

»Kommt ihr ebenfalls in das System?«

»Ja, das ist testweise gelungen. Ich möchte, dass du uns eine Auswertung genehmigst.«

»Ich soll dir genehmigen, den Koalitionspartner der Bundesregierung auszuspähen? Mehr Skandalpotential geht ja wohl nicht!«

»Es geht doch um dessen eigenen Schutz. Jemand Unbekanntes liest genau diese Mails des Koalitionspartners! Und offensichtlich jemand mit sehr professionellem Interesse. Das Ganze hat wohl schon jemand vor Jahren da reinprogrammiert.«

»Also gut. Ich erlaube alle Maßnahmen, die geeignet und erforderlich sind, um den Angriffsvektor zu bestimmen. Aber ich untersage ausdrücklich, dass ihr irgendjemandem in das Mail-Postfach guckt, eine Verkehrsdatenanalyse durchführt oder irgendwelche Texte kopiert. Ich erwarte außerdem eine lückenlose Dokumentation. Im Zweifelsfall muss jede Maßnahme einzeln autorisiert werden!«

Die Sekretärin unterbrach die Besprechung. »Die Frau Heimatministerin hat sämtliche Akten zum Berner Club angefordert. Sie verlangt, dass wir eine Teilnahme von ihr organisieren.«

Ellen und Höch sahen sich einander ungläubig an.

Der Anruf von Klawitter kam nicht unerwartet. »Ellen, wie es aussieht, wird das mit dem BND wahrscheinlich doch nichts für dich. Die AEP-Minister fühlen sich vom Vorschlag der Kanzlerin überrumpelt. Sie sind angefressen, weil sie in der Regierung trotz Mehrheit weder Kanzler noch Außenminister stellen, und betonen, dass sie sich nicht weiter unterbuttern lassen werden.«

Ellen überlegte einen kleinen Moment. »Und wen will die AEP denn stattdessen als BND-Chef haben? Mir fallen doch nur Kandidaten aus den Reihen der Union ein, da schießen die sich doch ein Eigentor! Und ich kenne auch keinen Nachrichtendienstler von Rang und Format, der sich zur AEP bekennt. Das wäre früher zu Ende, als es begonnen hätte.«

»Dazu haben sie sich noch nicht geäußert. Denen geht es mehr ums Prinzip. Und die haben offenbar mitgekriegt, dass du beim Verfassungsschutz ein Einstellungsverbot für AEP-Mitglieder verfügt hast. Das macht es natürlich nicht leichter.«

»Verstehe. Dann warte ich mal ab.«

»So kampflos willst du dich ergeben? Da habe ich aber eine andere Frau Dr. Strachwitz in Erinnerung!«

Komplimente von Klawitter, den Ellen seit ihrem Streit von 2013 als Gegner betrachtete, erschienen ihr ungewohnt.

»Na ja, mein aktueller Job ist nicht der schlechteste, und wenn ich zum Politikum werde, könnte das mehr Schaden als Nutzen stiften. Am Ende fährt die AEP vielleicht eine Kampagne, und ich verliere auch meine aktuelle Position!«

»Schon möglich. Wir im Bundeskanzleramt waren eigentlich ganz glücklich mit deiner Zusage für den BND. Vielleicht antichambrierst du doch mal bei den anderen AEP-Mandarinen. Ich könnte dir kurzfristig einen Termin bei Thürmer besorgen, da könntet ihr euch schon einmal beschnuppern.«

»Wenn du das für zielführend hältst.«

»Höchilein, ich habe mir die Sache mit der AEP-Software überlegt! Du hast recht, wir haben ein dienstliches Bedürfnis, uns auch die Inhalte der Mails persönlich anzusehen. Bitte mache mir einen Zugang zu den Postfächern der Kabinettsmitglieder klar.«

»Nanu? Was hat denn deinen Stimmungswandel bewirkt? Hattest du nicht vorhin kommuniziert, wir sollten die Finger von Regierungsmitgliedern lassen …?«

»Die möglichst solide Analyse des Einbruchsvektors liegt im Interesse aller Beteiligten. Um den Kreis der Mitwisser gering zu halten, erkläre ich die Angelegenheit zur Chefsache.«

»Das würde dann bedeuten, dass du mit Politikern verhandelst, deren Mailboxen du heimlich liest …«

»Ich kann das professionell trennen. Ich werde mich auch nur auf das Notwendigste beschränken.«

»Das Notwendigste? Das wäre doch wohl, die Sache den Technikern zu überlassen und zu beobachten, wann ein verdeckter Zugriff erfolgt.«

»Was das Notwendigste ist, entscheidet wer …?«

»Du.«

Ellen grinste breit.

»Na schön, ich lasse dir einen isolierten PC fertig machen, von dem du Zugang bekommst. Aber ich brauche eine schriftliche Weisungsbestätigung.«

Statt einer Antwort legte sie ihren Kopf schief und fixierte Höch schweigend.

»Ellen, wie stellst du dir das vor?«

Nun legte sie ihren Kopf schweigend zur anderen Seite.

»Also gut, machen wir es auf die alte Tour …«

31

»München. Die Vorbereitungen der Polizei für den morgen beginnenden Parteitag der AEP auf dem Messegelände in München-Riem sind abgeschlossen. Die Polizei hat das Gelände weiträumig abgeriegelt, um erwartete Ausschreitungen möglichst einzudämmen. Ein breites Bündnis aus Parteien, Gewerkschaften, Kirchen, Künstlern und anderen Vereinigungen hat für Samstag zu einer Großkundgebung auf der Theresienwiese aufgerufen, um gegen die Ziele der AEP zu protestieren. Die Stadt erwartet die bislang größte politische Demonstration seit den TTIP-Protesten vom Sommer 2016. Aus allen Bundesländern sind unterstützende Polizeieinheiten angereist, um sowohl den Parteitag wie auch die Großdemonstration zu schützen. Polizeisprecher Müller betonte, die Polizei sei parteipolitisch neutral und schütze sowohl die Versammlungsfreiheit einer politischen Partei als auch das Recht auf freie Meinungsäußerung. Das Stadtbild ist bereits heute von zahlreichen Kundgebungen gegen die Politik der AEP geprägt. Bislang ist es jedoch im Wesentlichen friedlich geblieben. Im Vorfeld nahm die Polizei einige angereiste Demonstranten fest, bei denen in Sicherheitskontrollen verbotene Gegenstände sichergestellt wurden. Die Polizei weist noch einmal ausdrücklich darauf hin, dass im ausgewiesenen Schutzbereich weder Glasflaschen noch Stöcke oder Ähnliches mitgeführt werden dürfen, insbesondere auch nicht zur Stabilisierung von Transparenten.«

Höch erschien zur täglichen Besprechung. »Gibt es Nachricht von unserer eifrigen Ministerin?«, fragte Höch.

»Leider nein. Sie geht nicht ans Telefon. Wahrscheinlich ist sie mit ihrem Parteitag ausgelastet.«

»Wir können der doch unmöglich die Akten vom Berner Club geben, oder?«

»Im Leben nicht! Es ist mir scheißegal, ob die Frau Ministerin uns gegenüber weisungsberechtigt ist oder nicht. Wir halten uns an den Kodex. Soll sie doch zu Mutti gehen oder vor Gericht klagen. Offiziell gibt es keinen Berner Club, und deshalb haben wir auch keine Akten darüber.«

»Dann wirst du auch nicht zulassen, dass sie dich zum Berner Club begleitet?«

»Auf gar keinen Fall! Sie ist für dieses Gremium weder kompetent noch verfügt sie über die Eigenschaft, eine Leiterin des Inlandsnachrichtendienstes zu sein. Members only! Noch ist das Heimatministerium kein Geheimdienst. Wenn Delius dabei wäre, könnte dort niemand frei über die Familiengeheimnisse sprechen.«

»Was hat die eigentlich auf einmal? Hast du irgendein persönliches Problem mit ihr?«

»Höchilein, ist dir gerade langweilig? Hast du zu wenig Arbeit?«

»Tschuldigung! Aber es liegt nun einmal im ureigensten Interesse des Amts, dass wir zur Politik eine gute Beziehung pflegen. Hier scheinen die Dinge gerade zu eskalieren, und ich biete gerne an zu vermitteln, wenn es sich …«

»Danke, es reicht!«, fauchte Ellen, die sonst nicht für Temperamentsausbrüche bekannt war. »Die Delius ist Chefinnensache!«

In dem Moment gaben die Diensthandys einen Signalton, der eine dringende SMS meldete. Absender war das GETZ, das gemeinsame Extremismus- und Terrorismusabwehrzentrum, das die Zusammenarbeit der Sicherheitsbehörden für Terrorgefahren koordinierte. Die SMS lautete: *Anschlag auf Frau Ministerin Delius. Lagebesprechung sofort.*

Mit versteinerten Mienen begaben sich Ellen und Höch in den für das GETZ eingerichteten Raum. Das unter der Federführung von BfV und BKA stehende Zentrum war eine Kommunikationsplattform, die insbesondere im Krisenfall den Informationsfluss zwischen den Sicherheitsbehörden koordinieren sollte. Auf großen Monitoren waren die Lagezentren von BKA, Bundespolizei und der bayrischen Landespolizei aufgeschaltet, nacheinander leuchteten auch die Fenster von weiteren Partnerbehörden auf. Der diensthabende Referent räumte für Ellen seinen Stuhl. BKA-Chef Vetter eröffnete die Online-Sitzung.

»Wir haben folgende Lage. Frau Ministerin Delius ist von Unbekannten entführt worden, ihr Aufenthaltsort ist unbekannt. Die Frau Ministerin war unterwegs zum Parteitag in München und suchte an der Raststätte Frankenwald-West eine Toilette auf. Dort gab es einen offenbar professionell organisierten Hinterhalt. Wir schalten jetzt den Einsatzleiter der für den Personenschutz zuständigen Sicherungsgruppe vor Ort telefonisch zu. Berichten Sie!«

»Frau Ministerin Delius war unterwegs von Berlin nach München, wir hatten acht Kfz und vier Motorräder im Einsatz. Unser Konvoi machte einen Stopp an der Raststätte Frankenwald-West. Offenbar haben Unbekannte sie auf der Damentoilette bereits erwartet. Eine Personenschützerin hatte den Toilettenraum flüchtig inspiziert und freigegeben. Die Personenschützer hatten die Ministerin bis zum Drehkreuz der öffentlichen Toilette begleitet und dort gewartet. Die Ministerin hatte sich stets verbeten, dass Personenschützer sie in die eigentlichen Toilettenräume begleiteten. Dann hörten die Kollegen einen schrillen Signalton aus dem Waschraum, dessen Herkunft wir bislang noch nicht zuordnen können. Als die Kollegen zu Hilfe eilen wollten, explodierten Blendgranaten, und es wurde ein Brandsatz geworfen, der zu starker Rauchentwicklung führte und die Sicht nahm. Die unbekannten Entführer entkamen durch eine Hintertür, die von einem Kleintransporter von außen verdeckt war. Der Wagen hat direkt an der Mauer geparkt, mit offener Schiebetür an der Seite. Als die Entführer im Fluchtfahrzeug waren, wurde im Gang Reizgas freigesetzt, die Kollegen hatten keine Chance. Der Wagen ist mit zunächst unauffälligem Tempo sofort auf die Autobahn Richtung Süden aufgefahren. Direkt im Anschluss folgte ein LKW, der dann die Autobahnauffahrt blockierte und dessen Fahrer von einem Motorradfahrer eingesammelt wurde. Unsere Motorradstaffel hat dann ihre Maschinen über die Leitplanke gehievt und konnte die Verfolgung mit Verzögerung aufnehmen. Die Kollegen trafen jedoch einige Kilometer weiter in südlicher Richtung auf einen quer stehenden LKW und einen hierdurch verursachten Stau. Dahinter fanden wir den offenbar leeren Kleintransporter, der in Brand gesetzt wurde. Die Ministerin trug zwei unter der Kleidung versteckte Sender bei sich, die wir gegenwärtig im brennenden Transporter orten. Der scheint allerdings ansonsten leer zu sein. Weitere Informationen zur Tat liegen bislang nicht vor. Die bayrische Polizei hat eine Großfahndung ausgelöst und zwei Hubschrauber im Einsatz. Wir haben weder eine Personenbeschreibung noch kennen wir weitere Fluchtfahrzeuge. Die Entführung war definitiv generalstabsmäßig organisiert.«

BKA-Chef Vetter klinkte sich ein. »Die Täter wussten offensichtlich, dass die Ministerin dort die Toilette aufsuchen würde. Wer hatte diese Information im Voraus?«

»Die Pinkelpause haben wir auf dieser Strecke immer so gemacht. Die Fahrt dauert ohne Stau über fünf Stunden. Die konkrete Auswahl der Raststätte erfolgte erst zwanzig Minuten vorher. Ich hatte die Raststäte selbst vorgeschlagen, weil uns auf der restlichen Strecke einige Staus angezeigt wurden.«

»Gibt es am Tatort weitere Spuren?«, fragte Vetter.

»Die Spurensicherung ist noch nicht vor Ort«, erklärte ein Vertreter des bayrischen Landeskriminalamts. »Aber viel werden die wahrscheinlich nicht finden. Die Toilettenräume wurden in Brand gesetzt, vermutlich mit dem Ziel, Spuren zu verwischen. Wie es scheint, waren auf der gesamten Anlage die Überwachungskameras ausgefallen, Ursache noch unbekannt. Wir suchen derzeit die Fahrzeuge auf der Raststätte nach Dashcams ab. Moment … Ich höre gerade, dass am Griff der Außentür Blutspuren gefunden wurden, die natürlich auch vom Opfer stammen können. Wir errichten gerade Straßensperren, allerdings müssen wir davon ausgehen, dass die Täter die Autobahn bereits verlassen haben.«

»Danke sehr. Frau Strachwitz, wie schätzen Sie die Lage ein?«
Ellen schluckte. Jahrelang hatte sie sich auf so einen Moment
vorbereitet. In den Krisenstäben war immer wieder in etlichen
Szenarien geübt worden, schreckliche Situationen mit professioneller Distanz nüchtern zu beurteilen. Doch die Sorge um das
Leben ihrer Freundin ließ sich nicht ignorieren, zudem machte
sie sich bereits Vorwürfe, sich nicht genug um Delius' Sicherheit
gekümmert zu haben. »Für Spekulationen ist es noch zu früh,
aber es liegt auf der Hand, dass wir es mit organisiertem Linksterrorismus zu tun haben. Für das Bevorstehen einer derart verwegenen Aktion hatten wir keinerlei Hinweise. Es ist allerdings
höchst ungewöhnlich, dass Terroristen Blendgranaten benutzen.
Normalerweise schießen sich Terroristen ihren Weg frei, Blendgranaten hingegen gehören zum Repertoire von Antiterroreinheiten. In jedem Fall haben wir es hier mit einem ganz neuen
Typus von Terroristen zu tun. Es würde mich bei diesem Grad
an Professionalität auch nicht wundern, wenn die Staus, die den
Konvoi psychologisch an diese Raststätte gelotst haben, kein Zufall wären.«
Das bayrische Lagezentrum meldete sich. »Ist es auch nicht!
Offenbar hat jemand mehrere Rauchbomben auf die Fahrbahn
geworfen, die dann die Autofahrer zu langsamem Fahren veran-
lassten und Auffahrunfälle verursachten. Google-Maps und andere Verkehrsleitsysteme, welche die Positionen der Fahrzeuge in
Echtzeit registrieren, haben daraufhin die Staus an die Navigati-
onsgeräte gemeldet.«
»Da steckt eine bemerkenswerte Logistik dahinter!«, kommentierte Ellen. »Wer in der Lage ist, einen intensiven Personenschutz zu neutralisieren, dürfte auch Vorkehrung getroffen haben,
bereits jetzt wieder unsichtbar zu sein. Wahrscheinlich haben die
Täter das Fahrzeug inzwischen mindestens wieder einmal gewechselt oder ihre Geisel in ein sicheres Versteck gebracht. Die
Straßensperren werden daher wenig bringen. Ich will wissen, wo
sich zum Tatzeitpunkt die Handys sämtlicher Extremisten dieser
Republik befanden. Ich will wissen, wer während der Tat nicht

im Internet kommuniziert hat, weil er vielleicht gerade mit der Entführung befasst war. Und ich will einen Abgleich aller Verkehrskameras mit den Handydaten, um herauszufiltern, wer in den letzten Tagen in der Gegend ohne Handy Auto gefahren ist, um den Tatort auszukundschaften. Und finden Sie heraus, wie die Terroristen an Blendgranaten kommen konnten. Und warum die verdammten Kameras auf der Raststätte nicht funktioniert haben!«

Klawitter, der ebenfalls zur Online-Runde gestoßen war, meldete sich: »Danke für Ihre Einschätzung, Frau Strachwitz. Wir verhängen eine absolute Nachrichtensperre. Als Cover-up für die Straßensperren behaupten wir, es habe einen schweren Unfall mit Fahrerflucht gegeben. Frau Strachwitz, lassen Sie bitte umgehend eine Coverstory ausarbeiten.«

»Wird erledigt. Hat sonst noch jemand Anmerkungen? Das ist offenbar nicht der Fall. Dann machen wir nachher hier weiter!«

Ellen verließ den GETZ-Konferenzraum und begab sich zu einem deutlich kleineren Raum, der mit »Poseidon« beschriftet war. In diesem ebenfalls fensterlosen Zimmer hatte ausschließlich die Chefin Zutritt. Auch hier bestand eine Wand aus lauter Monitorkacheln, an der Wand gegenüber war jedoch ein Wappen mit einem roten Kreuz, 27 weißen Sternen und dem Berner Bär abgebildet: dem Logo des Club de Berne.

Seit einem halben Jahrhundert hatte dieses informelle Netzwerk der westlichen Inlandsgeheimdienste ohne gesetzliche Legitimation getan, was man für richtig hielt. Neben den europäischen Partnerdiensten waren nicht nur die USA und die anderen Mitglieder des »Five Eyes Clubs« integriert, auch die vorgeblich neutrale Schweiz, Norwegen und Israel saßen am geheimen Tisch. Nach 9/11 hatte der Club eigenmächtig die Counter Terrorism Group gegründet und hierzu das Kommunikationsnetzwerk »Poseidon« installiert. Wann immer jemand aus dem Club das Zauberwort »Terror« aussprach, überwand dieser geheime Verbund aus Inlandsgeheimdiensten jegliche Bürokratie und Gesetzeslage, um Terror so effizient wie möglich zu begegnen. Was hier in Videokonferenzen auf internationaler Ebene besprochen wurde, und ging niemanden etwas an, auch nicht parlamentarische Kontrollgremien und Untersuchungsausschüsse. Deutsches Datenschutzrecht hatte hier schon deshalb keine Bedeutung, da man die gemeinsame Datenbank in den Niederlanden betrieb.

In den angezeigten Fenstern warteten auf Ellen bereits die neugierigen Gesichter ihrer fast vollzähligen Amtskollegen. In einem Fenster wurde bereits eine Kurzfassung der soeben unterbrochenen GETZ-Sitzung auf Englisch angezeigt. Ellen nahm ihre Kraft zusammen und wandte sich an die Clubmitglieder:

»Ladies and Gentlemen, the kidnapping of the minister is unexpected in this form. We currently have no suspects and currently only the police investigates the case. A group that can execute such actions with this professionalism has not yet been seen in this country. As you know, we are observing a large number of right-wing groups that form paramilitary organizations. However, they aim at of foreign minorities or the political left. The minister may not seem right wing enough in her political party, but she has never been the target of attacks that we know of. We don't think there is a group in the left spectrum that could handle such logistics. Such a command action would also be more than unusual for an Islamistic group.«

»Have you considered that it could be an action by a foreign secret service?«, wollte der französische Spionagechef wissen.

»It was probably none of you, Jacques! Intelligence agencies from the Arab world and Iran would be imaginable, as it had its own opponents and Americans liquidated in Germany in the 1980s. An attack on the minister, who is positioned as an internal politician, does not make any logical sense.«

»What about these left wing extremists burning cars?«, fragte der Kollege aus Österreich, wo bereits länger eine Mitte-Rechts-Koalition die Regierung stellte. »The party of minister has heated the political climate in your country to levels not seen since the 1970s!«

»Most of the Europe's left in our days are loud mouthes. It

is doubtful whether those car burnings are authentic, don't you think so, Ralph?«

»What about the Russians? They do have a strategy of mischief«, argwöhnte der CIA-Kollege.

»Frank, the benefits of such an action would be largely disproportioal for the Russians if it came out. The Russians play chess, not minesweeper.«

Der Chef des britischen MI5 meldete sich. »Ellen, I think I speak for everyone here: We wish you a lot of strength in the forthcoming days and will strengthen your back as we can!«

»Thank you very much! I appreciate that I have friends these days!«

Zu den absurden Wendungen in Ellens Leben gehörte, dass sie zu ausländischen Geheimdienstchefs mehr Vertrauen aufbauen konnte als zu ihren deutschen Kollegen. Von einem privaten Freundeskreis drohten keine Enttäuschungen, denn seit sie das Amt leitete, hatte sie einzig Zeit für ihren letzten Partner gehabt. Der aber hatte sie betrogen. Von den Politikern, mit denen sie täglich zu tun hatte, erwartete sie nichts anderes als Opportunität.

Ellen schaltete das Konferenzsystem ab. Bis jetzt hatte sie es geschafft, die professionell gelassene Terrorermittlerin zu geben, die sich in höchsten Geheimdienstkreisen bewegte. Nachdem sie nun aber unbeobachtet war, ließ sie ihren Tränen freien Lauf. Obwohl Delius schwierig war, sich ihr gegenüber illoyal verhielt und im Vorstand einer Ellen besonders suspekten Partei agierte, so war sie doch der Mensch, mit dem sie derzeit am intimsten war. Und ausgerechnet in ihrem Job, die Bundesrepublik vor Terror zu bewahren, hatte Ellen gegenüber Delius versagt.

32

Das Video, das der Bundesregierung anonym zugesandt wurde, ließ niemanden kalt. Delius saß kraftlos in ihrem inzwischen schmutzigen und zerknitterten Kostüm mit verlaufenem Make-up. Vor einer schlichten Betonwand verlas sie widerwillig einen Text:

»Sehr geehrte Frau Bundeskanzlerin!

Ich befinde mich hier im Volksgefängnis des antifaschistischen Widerstands, um Rechenschaft über meine Taten als Naziführerin abzulegen. Der antifaschistische Widerstand fordert hiermit die Bundesregierung auf, sofort alle politischen Gefangen freizulassen und zu amnestieren, darunter alle noch in Haft befindlichen Kämpferinnen und Kämpfer der RAF. Der antifaschistische Widerstand fordert Sie auf, die Koalition mit den Nazis sofort zu beenden. Wo Widerstand Verbrechen ist, wird Widerstand zur Pflicht! Sollten Sie, Frau Bundeskanzlerin, diese Koalition fortsetzen, wird der antifaschistische Widerstand die Naziführerin zum Tode verurteilen. Die Volksrichter geben Ihnen drei Tage Zeit. Verhandlungen sind zwecklos. Nie wieder 1933!«

Ausgerechnet der sonst stets besonnenen Ellen entfuhr ein Kraftausdruck: »Die Idioten haben eine HD-Aufnahme gemacht!«

Die Kollegen blickten sie ungläubig an.

»Verstehen Sie denn nicht? Diese Amateure haben eine HD-Aufnahme gemacht!«

Bei Höch fiel der Groschen. »Natürlich! Prinz, machen Sie ein Standbild und dann einen Zoom auf das rechte Auge der Ministerin.«

Wenige Augenblicke später füllte Delius' Auge fast den gesamten Monitor. In der Pupille konnte man schemenhaft erkennen, wie sich dort ein Scheinwerfer und drei Menschen spiegelten. »Diese drei Personen hier sind die Entführer!«, triumphierte Ellen.

»Ob es für eine Bilderkennung reicht, werden wir sehen«, kommentierte Höch.

»Dass die keine Masken tragen, ist leider höchst beunruhigend!«, wandte BKA-Chef Vetter ein. »Denen ist offenbar egal, dass die Ministerin ihre Entführer wiedererkennen kann. Wir müssen uns mit der sicheren Aussicht arrangieren, dass Frau Delius diese Sache in keinem realistischen Szenario überleben wird.«

»Oder das Ganze ist ein Fake«, raunte Höch zu Ellen. »Ich traue dieser Frau alles zu!«

Ellen überhörte die Verdächtigung und richtete sich an den Krisenstab: »Die Ministerin wurde kurz nach ihrer Entführung offenbar zielgerichtet nach den Peilsendern durchsucht. Ich will wissen, wer alles von diesen Sendern wusste. Mir zum Beispiel war diese Maßnahme nicht bekannt. Bitte teilen Sie mir auch das Modell und die verwendete Technologie mit.«

»Dazu kann ich was sagen«, meldete sich der Einsatzleiter vom Vortag. »Jeder der sehr gefährdeten Angehörigen der Bundesregierung trägt ein solches Paar. Das sind eigentlich keine Peilsender im technischen Sinne. Das System arbeitet mit einer gewöhnlichen SIM-Karte aus dem Mobilfunk-Bereich und bucht sich wie ein Handy in die Funkzelle ein. Anders als ein klassischer Peilsender oder ein GPS-Tracker verbraucht das System nicht mehr Strom als ein Handy im Standby-Betrieb. Die Geräte sind daher sehr kompakt und flach, sie tragen unter der Kleidung nicht auf. Anders als die klobigen Peilsender lässt sich dieses Modell komfortabel tragen. Die Frau Ministerin hat ihre Geräte an den Beinknöcheln getragen. Weil alle Minister das gleiche System benutzen, ist es einer Vielzahl an Personen bekannt.«

Ellen stöhnte vorwurfsvoll. »Wer hat denn dieses Sicherheitskonzept entwickelt? Wenn dieses System mit gewöhnlichen Mobilfunkkarten arbeitet, wäre es kein Problem, die Ministerin zu tracken, auch wenn sie ihr eigenes Handy ausgeschaltet oder nicht dabeihat. Ich hätte dieses Sicherheitsrisiko so nie genehmigt!«

»Ja, das Tracken wäre natürlich möglich. Aber wir wissen sowieso immer, wo sie ist.«

›Zumindest glaubt ihr das‹, dachte Ellen im Stillen. »Wenn die Zielperson diese Geräte immer bei sich trägt, dann kann deren Bewegungsprofil jeder Experte dem der Zielperson zuordnen und sie selbst dann tracken, wenn sie ihr normales Handy nicht bei sich führt. Wenn sich die Zielperson unbeobachtet wähnt und private Orte aufsucht oder Dritte trifft, die ein Handy bei sich führen, lässt sich das alles rekonstruieren.«

Innerlich rekapitulierte Ellen, ob sie bei ihren Treffen auch wirklich alle eigenen Handys deaktiviert hatte. Jetzt aber zog sie sich zurück, zückte ihr Diensthandy und wählte »Abt. Panzerknacker« des Berliner Stützpunkts. »Die Chefin! Ich brauche hier in Berlin sofort einen Experten für Autotüröffnung, außerdem will ich einen Codesniffer und das Zeug für Safeöffnungen!«

Das Video verbreitete sich im Netz unter dem anonymen YouTube-Account »Nie wieder 33!« wie ein Lauffeuer. Es dauerte nur Minuten, bis sich in den sozialen Medien der Hass auf die politische Linke entlud und bei dieser zu den üblichen Gegenreaktionen führte. Der Hashtag #RAF4.0 trendete. Es verging keine Stunde, bis nahezu alle Personen des öffentlichen Lebens in Social Media die barbarische Tat scharf verurteilt hatten. Politiker und Journalisten gaben sich gegenseitig die Schuld am politischen Klima. Schnell kursierten Verschwörungstheorien, aber auch Häme über die Naziministerin, die »beim Pinkeln« entführt wurde, ließ nicht lange auf sich warten.

»München. Die AEP hat heute ihren Parteitag trotz der erhöhten Sicherheitslage auf dem Messegelände begonnen. Parteichef Thürmer kommentierte, dass man jetzt erst recht tagen werde. Von linkem Gesocks, so der Minister wörtlich, lasse man sich nicht einschüchtern. Die Forderung der Terroristen nach einer Auflösung der Koalition sei indiskutabel. Mit Terroristen werde man nicht verhandeln. Die AEP werde sich Terroristen so wenig wie anderen

Linkschaoten beugen. Thürmer betonte, Ministerin Delius würde an seiner Stelle nicht anders entscheiden, er verneige sich vor der Tapferkeit seiner Parteifreundin, und hoffe, sie bald bei bester Gesundheit wieder am Kabinettstisch zu sehen. Der Minister musste seine Rede per Video übertragen, da er sich beim Krisenstab in Berlin aufhält, der wegen der Entführung von Heimatministerin Delius gebildet wurde. Die Polizei hat um die Veranstaltungshalle einen zweiten Sicherheitsring gezogen, der Stadtteil Trudering-Riem ist nunmehr als Gefahrengebiet ausgewiesen. Sämtliche Gegendemonstrationen im Stadtgebiet wurden aus Sicherheitsgründen untersagt, darunter auch eine zentrale Großkundgebung auf der Theresienwiese, zu der die Veranstalter über 150000 zum Teil bereits angereiste Teilnehmer erwarteten. Derzeit prüft das Verwaltungsgericht München einen Eilantrag der Veranstalter, die sich gegen das Verbot wehren. Die Bundesregierung hat sich zu den Forderungen der Entführer bislang noch nicht geäußert. Die Bundeskanzlerin hat mit der Familie von Frau Delius telefoniert und dieser versichert, dass sie alles in ihrer Macht Stehende tun werde, um das Leben der Ministerin zu retten. Sie rief die Bürger eindringlich auf, sich nicht von Extremisten spalten zu lassen, und appellierte an die Menschlichkeit der Entführer. Vertreter der Muslimischen Glaubensgemeinde riefen zum Gebet für die Ministerin auf. Der Islam sei eine friedliebende Religion, in der die Entführung von Menschen ein feiges Verbrechen sei.«

33

In Calw herrschte nach der Entführung der Ministerin Hochbetrieb. Übungen, die Material und Personal banden, wurden kurzfristig abgesagt. Zwar waren die Kommandosoldaten nur für Einsätze im Ausland vorgesehen, aber jedem war klar, dass man im Spannungsfall fünfe auch ohne Gesetz gerade sein lassen würde. Verwaltungsleute bereiteten zudem Papiere vor, damit man Soldaten spontan entpflichten und über Nacht zu Bundespolizisten machen konnte, natürlich mit Rückkehrrecht.

Jörg war gerade in einer Besprechung zur Koordinierung von Straßensperren, pro forma einer solchen in Kabul.

»Weberling? An der Pforte war ein Anruf für Sie. Eine Ärztin von einem Elisabethen-Krankenhaus in Wuppertal hat angerufen. Ihrer Mutter geht es offenbar nicht gut. Sie sollen sofort kommen, es könne sich um Stunden handeln!«

»Ich beantrage hiermit Sonderurlaub.«

»Gewährt.«

Wie in Trance hastete Jörg Richtung Parkplatz, schwang sich auf seine gerade geleaste Honda und bretterte los. Keine 20 Kilometer Landstraße weiter hielt ein Polizeifahrzeug eine Kelle aus dem Fenster. »Kollegen, ich weiß, ich bin zu schnell! Es ist ein Notfall, bin sehr in Eile …!«

»Herr Weberling?«

»Ja?«

»Ich soll Ihnen ausrichten, dass es Ihrer Mutter gut geht. Haben Sie irgendwelche Waffen dabei?«

Erst jetzt fiel Jörg auf, dass es sich um Bundespolizisten handelte, die für Verkehrsüberwachung an sich nicht zuständig waren. Nun bemerkte er auch, dass der zweite Bundespolizist inzwischen eine Pistole in der herunterhängenden Hand hielt und sich in eine seitliche Schussposition gestellt hatte.

»Nein.«

»Gut. Herr Weberling, Sie sind vorläufig festgenommen. Es liegt ein Haftbefehl gegen Sie vor. Man hat uns gewarnt, dass Sie sich Ihrer Festnahme widersetzen würden. Könnten wir diesen Punkt bitte überspringen?«

»Wenn Sie so nett fragen …?«

»Legen Sie bitte die rechte Hand auf Ihren Kopf, mit der linken Hand nehmen Sie bitte alles, was Sie in den Taschen tragen, und lassen Sie es auf den Boden fallen. Das Handy dürfen Sie langsam ablegen, aber mit geschlossenen Augen!«

Jörg spielte mit. Dem Polizisten war sichtlich wohler, als er Jörgs Hände mit Handschellen fixiert hatte.

»Das mit dem Haftbefehl ist doch Quatsch! Was wird mir denn vorgeworfen?«

»Keine Ahnung. Wir sollen Sie hier nur einpacken.«

Ein Eurocopter H135 der Bundespolizei setzte zur Landung auf dem neben der Straße gelegenen Weizenfeld an. Ohne jede Erklärung wurde Jörg eilig auf einem Rücksitz angeschnallt und bekam einen Helm aufgesetzt. Der Hubschrauber hob sofort ab und ging im Tiefflug auf Höchstgeschwindigkeit. Entweder räumte die Flugsicherung dem Transport absolute Priorität ein oder Jörg hatte es mit Hasardeuren zu tun.

»Was ist denn los, verdammt noch mal?«, fragte er über den Helmfunk.

»Wir haben Anweisung, nicht mit Ihnen zu reden. Wir stellen jetzt Ihr Mikro ab.«

Unten erkannte Jörg bald den Rhein, dessen Lauf der Hubschrauber eine knappe Stunde lang folgte. Sie überflogen schließlich Mainz und setzten dann in Wiesbaden zur Landung neben einem aus drei Komplexen bestehenden Gebäude ab. Am Boden wartete bereits eine Staffel Bundespolizisten nebst Hundestaffel. Während ihm einer den Helm abnahm, wendeten alle anderen ihren Blick ab. Der Mann reichte Jörg eine Sturmhaube. »Ziehen Sie die an, niemand soll Sie hier erkennen!«

Nachdem Jörg die Maske aufgesetzt hatte, eskortierten ihn die Männer im Laufschritt durch die Korridore in einen Raum mit der Aufschrift GETZ an der Tür. Drinnen drehten sich alle Köpfe zu ihm, auch auf den Monitoren zugeschalteter anderer Lagezentren sah er interessierte Blicke. Ein drahtiger Mann älteren Baujahrs reichte ihm die Hand.

»Mein Name ist Vetter, ich bin Präsident des Bundeskriminalamts. Entschuldigen Sie die Umstände unserer Einladung, Sie sind natürlich nicht verhaftet! Bitte lassen Sie die Maske auf, um Ihre Identität zu schützen. Sie sind hier im Gemeinsamen Terrorabwehrzentrum, das federführend von BKA und Verfassungsschutz betrieben wird. Wir haben jetzt keine Zeit für Erklärungen. Dort in der Mitte sehen Sie die Großaufnahme einer Pupille, in der sich insgesamt drei Personen spiegeln. Ich will wissen, ob Sie einen von denen erkennen.«

Eine Beamtin brachte ein Set aus Kaffee, Wasser und Säften, erkannte dann aber, dass Jörg schlecht mit der Sturmhaube ohne Ausschnitt für den Mund dinieren konnte.

»Keine Angst, wir wollen Ihnen nichts Böses, notfalls sichern wir Ihnen als Kronzeugen Straffreiheit zu. Aber jetzt müssen Sie uns helfen. Wir haben es hier mit Terroristen zu tun und sind auf Ihre Aussage sehr dringend angewiesen.«

Auf dem Foto waren schemenhaft drei Personen zu erkennen, eine davon weiblich mit rotem Haar. Forensiker hatten die Verzerrung durch die Rundung der Pupille mit einer speziellen Software reduziert.

»Der da. Den könnte ich kennen«, raunte er leise Vetter zu. Jörg wollte nicht, dass seine Stimme der Sicherheitscommunity bekannt würde. »Ja, ich bin mir sogar sicher. Aber ich muss Sie unter vier Augen sprechen.«

Vetter schnaufte ungehalten, dann gingen beide vor die Tür auf den Gang.

»Falls die Zielperson Mitglied im KSK ist, darf ich ohne Aussagegenehmigung des Dienstvorgesetzten deren Identität oder Zugehörigkeit zum KSK nicht offenlegen.«

»Unsinn! Wir sind hier das BKA.«

»Sie sind eine zivile Behörde. Selbst vor Gericht dürfte ich nicht ohne Genehmigung aussagen. Und die muss in jedem Fall ersucht werden. Ich breche keinen militärischen Eid.«

»Es ist ein Notfall! Das Soldatengesetz sieht Ausnahmen bei geplanten Straftaten und bei Korruptionsverdacht vor.«

»Ich kann nicht beurteilen, ob die Person Straftaten plant. Sie müssen bei Verhören eines Soldaten immer den MAD einbeziehen.«

»Ich kann doch schlecht beim KSK und beim MAD anrufen, denn ich weiß, ehrlich gesagt, nicht mehr, wem man von dieser Truppe noch trauen kann. Aber der Verteidigungsminister wäre ja in der Lage, die Aussagegenehmigung zu erteilen!« Vetter zückte sein Handy, um eine Verbindung zu beauftragen.

»Wie gut kennen Sie den Verteidigungsminister? Vertrauen Sie ihm?«

»Persönlich kenne ich Thürmer nicht. Aber der wird doch wohl seiner Parteifreundin helfen!«

»Dazu müssen Sie ihm aber meinen Namen sagen. Das kann mich in Schwierigkeiten bringen.«

Vetter hielt inne. Offenbar konnte auch er keine Interessenskonflikte beim Verteidigungsminister ausschließen. »Wir machen das ganz anders!« Vetter zückte sein Handy und verließ für eine Viertelstunde den Raum. »Ich habe jetzt eine Möglichkeit gefunden, Sie von Ihrem Dienstgeheimnis zu befreien.«

Sein Handy klingelte. »Guten Tag, Herr Bundespräsident. Ich habe hier einen wichtigen Zeugen im Entführungsfall Delius. Es handelt sich um einen Hauptfeldwebel von den Kommandospezialkräften in Calw. Der Hauptfeldwebel soll im Zusammenhang mit der Delius-Entführung eine wichtige Aussage machen, um eine andere Person zu identifizieren. Hierzu ist es erforderlich, ihn von seiner dienstlichen Schweigepflicht zu entbinden. Innerhalb der Befehlskette können wir niemandem trauen und möchten auch nicht unseren Ermittlungsstand preisgeben. Als oberster Dienstherr sind Sie in der Lage, den Schweigebefehl aufzuheben! ... Ja, ich gebe Ihnen den Hauptfeldwebel!«

Vetter reichte Jörg sein Handy.

»Herr Hauptfeldwebel, hier spricht der Bundespräsident. Sie sind Hauptfeldwebel des KSK?«

»Jawohl, Herr Bundespräsident! Können Sie sich denn zweifelsfrei identifizieren?«, fragte Jörg militärisch professionell. »Es könnte ja sein, dass jemand Sie am Telefon nachmacht.«

»Sie sind mir aber einer! Moment.« Kurz darauf erschien der Bundespräsident auf dem Display und winkte in die Handykamera. Im Hintergrund konnte man erkennen, dass er sich gerade auf irgendeiner Veranstaltung mit vielen Kindern befand. »So, sind Sie jetzt zufrieden?«

Jörg nahm soldatische Haltung an und grüßte militärisch. »Jawohl, Herr Bundespräsident!«

»Ich habe auch mal gedient. In den 70ern bei der Luftwaffe! So weit wie Sie, Herr Hauptfeldwebel, habe ich es nicht gebracht. Herr Vetter, brauche ich denn zur Entbindung vom Dienstgeheimnis nicht Kenntnis der Identität des Soldaten?«

»Seine Identität lautet Muskatnuss. Das ist der Deckname, den wir verwenden. Damit ist eine eindeutige Zuordnung gewährleistet!«

»Na schön. Herr Hauptfeldwebel Muskatnuss, ich entbinde Sie hiermit gegenüber dem BKA und den anderen deutschen Sicherheitsbehörden von Ihrem Schweigebefehl und erteile Ihnen hiermit umfassende Aussagegenehmigung! Und jetzt erzählen Sie Herrn Vetter bitte, was er hören möchte.«

»Aber, Herr Bundespräsident, sind Sie denn wirklich zuständig? In Friedenszeiten ist der oberste Dienstherr einzig und allein der Verteidigungsminister. Sie haben keine Weisungsberechtigung gegenüber der Bundeswehr.«

»Das hat aber mit der Aussagegenehmigung nichts zu tun, die kann ich Ihnen als Staatsoberhaupt geben. Sie wurden in Ihrem Gelöbnis auf die Bundesrepublik Deutschland vereidigt, nicht auf das Verteidigungsministerium. Ich kann im Übrigen sogar Ihren Verteidigungsminister entlassen.«

Vetter nahm das Gerät wieder an sich. »Danke, Herr Bundespräsident, Sie haben uns sehr geholfen. Wiederhören. So, dann mal raus mit der Sprache!«

Jörg holte tief Luft, dann setzte er an: »Cedric. Der Typ heißt Cedric und ist beim KSK. Ist vielleicht zehn Jahre jünger als ich. Letzte Woche hat er sich mir in der Kaserne in Calw vorgestellt. Der hat Verbindungen zu irgendwelchen rechten Preppern rund um den Speidel-Bund. Die bereiten sich auf einen Tag X vor, der demnächst kommen soll. Die haben mich für so eine verkappte Nazi-Truppe anzuwerben versucht. Ich war nicht interessiert, habe denen aber nicht direkt abgesagt. Ich bin Patriot, aber ganz sicher kein Nazi.«

»Was können Sie uns noch über Cedric sagen?«

»Eigentlich gar nichts. Habe ihn nur einmal getroffen. Wenn er Kommandosoldat ist, dürfen Sie aber sicher sein, dass der Mann was drauf hat als Soldat. Er berichtet von einem Typen mit der Bezeichnung Adler, der das alles koordiniert. Sie sind da alle hochkonspirativ. Niemand weiß mehr, als er muss, sie benutzen keine Handys und schicken keine Mails. Cedric war wohl der Einsatzpartner eines Speidel-Bund-Typens namens Stefan Hoffmann gewesen, den ich vor ein paar Wochen kennengelernt habe, irgendwo in Hessen. Aber mit dem muss es Knatsch gegeben haben, und daher haben die einen neuen Partner für Cedric gesucht. Mehr weiß ich wirklich nicht.«

Vetter nahm erneut sein Handy. »Frau Strachwitz, Sie hatten recht, er kennt einen von denen. Der Vorname lautet Cedric, und es hat mit dem Speidel-Bund zu tun. Sagt Ihnen der Name Stefan Hoffmann etwas? – Was? – In Ordnung, machen wir!« Vetter legte auf und winkte seinen Assistenten heran. »Muskatnuss, der Verfassungsschutz möchte Sie sprechen!«

Jörg wurde in einen Raum für eine Videokonferenz geführt und sollte dort warten.

»Ich habe gerade Muskatnuss verhört«, berichtete Vetter Ellen telefonisch. »Er hat eine der Zielpersonen als KSK-Kollegen identifiziert. Er hatte sich geweigert, ohne Aussagegenehmigung zu reden.«

»Sie haben doch hoffentlich niemanden beim Militär gewarnt?«

»Nein, natürlich nicht. Ich habe ihm vorgetäuscht, der Bundespräsident könne die Aussagegenehmigung erteilen, weil er das Staatsoberhaupt sei. Der hat vorhin am Telefon gut mitgespielt, Lügen können Politiker ja überzeugend. Muskatnuss hat es geglaubt. Nehmen Sie ihm besser nicht diese Illusion. Der Bundespräsident und ich werden die Aktion abstreiten, das Ganze sollte also nicht zur Sprache kommen.«

Nach einer halben Stunde Wartezeit erschienen der Bundesadler und der Schriftzug des Bundesamts für Verfassungsschutz auf dem Monitor sowie der Hinweis, dass nur Personen höchster Geheimhaltungsstufe im Raum sein dürften. Die hatte Jörg zwar nicht, blieb aber trotzdem.

Dann erschien Ellen auf dem Schirm. »Guten Tag, Herr Weberling! Wie schön, dass Sie hier sind. Sie haben uns bei unseren Ermittlungen wirklich sehr geholfen.«

›Die Freude ist ganz auf Ihrer Seite‹, dachte sich Jörg im Stillen und beließ es bei einem Nicken. Er hatte nicht vergessen, was ihm die Zusammenarbeit fünf Jahre zuvor eingebracht hatte.

»Momentan arbeiten wir daran, diesen Cedric zu identifizieren. Da die Personalakten von Angehörigen des KSK auch für uns gesperrt sind, geht das allerdings nicht ganz so einfach, ohne dass die Kollegen vom MAD davon Wind bekommen. Ich bin sicher, dass uns Ihre Information schon ein ganzes Stück weiterbringt.«

Jörg ignorierte Ellens freundliches Lob und ließ sie auflaufen. Nicht einmal die Sturmhaube verbarg Jörgs abweisende Mimik und Körpersprache.

Auch Ellens Miene verfinsterte sich. »Herr Weberling, Sie können die Maske nun ablegen!«

Widerwillig nahm er die alberne Sturmhaube ab.

»Herr Weberling, ich kann Ihnen nur mein sehr ernst gemeintes Bedauern für die Sache damals ausdrücken!«, druckste Ellen. »Ich war nicht verantwortlich für das, was die Amerikaner 2013 mit Ihnen gemacht haben. Und ich konnte auch nichts für Sie tun. Bedauerlicherweise kann ich auch über die politischen Abläufe nicht sprechen, da in dieser Sache alles strengster Geheimhaltung unterliegt. Sie waren Spielball in einer verfahrenen Situation. Ich kann Ihnen nur ehrlich sagen, dass es mir unendlich leidtut, wie alles gekommen ist, und dass ich alles getan hätte, dass ...«

»Es tut Ihnen unendlich leid ... Ich habe aber vier Monate in Guantanamo Bay gesessen! Zwischen Typen, die ich selber dahin gebracht habe. Weil ich Ihnen vertraut habe, war ich am Schluss selber der Terrorist. Und jetzt gerade beim BKA wurde ich wieder behandelt wie ein Terrorist. Habt ihr beim Geheimdienst eigentlich alle den Arsch offen?«

»Es tut mir leid! Das müssen Sie mir glauben! Die Dinge sind damals leider fatal gelaufen. Auch mir waren seinerzeit die Hände gebunden!«

»Hände gebunden? Ja, das kenne ich. Handschellen! Hatte ich heute auch schon wieder welche an. Sie haben mein vollstes Mitleid!«

»Ich verstehe vollkommen, dass Sie unzufrieden sind und mich sogar hassen. Im Moment aber haben wir eine Krise und müssen zusammenarbeiten.«

»Es ist Ihre Krise, nicht meine. Ich habe mit der Naziministerin nichts zu schaffen!«

»Ist es denn nicht Ihre Aufgabe, Entführungsopfer in hoffnungslosen Situationen zu helfen? Genau das brauchen wir gerade!«

»Was wollen Sie denn noch von mir? Ich habe Ihnen gesagt, was ich weiß.«

»Wir haben durchaus noch weitere Fragen!«

»Nämlich?«

»Sie haben Kontakt zum Speidel-Bund. Da laufen ein paar sehr gefährliche Leute herum.«

»Kann sein.«

»Sie haben vor Kurzem wichtige Führungspersönlichkeiten des Speidel-Bunds kennengelernt. Ich weiß, dass Sie ganz bestimmt kein Nazi sind. Die Leute, mit denen Sie sich da eingelassen haben, sind politisch aber deutlich rechter eingestellt, als sie sich Ihnen gegenüber vielleicht geben.«

»Na und? Ich habe mir höflich angehört, was die zu sagen haben. Aber ich habe nicht vor, mich denen anzuschließen.«

»Wie schade! Ich würde es nämlich außerordentlich begrüßen, wenn Sie genau das tun würden!«

Jörg stutzte. Dann verzog er seine Mundwinkel. »Sie wollen also, dass ich Kameraden für Sie bespitzle?«

»Es sind keine Kameraden. Es sind Personen, die in Deutschland rechtsterroristische Strukturen aufbauen und gefährliche Personen miteinander vernetzen.«

»Wenn Sie das alles wissen, dann brauche ich die ja nicht mehr für Sie zu bespitzeln, oder?«

»Sie wären für uns eine sehr wertvolle Quelle, damit wir diese Strukturen besser verstehen. Und vielleicht können Sie helfen, das Leben der Ministerin zu retten!«

»Leben retten … Das habe ich schon öfter gemacht. Eine Naziministerin war noch nicht darunter!«

»Sie ist immerhin die wichtigste Parteifreundin des Verteidigungsministers – Ihres Dienstherrn!«

»Das KSK ist für alle da. Wenn Sie mir sagen, wo eine Zielperson ist, hole ich die raus, egal, wer es ist. Aber ich mache nicht den Spitzel, und schon gar nicht gegenüber Kameraden. Das läuft nicht.«

»Herr Weberling, Ihr Kontakt zu diesen Leuten könnte für uns von unermesslichem Wert sein!«

»Nichts für ungut, aber ich will mit dem Verfassungsschutz nichts zu schaffen haben. Ich habe zu Ihrer Branche eine ziemlich klare Meinung. Und, ehrlich gesagt, habe ich von Ihnen mehr als genug!«

»Ich verstehe. Nun gut, dann danke ich Ihnen für Ihren Besuch. Ein Wagen wird Sie nach Wuppertal bringen. Dort treffen

Sie an einem Krankenhaus einen Polizisten, der Ihr Motorrad und Ihr Handy dorthin gefahren hat. Wenn der MAD Ihr Datenprofil auswertet, wird er die Story mit dem Besuch bei Ihrer Mutter glauben. Wir haben einen entsprechenden Datensatz im Krankenhaus fingiert. Sie können also nach Calw zurückkehren, als sei nichts gewesen. Das Benzingeld erstatten wir Ihnen in bar. Es hat mich trotzdem gefreut, Sie mal persönlich zu sehen. Machen Sie es gut!«

Bevor Ellen die Konferenz abschaltete, hielt sie noch einmal inne.

»Hatten Sie Janina eigentlich gern?«

Jörg fühlte sich ertappt. Woher wusste der Verfassungsschutz von seinem Interesse für Janina? Hatte ihm der Geheimdienst einen Trojaner in sein Notebook gepflanzt und ihm dabei zugesehen, wie er seit Tagen ständig die Social-Media-Profile von Janina checkte?

»Was geht Sie das an?«

»Sie können aus meinem Interesse an dem Fall schließen, dass wir uns mit der Annahme eines Unfalls nicht zufriedengeben.«

Jörg starrte Ellen ungläubig an. »Was für ein Unfall?«

»Sie wissen es noch nicht? Dann habe ich jetzt eine sehr traurige Nachricht für Sie. Janina ist vor ein paar Tagen unter mysteriösen Umständen tödlich verunglückt. Und zwar am letzten Tag, als Sie in der Gegend waren. Ich dachte, Ihre gemeinsamen Freunde hätten es Ihnen gesagt.«

»Was ist passiert?«

»Für die Polizei sieht es so aus, als sei Janina betrunken Auto gefahren und dann von der Straße abgekommen. Und weil sie während der Fahrt geraucht hat, ist dann auch gleich das Auto in Flammen aufgegangen, sodass die Polizei leider kaum Spuren sichern konnte!«

»Die hat doch gar nicht geraucht. Was glauben Sie denn, was passiert ist?«

Ellen wiegte den Kopf hin und her. »Der Geheimdienst hat mit gewöhnlicher Kriminalität nichts zu tun. Ich darf leider keine

Auskünfte erteilen. Weder an die Polizei und schon gar nicht an Außenstehende. Wären Sie ein V-Mann des Verfassungsschutzes, wäre das etwas anderes. Dann könnte ich dies dienstlich mit Eigensicherung begründen.«

Jörg zeigte keine Reaktion.

»Tja, dann wird die Polizei die Akte wohl demnächst schließen. Janinas Beerdigung ist morgen.«

»Was wollen Sie mir gerade sagen?«

»Glauben Sie wirklich, eine disziplinierte Frau wie Janina unternimmt eine Trunkenheitsfahrt? Und kriegt ausgerechnet auf vertrauter Strecke die Kurve nicht?«

»Ich habe sie nur sehr kurz gekannt, aber ich hatte nicht den Eindruck, dass sie Alkohol und Auto nicht auseinanderhalten konnte.«

Hatte Jörg anfangs noch relativ cool auf die Nachricht von Janinas Tod reagiert, so spürte er im Laufe des Gesprächs, dass sich Trauer und Wut Bahn brachen. »Der Stefan, der hatte so ein Freundschaftsbändchen, die Janina hatte das gleiche. Aber am Schluss war das plötzlich bei Stefan weg, und der war ziemlich fahrig drauf.«

»Ich finde es in solchen Fällen immer aufschlussreich, wer zur Beerdigung kommt – und wer nicht«, kommentiere Ellen. »Wenn es ein Mord war, dann wird er unaufgeklärt bleiben. Und ungesühnt.«

Jörg wollte sich seinen Gemütszustand nicht anmerken lassen, setzte sich endlich hin und griff zum Käsebrötchen. Ellen verabschiedete sich erneut. »Machen Sie es gut, Herr Weberling! Ich hoffe, Sie finden Ihren Frieden!« Sie beendete die Konversation. Nachdem Jörg zu Ende gekaut hatte, bediente er eigenmächtig das Konferenzvideosystem. Kurz darauf erschien Ellen wieder auf dem Monitor.

»Na schön, angenommen, ich helfe Ihnen. Was genau erwarten Sie von mir?«

»Ich möchte Sie an die Gruppe heranspielen. Signalisieren Sie denen Interesse! Jede weitere Information könnte helfen!«

»Haben Sie eine Vorstellung, was diese Leute machen, wenn sie jemanden für einen Verräter halten?«

»Sicher. Die machen Sie kalt. Aber ist das als Elitesoldat nicht ohnehin Ihr Berufsrisiko?«

»Vom Zynismus von Sesselfurzern können wir Elitesoldaten gar nicht genug kriegen!«

»Wir werden extrem vorsichtig vorgehen. Wir werden in erster Linie beobachten und nichts unternehmen, was Sie in Gefahr bringen könnte.«

»Die sind aber auch sehr vorsichtig. Die haben alles nach dem Need-to-know-Prinzip organisiert. Jeder kennt nur, wen er kennen muss. Wenn die jemand verpfeift, werden die früher oder später draufkommen, wer das war. Als Neuen werden die mich sofort verdächtigen, und bei Kameradenschweinerei verstehen die sicher keinen Spaß. Wenn Sie Cedric hopsnehmen, ist denen doch klar, dass Sie das von mir als seinem Partner in spe haben!«

»Wir werden ihn nicht verhaften, solange wir die Spur nicht anders legendieren können. Vertrauen Sie uns! Wir haben mit dem Einschleusen so unsere Erfahrung. Abbrechen können wir immer noch.«

»Also gut. Es ist meine Pflicht, Leben zu retten, auch wenn es sich um das Leben einer Naziministerin handelt!«

»Rufen Sie diesen Dr. Erwin Nessel vom Speidel-Bund an und sagen Sie ihm, dass Sie dringend Nebenjobs brauchen. Für die OP Ihrer Mutter vielleicht. Erwin ruft Stefan an, und Stefan oder ein Mittelsmann wird vielleicht Kontakt aufnehmen. Bleiben Sie in Ihrer Kaserne präsent, damit man Sie konspirativ ansprechen kann. Wir geben Ihnen eine App für Ihr Handy. Mit der können Sie uns unauffällig und verschlüsselt kontaktieren. Das wäre schon alles, was wir im Moment von Ihnen wollen!«

Höch wartete bereits vor Ellens Büro. »Wir haben eine interessante Beobachtung im Kommunikationssystem der AEP gemacht. Soweit wir das verfolgen können, gab es auf die Mailpostfächer der AEP-Leute nur etwa zweimal am Tag heimliche Zugriffe.

Das finden wir bei einem so professionellen Aufwand erstaunlich wenig. Es sieht eher nach einer Einzelperson als nach einem systematisch arbeitenden Team aus. Der Unbekannte schnüffelt regelmäßig gezielt in den Postfächern der Parteiprominenz herum. Dabei fiel uns auf, dass der geheimnisvolle Unbekannte ein prominentes Postfach während unserer Beobachtung nie anrührte: das von Frau Ministerin Delius.«

Ellen zog die Augenbrauen hoch.

»Mir ist dann auch aufgefallen, dass seit der Entführung von Frau Delius gar keine Zugriffe mehr erfolgten. Ich habe mir vorhin alle offiziellen Termine der letzten Woche zusammenstellen lassen, an denen die Ministerin zu beschäftigt war, um ungestört ins Internet zu gehen. Beim Abgleich kam heraus, dass Zugriffe immer dann erfolgten, wenn die Ministerin sozusagen Freizeit hatte. Das sind ein bisschen viel Zufälle, oder?«

Ellen seufzte. »Das haben wir gerade noch gebraucht! Wenn das diesen Raum verlässt, gibt es Neuwahlen und die AEP ist dann weitgehend Geschichte. Deutschland wäre international mit einem Skandal blamiert, und wir stehen als die Deppen da, die ihn nicht verhindert haben. Wer ist alles informiert?«

»Nur du und ich. Ich habe den Abgleich selbst gemacht. Den Technikern wird vielleicht auffallen, dass der Unbekannte die Delius auslässt, aber mehr auch nicht, und auf das Schweigen unserer Techniker konnten wir uns bislang immer verlassen.«

»Na schön.«

»Wann werden wir Berlin informieren?«

Ellen biss sich auf die Zunge. Der Alptraum-Fall ›Günter Guillaume‹ war eingetreten. Als der Verfassungsschutz in den 70er Jahren den Referenten des Bundeskanzlers Willy Brandt zutreffend als Spion der DDR verdächtigte, wurde dem damaligen Verfassungsschutzpräsidenten Günther Nollau taktischer Umgang mit seinem Verdacht und Konspiration mit Brandts Parteirivalen Herbert Wehner vorgeworfen. Nach der Festnahme des Kanzlerspions hatte Brandt den Skandal als Vorwand für seinen Rücktritt genutzt, der tatsächlich allerdings vorwiegend im

Zusammenhang mit privaten Affären stand – die ein bayrischer Verfassungsschützer an die Union kolportierte. Auch Nollau hatte gehen müssen, weil er gegen den eigenen Kanzler konspiriert hatte. Ellens Situation im selben Amt war nun kaum besser und durch ihre heimliche Affäre mit Delius weitaus heikler, als Höch es sich hätte vorstellen können.

»Wir lassen das erst noch weiterlaufen und sammeln Informationen. Solange die Delius entführt ist, kann sie ja schlecht weiterschnüffeln. Wir werden jedenfalls für die Dauer dieser Krise nichts tun, was irgendwen in Berlin in Loyalitätskonflikte bringen könnte.«

»Ellen, es ist mir sehr peinlich und sieh es bitte nicht als Ausdruck des Misstrauens, aber …«

»Du möchtest eine schriftliche Bestätigung meiner Anweisungen? Kein Thema, hätte ich an deiner Stelle auch verlangt.«

»Danke.«

»Muss ich mir wohl ein anderes Bauernopfer suchen!«

34

Mit dem ersten Flieger des Morgens war Ellen zum Krisenstab nach Berlin geflogen. Zur Verabschiedung von Philip, der eigentlich Anspruch auf das Wochenende hatte, war keine Zeit mehr geblieben. Wegen der verschärften Sicherheitslage hatte Ellen ihre Schweizer Kollegen gebeten, eine sichere Unterkunft für Philip zu organisieren, und dem Kindermädchen einen spontanen Kurzurlaub in die Schweiz spendiert. Wenn es wirklich eine neue RAF gäbe, wäre die Präsidentin des Bundesamts für Verfassungsschutz als Verkörperung des Obrigkeitsstaats ein logisches Ziel.

1986 war vor dem damaligen Hauptgebäude des Bundesamts für Verfassungsschutz eine Autobombe hochgegangen, die eine kugelsichere Glasfront zerstörte. Das Attentat war genauso wenig aufgeklärt worden wie 1990 der ähnlich mysteriöse Anschlag auf den Staatssekretär des Bundesinnenministeriums Hans Neusel, der etliche Ungereimtheiten aufwies. Diese Vorgänge erinnerten Ellen an das sogenannte ›Celler Loch‹, jenem 1978 auf die Justizvollzugsanstalt Celle verübten Anschlag, den man als Befreiungsversuch von inhaftierten Linksterroristen erscheinen ließ. In Wirklichkeit hatte die Spezialeinheit GSG 9 im Auftrag des niedersächsischen Verfassungsschutzes ein Loch in die Gefängnismauer gesprengt, um V-Leute zu legendieren, die sich mit der Tat brüsteten. Der für dieses Täuschungsmanöver verantwortliche Geheimdienstler wurde schließlich mit dem Amt belohnt, das nun Ellen bekleidete. Solche fingierten Anschläge zur Beeinflussung der öffentlichen Meinung gehörten in den 70er und 80er Jahren bei den rechtskonservativen Mitgliedern des Berner Clubs zum guten Ton. Einige akzeptierten damals sogar den Tod Unschuldiger, um vermeintlich linksextreme Anschläge glaubhaft erscheinen zu lassen.

Im abhörsicheren Raum des Bundeskanzleramts waren die Spitzen der beiden Fraktionen erschienen, darunter auch Verteidigungsminister Thürmer. Der ehemalige CSU-Politiker und jetzige AEP-Chef war ein bulliger, hochgewachsener Typ mit weißem Haarkranz, dem es nicht an Selbstbewusstsein fehlte.

»Guten Morgen, meine Damen und Herren«, eröffnete Kanzleramtsminister Bogk persönlich die Sitzung, »ich brauche Sie ja einander kaum vorzustellen. Frau Dr. Strachwitz, bitte bringen Sie uns auf den neuesten Stand!«

Ellen blickte in die Runde der Politiker. »Guten Morgen! Wir wissen inzwischen, wie die Kameras auf der Raststätte sabotiert wurden. Zwei vermutlich weibliche Personen, die jeweils in eine Burka gekleidet waren, haben alle für den Anschlag relevanten Kameras bereits eine Stunde vor dem Anschlag mit Sprühfarbe unbrauchbar gemacht. Erkennungsdienstlich verwertbar sind nur die ungefähre Körpergröße und der spezifische Rhythmus, den jeder Mensch beim Gehen hat. Dieser lässt sich biometrisch erfassen und mit Verdächtigen abgleichen. Die von den Burkaträgerinnen benutzten Fahrzeuge waren gestohlen und sind offenbar mit zwei Autos identisch, die heute Nacht ausgebrannt aufgefunden wurden. Im Laufe des Tages werden Mitarbeiter des BKA die Entführung nachstellen, um zu verstehen, welcher logistische Aufwand tatsächlich erforderlich war. Unsere vorläufige Analyse hat ergeben, dass wir es mit bemerkenswert professionellen Tätern zu tun haben, die über militärische Planungsfähigkeiten verfügen und ungewöhnliche Risiken eingehen. Derartige Täter wachsen nicht über Nacht aus dem Boden, wir haben jedoch aktuell keine bestimmte Gruppe in Verdacht. Unsere üblichen Verdächtigen haben wir ohne Erfolg überprüft, ein Großteil ist ohnehin bereits in München, um gegen den AEP-Parteitag zu protestieren. Unsere V-Leute aus dem linken Lager melden durchweg Kritik an dieser Aktion – entgegen der Häme in den sozialen Medien. Man ist sich bei den Linksextremen intern sehr wohl bewusst, dass solche Aktionen Sympathien in der Bevölkerung und im eigenen politischen Lager kosten. Wir haben auch den von Frau Delius vorgelesenen

Text analysiert. Wir haben große Zweifel, dass er authentisch ist, da von uns bekannten Linksextremisten andere Formulierungen und Forderungen zu erwarten gewesen wären. Wir können nicht einmal ausschließen, dass irgendein ausländischer Geheimdienst involviert ist.

Die wenigen Personenbeschreibungen, die wir haben, sind wertlos. Von einer Person haben wir Blut am Tatort gefunden, sodass wir einen DNA-Abgleich durchführen konnten. Die Untersuchung hat ergeben, dass das Blut von einer weiblichen Person mit braunen Haaren stammt. Das BKA untersucht außerdem mögliche Reifenspuren der eingesetzten Motorräder. In den Führerhäusern der quergestellten Lkws ist nicht mit guten Spuren zu rechnen, da die Täter bereits ihre Motorradkluft und Helme anhatten. Außerdem wurden die Sitze mit Brandsätzen angezündet, die mögliche Spuren wohl vernichtet haben, so wie es in der Toilettenanlage praktiziert wurde. Die Großfahndung sowie die Auswertung von Verkehrskameras und Mobilfunk haben nichts ergeben. Offenbar nutzten die Täter keine Handys, was bei einer solchen Kommandoaktion erstaunlich ist. Offenbar agierte hier ein eingespieltes Team, bei dem sich jeder blind auf den anderen verlassen konnte.«

»Ist das alles?«, empörte sich Thürmer. »Ich bin nicht klüger als vorher. Ihr Amt, sehr geehrte Frau Strachwitz, hat den Selbstanspruch, ein Frühwarnsystem der Demokratie zu sein. Sie haben den Terror von Hamburg nicht kommen sehen, Sie versagen nun beim Linksterrorismus, der sich gegen das Votum von über einem Viertel der Wählerschaft auflehnt! Aber zum Abreißen unserer Wahlplakate und zur Gängelung unserer Jugendorganisation, dafür hat man in Ihrem Geheimdienst ja offenbar Zeit. Wenn Sie mir nur sagen, was ich in der Zeitung lese, wozu brauche ich Ihre Behörde?«

»Das waren bislang nur die gesicherten Informationen. Wir haben noch ein Phantombild eines möglichen Verdächtigen, das aus vertraulicher Quelle stammt. Ob die Spur zielführend ist, kann derzeit nicht beurteilt werden.«

»Was für ein Phantombild? Kann ich das mal sehen?«

»Das ist leider nicht möglich. Die Quelle für das Phantombild ist als streng geheim eingestuft«, erklärte Ellen.

»Papperlapapp! Wir sind doch wohl die Bundesregierung! Ich bin der Verteidigungsminister dieser Republik! Ich werde doch wohl am ehesten beurteilen können, was für die Sicherheit Deutschlands von Relevanz ist. Die Bundesregierung darf schon selber darüber befinden, was sSie wissen muss!«

»Das ist nicht ganz korrekt. Es gibt zum Quellenschutz klare Absprachen. Insbesondere, wenn ein ausländischer Partnerdienst Material liefert, muss er sich darauf verlassen können, dass die Quelle Dritten nicht offenbart wird. Das gilt grundsätzlich auch für die Politik, und wir praktizieren das sogar gegenüber dem parlamentarischen Kontrollgremium.«

»Wenn das so ist, verlange ich, dass Sie den MAD unmittelbar in Ihre Untersuchung einbeziehen! Der ist Ihnen als Geheimdienst hoffentlich gut genug.«

»Der MAD ist Teil unseres Informationsaustauschs im GETZ, sodass kein Anlass besteht, Abläufe zu ändern.«

»Bekommt der MAD also Quelleneinsicht bei Ihnen oder nicht?«

»Wenn eine Quelle besonders geschützt werden muss, bekommt der Partner nur die Ergebnisse.«

»Also nein! Sagen Sie das doch gleich. Herr Schwerd, erteilen Sie bitte Weisung, dass ab sofort der MAD in alles einbezogen wird. Ich bestehe darauf, es geht um unsere Ministerin!«

Innenminister Schwerd tauschte kurz Blicke mit Klawitter und Ellen aus, dann stammelte er: »Also in Anbetracht der sehr besonderen Krisensituation, also, ich wäre da vorläufig einverstanden, wenn Sie dem MAD volle Akteneinsicht in Ihre Ermittlungen gewähren!«

»Kein Problem«, heuchelte Ellen.

»Wenn der MAD es kriegt, dann können Sie es genauso gut auch dem Herrn Verteidigungsminister direkt geben!«, sprach Thürmer von sich in der dritten Person. »Also, was ist das für ein Zeuge?«

»Wir verwenden für den Zeugen die Tarnbezeichnung Muskatnuss. Er hat Kontakt zu einem Gefährder aus der linksextremen Szene. Da unser Zeuge ein sehr hohes Risiko eingeht, werde ich Details nur mit meinem Amtskollegen vom MAD besprechen. Selbst wenn mir der Herr Innenminister eine anderslautende Weisung geben sollte.«

»Das ist ja ein starkes Stück! Und mit welchen Fahndungsmethoden gedenken Sie die Ministerin zu finden?«

»Wir gehen davon aus, dass jemand, der so professionell agiert, mit hoher Wahrscheinlichkeit bereits vorher als Extremist aufgefallen ist. Unsere Analysten gleichen fieberhaft ab, wo sich zur Tatzeit auffällig gewordene Personen aufhielten, etwa aufgrund Telekommunikationsverhalten. Wer an der Entführung beteiligt war, konnte schlecht gleichzeitig mit Mutti telefonieren oder auf Facebook schimpfen. Also können wir schon einmal grob diejenigen ausfiltern, die in diesem Zeitraum Social Media oder Telefone genutzt haben.«

»So was kann man doch vortäuschen!«, wandte Thürmer ein.

»Ja, theoretisch schon. Aber wer gewalttätig ist oder zum Extremismus neigt, dem fehlt es meist an entsprechender Intelligenz.«

»Ach ja? Sie sagen selbst, dass der Anschlag mit einem sehr hohen Planungsaufwand durchgeführt wurde. Die Manipulation der Verkehrslage, um den Konvoi an die richtige Raststätte zu bugsieren, lässt durchaus vermuten, dass die Täter auch ihre Telekommunikation im Griff hatten!«

»Da könnten Sie recht haben. Aber es wäre so ziemlich das erste Mal, dass das jemandem auch praktisch gelingt.«

Bevor Ellen vom Bundeskanzleramt zu ihrem Berliner Dienstsitz fuhr, bat sie um eine Stunde Pause. Auf dem Weg in die Tiefgarage rief sie Höch an. »Die schicken dir gleich einen Verbindungsmann vom MAD in die Hütte. Denk dir bitte irgendeine Cover-Story für unseren Zeugen Muskatnuss aus. Der MAD darf nicht merken, dass wir einen Soldaten als V-Mann angeworben haben. Ich habe Thürmer erzählt, wir hätten jemanden aus dem linksextremen

Milieu. Gib denen eine Fehlspur! Such dir jemanden, der dem Typ auf dem Pupillenfoto irgendwie ähnlich sieht, lass eine falsche Phantomzeichnung anfertigen, und so weiter!«

»Ich werde sehen, was ich tun kann. Wir haben übrigens diesen Cedric ausgemacht. Er ist anscheinend seit Tagen bei einer Stabsübung in Tschechien. Er hatte Deutschland vor der Tat mit einer Transall der Bundeswehr verlassen.«

»Überprüft das bitte, ohne dass der MAD das mitkriegt.«

»Und wie soll das bitte gehen? Das tschechische Militär ist uns nicht berichtspflichtig, und wir haben da wohl auch keine Agenten.«

»Also einen Agenten habe ich da …«

Ellen legte auf und rief die Nummer eines Mitarbeiters der technischen Abteilung an.

»Herr Srogge! Ich bin jetzt am Treffpunkt!«

»Ich bin in zwei Minuten da.«

Kurz darauf fuhr ein Lieferwagen vor, dessen Tür die Werbung einer Gebäudereinigungsfirma zierte.

»Guten Tag, Frau Präsidentin! Hier ist alles, was Sie bestellt haben.« Der Mann gab Ellen eine Einkaufstüte. »Ich habe diesen BMW wie gewünscht aufgemacht.«

»Haben Sie irgendwelche Spuren hinterlassen?«

»Nein. Wie Sie beschrieben hatten, waren in der Seitentasche drei verschiedene Fernsteuerungen, alle codiert. Ich habe die Codes ausgelesen und alles wieder zurückgelegt. Mit diesem Gerät hier können Sie die Fernbedienungen simulieren.« Der Mann reichte Ellen einen kleinen Kasten mit einem LCD-Display und mehreren Knöpfen, von denen drei mit Filzstift nummeriert waren. »Hier anschalten und dann die drei Schalter durchprobieren!«

»Danke sehr. Dieser Auftrag ist streng geheim. Keine Aufzeichnungen!«

»Ich muss aber zumindest den Verlust unserer Geräte erklären.«

»Die werden für eine Observationsübung zu Ausbildungszwecken benötigt«, erklärte Ellen sarkastisch. »Da sie wie normale

Geräte aussehen, wurden sie leider, leider von den Zielpersonen benutzt und entwendet, sodass wir sie abschreiben müssen!«

»Das wird aber in den Akten komisch aussehen …«

»Sie machen das schon.«

»Aber den Code-Simulator will ich wiederhaben. Den habe ich selbst gebaut.«

»Kriegen Sie.«

Als der Lieferwagen außer Sicht war, spazierte Ellen zum Rolltor und testete die simulierte Fernsteuerung. Sie probierte nacheinander die Funkcodes, und tatsächlich bewegten sich die Rolltore und gaben den Weg frei. Etwas mulmig war ihr schon, den 400 Meter langen unbeleuchteten Tunnel alleine zu durchqueren. Die Taschenlampenfunktion ihres Handys reichte für ihre Zwecke aus. Als sie zehn Minuten später im Parkhaus unter dem Potsdamer Platz die Sichtschleuse passiert hatte, forderte sie mit dem Simulator den Fahrstuhl an und zog sich Einweghandschuhe über, die man ihr in die Tüte gepackt hatte. Oben angekommen, entrollte sie aus ihrer Handtasche ein Porträtfoto von Delius, hielt es vor die Türkamera und bewegte davor einen Stift auf und ab. Moderne Gesichtserkennungssoftware unterschied Fotos von Gesichtern lebender Personen, solange das Bild statisch blieb. Das Wedeln mit dem Stift sorgte jedoch für genug Interferenzen, um die Software zu überlisten. Diese akzeptierte die vermeintliche Präsenz von Delius als echt und gab die Tür frei. Ellen hatte zwar in ihrem Leben viele verbotene Dinge angeordnet und in Geheimnissen anderer Leute herumgewühlt, nie allerdings war sie persönlich irgendwo eingedrungen. Ein aufregendes Gefühl.

Das Appartement machte noch immer denselben aseptischen Eindruck. Nichts lag herum, gerade einmal das Ladekabel mit dem Trafo für einen Laptop zeugte von der Bewohnerin. Offenbar war Ellen die erste ungebetene Besucherin. Weitere würden folgen, denn wenn der Verfassungsschutz erfuhr, dass Delius die eigene Partei ausspionierte, konnten das auch andere wissen. Gut möglich, dass Informationshehler Schmitz die Sicherheitslücke heimlich auch der AEP verkauft hatte. Sogar Delius' diskrete Zweitwohnung dürfte aufmerksamen Spezialisten aufgefallen sein. So erinnerte sich Ellen daran, dass Delius während ihrer letzten gemeinsamen Nacht auch jene Fußbänder dabeihatte, von denen sie heute wusste, dass sie Peilsender verbargen. Dem Ladekabel zufolge musste es irgendwo das zugehörige Notebook geben. Es war damit zu rechnen, dass sich darauf Kopien der ausgelesenen Parteikommunikation befanden. Wer immer hier noch einbrechen würde, der hatte entweder ein Interesse, Delius' Informationen zu verwerten oder aber sie zu beseitigen. In jedem Fall also würde ein ungebetener Besucher sie mitnehmen.

Die technische Abteilung hatte Ellen insgesamt fünf externe Festplatten eingepackt, in deren Gehäusen GPS-Tracker versteckt waren. Eines der Geräte deponierte Ellen unter der Matratze, eines legte sie auf einen hohen Schrank, eines befestigte sie mit Klebeband unter einem Tisch, eines versteckte sie im Bad zwischen den frischen Handtüchern, und eines sollte in den Tresor. In der Geheimdienstwelt hatte sich Ellen stets Respekt erworben, indem sie auch bei technischen Themen Kompetenz bewies. Da sie stets ungeduldig war, kamen nur die Schnellmethoden infrage. Die meisten Hotelsafes ließen sich durch einen Mastercode öffnen, der werksseitig häufig auf die Schnapszahl 4444 eingestellt war. Das Modell von Delius erwies sich leider als anspruchsvoller.

Ellen entschied sich für einen Seitenkanalangriff, wie es Hacker nennen. Sie packte aus einer Styroporbox einen großen Neodymmagneten aus, der zur Polsterung in einen Strumpf gehüllt war. Den Magneten setzte sie an der Tresortüre dort an, wo sich auf der Innenseite der verriegelnde Stift befinden musste. Während sie den Magneten in Richtung des Zylinders verschob, drückte sich der angezogene Stab gegen die Sprungfeder und öffnete das Schloss. Damit war auch der letzte Köder glaubhaft platziert.

Ihren ersten Einsatz als Agentin im Feld hatte Deutschlands oberste Inlandsspionin mit Bravour gemeistert.

Als Ellen an ihrem Berliner Dienstsitz in der Treptower Kaserne eintraf, erstattete Höch ihr per Videoschaltung unter vier Augen Bericht. »Ich habe vorhin den MAD-Verbindungsmann wegen Muskatnuss gebrieft. Ich habe einen Linken in Stuttgart gefunden, der aber nur sehr entfernt der Pupillenmann sein könnte.«

»Hat der MAD die Story geschluckt?«

»Schwer zu sagen. Lange wird es nicht halten.«

»Und wenn schon! Falls Lehr was merkt, wird er uns erst einmal beobachten, bevor er Ärger macht. Vielleicht hat sich die Lage bis dahin geändert.«

»Außer der Kleinigkeit, dass unser Vertrauensverhältnis zu den Kollegen dann nachhaltig gestört wäre.«

»Welches Vertrauensverhältnis denn?«

»Auch wieder wahr.«

Im abhörsicheren Berliner Poseidonraum zeigte ein Monitor das bunte Logo des tschechischen Geheimdienstes *Bezpe nostní informa ní služba* an. Ellens Amtskollege Victor hatte in Deutschland studiert und sprach daher exzellent Deutsch.

»Ellen, Sie hatten mich gebeten, die Teilnehmer an der Übung OK-234-04/2 zu überprüfen. Uns sind natürlich nicht die Klarnamen, sondern nur die von Ihrem KSK angegebenen Bezeichnungen bekannt. Bei ihrer Ankunft auf dem Militärflughafen und beim Einchecken in die Kaserne von Boletice wurden die Identitäten überprüft, jeder bekam einen Kasernenausweis, der in Verbindung mit dem Lichtbildausweis der Einheit Gültigkeit hat. Wir haben heute verdeckt eine Anwesenheitskontrolle durchgeführt und hierzu auch Videoaufnahmen der Überwachungskameras ausgewertet. Sämtliche gelandeten Personen befinden sich gegenwärtig bei uns am Truppenübungsplatz Boletice. Wir haben jeder akkreditierten Person ein eindeutiges Bild zugeordnet, und auch alle täglichen Anwesenheitslisten werden lückenlos abgezeichnet.«

»Ich danke Ihnen, Victor. Dann hat ja offenbar alles seine Richtigkeit!«

»Hat es nicht. Wir haben uns das dann noch einmal genauer angesehen. Eine dieser Personen ist erstaunlicherweise 28 Stunden lang nicht von den Überwachungskameras erfasst worden.«

Auf dem Monitor erschien ein Foto, das dem Phantombild ihrer Zielperson ähnelte. »Offenbar hat dieser Mann hier am zweiten Abend um 19.17 Uhr mit einer Gruppe die Kaserne zum Feiern verlassen, ist aber nicht wieder mit dieser Gruppe zurückgekehrt. Einer mehr oder weniger fällt bei dieser Übung nicht auf, über die Anwesenheit wird kein Buch geführt, die Männer haben ja Ausweise, das reicht. Aber laut den Überwachungskameras ist der Mann erst am nächsten Abend einzeln wieder um 23.38 Uhr zurückgekehrt. Den Eintrag in den abgezeichneten Anwesenheitslisten kann ein Kamerad fingiert haben. Wo der Mann die 28 Stunden gewesen ist, kann ich Ihnen derzeit nicht sagen. Unsere Kaserne liegt nur eine Autostunde von der bayrischen Grenze entfernt. Wir machen jetzt noch eine umfassendere Prüfung, um Irrtümer auszuschließen, aber ein sicheres Alibi bekommt Ihre Zielperson von uns auf nachrichtendienstlicher Ebene derzeit nicht.«

»Victor, das sind wertvolle Informationen für uns. Sie haben mir einen großen Gefallen getan.«

Ellen warf einen Blick auf eine elektronische Karte. Von Boletice bis Frankenwald schaffte man es in vier Autostunden. Wenn Cedric am ersten Abend losgefahren war, konnte er in der Nähe des Tatorts genächtigt, um 14 Uhr an der Entführung teilgenommen und dann gegen 19 Uhr den Rückweg angetreten haben.

»München. Die AEP hat ihren Bundesparteitag in den Messehallen trotz erhöhter Sicherheitslage fortgesetzt. Überall im Raum tragen die AEP-Mitglieder Anstecker mit dem Porträt der entführten Ministerin Felizitas Delius, bundesweit halten Parteimitglieder Mahnwachen ab. Vor der Parteizentrale in Berlin legten viele Bürger Blumen ab. Heute haben parteiübergreifend führende Parlamentarier ihre Solidarität mit der Ministerin erklärt. Eine zentrale Kundgebung gegen den Parteitag, die vom Oberverwaltungsgericht per Eilantrag wieder erlaubt wurde, erhielt deutlich weniger Zulauf als erwartet. Am Münchner Hauptbahnhof kam es trotz des hohen Polizeiaufgebots zu einer Schlägerei zwischen AEP-Sympathisanten und -Gegnern, die jedoch von den Behörden schnell unterbunden wurde. Der Forderung der Entführer an die Bundeskanzlerin, die Koalition mit der AEP aufzulösen, schlossen sich nur wenige Personen aus dem öffentlichen Leben an, die sich allerdings entschieden von Tat und Tätern distanzierten.«

War am Vortag in den sozialen Medien noch Häme über die entführte Ministerin zu finden, hatte das neue Video, auf dem die leidende Frau den ihr aufgenötigten Text eher geschluchzt als vorgetragen hatte, niemanden kaltgelassen. Wer die Ministerin gestern noch verspottet hatte, war inzwischen sozial isoliert. Linksintellektuelle appellierten in den Medien an die Entführer, zur Menschlichkeit zurückzukehren und ihr Opfer umgehend freizulassen.

35

Die Sitzung im Krisenstab wurde durch die Meldung eines neues Videos unterbrochen. Auf diesem hielt Delius eine Zeitung von heute in der Hand. Alle Sonntagszeitungen hatten das Bild der heulenden Ministerin auf der Titelseite gebracht. Von ihrem Make-up konnte man bestenfalls noch Spuren erkennen, Delius hatte geschwollene Augen und fettiges Haar, das Hemd war inzwischen durchgeschwitzt.

»Sehr geehrte Frau Bundeskanzlerin!«, gluckste sie mit bebender Stimme. »Der erste Tag des Ultimatums ist nun verstrichen! Beenden Sie sofort die Koalition mit uns Nazis und lassen Sie alle politischen Gefangenen frei. Von den Medienvertretern verlangen wir, dass sie morgen auf die Titelseite ›Naziministerin dankt ab‹ schreiben! Nie wieder 33!«

Sofort vergrößerten Ellens Ermittler die Pupillen von Delius, um nach gespiegelten Terroristen zu suchen. Doch alles, was zwischen den geplatzten Äderchen von ihren Augäpfeln erschien, waren das Notebook auf einem Stuhl sowie Kartons. Das BKA hatte inzwischen einen Anbieter von Plastikflaschen mit Salzsäure gefunden, der seine Ware exakt so verpackte. Die Menge reichte aus, um eine Leiche aufzulösen.

»Vielleicht sind sie von selbst auf die Sache mit der Spiegelung gekommen«, mutmaßte Höch, der über einen Monitor von Köln aus zugeschaltet war.

Ellen bereitete sich auf die Pressekonferenz vor, die der Krisenstab in wenigen Minuten unten in der Empfangshalle des Bundeskanzleramts geben würde. In einem Büro der Abteilung 7 übte sie ihren Text, den Kanzleramtsminister Bogk vorbereitet hatte. Der Anruf von MAD-Chef Lehr kam früher als erwartet. Ausgerechnet in dem Moment vibrierte in ihrer Handtasche ein Smartphone. Offenbar war eine der verwanzten Festplatten in Delius' Appartement bewegt worden. Doch dafür war jetzt keine Zeit.

»Liebe Frau Kollegin, wie Sie wissen, sind Sie uns in der Sache Delius berichtspflichtig. Was uns Herr Höch da vorhin über Ihren V-Mann Muskatnuss aufgetischt hat, brauchen wir nicht ernsthaft zu diskutieren. Wer ist Muskatnuss und was berichtet er?«

»Lieber Herr Lehr, wie gut, dass Sie anrufen! Ich benötige dringend eine Liste mit allen Gefährdern in Uniform, die für die Tatzeit kein unmittelbar überprüfbares Alibi haben. Wir sind inzwischen davon überzeugt, dass wir es mit einer Gruppierung im rechten Spektrum zu tun haben und Personen aus dem Sicherheitsapparat daran beteiligt sind.«

»Ihre Ablenkung beantwortet nicht meine Frage. Was ist mit Muskatnuss?«

»Die Spur war eine Nullnummer, unsere Täter sind mit Sicherheit im rechten Spektrum zu suchen. Und da haben wir bei der Bundeswehr und speziell beim KSK weiße Flecken.«

»Was ist mit Muskatnuss?«

»Hm, mein lieber Herr Lehr, Sie haben inzwischen ja alle relevanten Akten gesehen. Zu Muskatnuss haben wir gar nicht erst eine Akte diesbezüglich angelegt, weil er dem linksextremen Spektrum zuzuordnen ist. Die Spur hat sich erledigt. Und jetzt entschuldigen Sie mich bitte, ich muss zur Pressekonferenz!«

»Wenn Muskatnuss wirklich so unbedeutend wäre, hätten Sie kaum dem armen Herrn Höch aufgetragen, mir was vom Pferd zu erzählen. Sie sind mir berichtspflichtig!«

»Also gut. Die Wahrheit ist mir mehr als unangenehm, aber damit wir es hinter uns haben: Es gibt keinen Informanten Muskatnuss. Als ich neulich mit leeren Händen dastand, musste ich den Politikern doch irgendwas geben. Wie hätte das Amt denn dagestanden, wenn wir keine einzige Quelle bei militanten Linksextremisten hätten? Die Politiker wollten Aktionismus sehen, ich habe Aktionismus geliefert! Professionelle Arbeit, oder machen Sie es etwa anders?«

Lehr stöhnte. »Frau Dr. Strachwitz … Netter Versuch. Ich kenne Sie jetzt schon sehr lange. Sie benutzen nie eine Notlüge.«

»Vielleicht waren meine Lügen ja auch so überzeugend, dass Sie sie nicht bemerkt haben.«

»Im Moment tue ich das aber. Ich kann jeden Ihrer Beamten zwingen lassen, mir Auskunft zu geben. Teilen Sie mir bitte unverzüglich den V-Mann-Führer mit!«

»Ich selbst führe Muskatnuss.«

»Frau Kollegin, jetzt lassen Sie doch bitte endlich diesen Quatsch!«

»Wirklich, lieber Herr Lehr, ich habe persönlich Muskatnuss rekrutiert und ihm absoluten Quellenschutz zugesagt. Oder möchten Sie andeuten, dass solche Zusagen nichts wert seien?«

»Frau Strachwitz, Sie verschwenden unser beider Zeit, und das in einer Krise! Na schön, behalten Sie die Identität von Muskatnuss für sich, aber was hat er geliefert?«

»Muskatnuss verfeinert Rührei, Kartoffelpüree, auch in Frikadellen macht sich Muskatnuss gut! Natürlich nicht in ganzen Stücken, Sie müssen sie reiben, und zwar am besten frisch!«

»Frau Strachwitz, Sie lassen mir keine Wahl. Ich muss dann die Anfrage auf Ministerebene machen, und genau das werde ich jetzt tun.«

»Nur zu, wenn Sie das müssen, dann müssen Sie das. Sie können den Ministern dann auch direkt mitteilen, dass Sie Ihren Laden nicht im Griff haben und der Angriff auf die Ministerin aus der Bundeswehr kommt. Ich bin sicher, das Kabinett wird entzückt sein!«

»Werte Frau Kollegin, wozu soll dieses Spiel führen …?«

»Das kann ich Ihnen sagen. Wir haben jetzt drei Möglichkeiten: Erstens, Sie geben mir Zugriff auf die Gefährder bei der Bundeswehr. Zweitens, Sie lassen es und ich zeige dem Kabinett, was Ihren Leuten alles über das KSK entgangen ist. Oder drittens …«

»Drittens …?«

»Drittens wäre, dass Sie selber mit drin hängen und Innentäter sind. In dem Fall allerdings empfehle ich Ihnen dringend, mich schnellstmöglich zu liquidieren, denn ich weiß inzwischen mehr, als Ihnen in so einem Fall lieb sein könnte.«

»Ich weiß jetzt nicht, was ich höflich dazu sagen soll.«

»Überzeugen Sie mich, dass ich mit Version drei falsch liege.«

»Allein, dass Sie auf so einen absurd paranoiden Gedanken kommen, schließt aus, dass ich Sie mit Argumenten von irgendwas überzeugen könnte.«

»Die Attentäter müssen Insiderwissen gehabt haben. Dieser Anschlag lief einfach zu glatt und setzt Kenntnisse von den Abläufen im Konvoi der Ministerin voraus. Die wussten, dass die Ministerin zwei Sender bei sich trug. Dass sie einen bei einer Leibesvisitation gesucht hätten, kann ich glauben, aber dass jemand nach einem zweiten gesucht hätte, trotz der eiligen Situation? Wir haben verschiedene Szenarien durchgespielt, dieser Angriff war nach allen unseren Simulationen nur dann realistisch, wenn man genau wusste, wie die Ministerin ihre Rastpause managen lässt und wie schwach sie in dem Zeitpunkt bewacht sein würde. Hätte es nicht diesen geheimnisvollen Signalton gegeben, wäre die Entführung erst Minuten später bemerkt worden. Es ist auch mehr als auffällig, dass die Attentäter nicht mit scharfen Granaten und Sturmgewehren arbeiteten, sondern Blendgranaten eingesetzt haben. Mit so etwas arbeiten Antiterroreinheiten, aber keine Terroristen.«

»Spekulation!«

»Der Anschlag war mit militärischer Präzision geplant. Das waren keine Anfänger, dazu gehören Erfahrung, Entschlossenheit und Disziplin. Das klingt für mich eher nach Spezialeinheit als nach Stadtguerilla!«

»Und welches Motiv sollen denn bitte die Rechten für die Entführung haben?«

»Da kann ich tatsächlich nur spekulieren. Aber wenn Sie kooperieren und uns Zugang zu Ihren Heiligtümern geben, dann könnten Sie am Ende sogar noch als der große Held dieses Dramas dastehen. Solange Sie allerdings mauern, scheinen Sie etwas zu verbergen zu haben. Ich glaube, das muss ich nach oben melden, wenn ich es recht bedenke ...«

Lehr gestikulierte verlegen. »Wenn ich Ihnen gebe, was Sie wollen, kriege ich dann Muskatnuss?«

»Nein. Und Sie geben mir auch so, was ich haben will!«

»Sie können konkrete Anfragen über das GETZ stellen, aber der Verfassungsschutz kriegt auf keinen Fall Zugang zu unseren Datenbanken.«

»Dann haben wir gerade unsere Zeit verschwendet.«

Ellen war spät dran, als sie das funkabgeschirmte Büro verließ. Auf dem Smartphone checkte sie im Laufen, dass sich eine der GPS-Wanzen nach Süden in Richtung Tempelhofer Feld bewegte.

Die Bundeskanzlerin, Vizekanzler Thürmer, Innenminister Schwerd und BKA-Chef Vetter saßen bereits vor der Presse. Auf einer Damentoilette bemühte sich noch eine Visagistin um das Nötigste, ein Referent kommentierte: »Herr Vetter hat eben vorgetragen, gerade spricht die Kanzlerin. Sie sollen danach Ihre Einschätzung liefern.« In dem Moment bemerkte Ellen, dass sie den Sprechzettel eben im Büro vergessen hatte.

»Frau Strachwitz, Sie sind jetzt dran!« Sie schluckte und fasste sich ein Herz.

»Wie Sie sehen, ist jetzt auch die Präsidentin des Bundesamts für Verfassungsschutz eingetroffen«, kommentierte die Kanzlerin. »Frau Dr. Strachwitz, bitte!«

200 Augenpaare und unzählige Kameras und Mikrofone richteten sich auf Ellen.

»Ich nehme an, dass Herr Vetter Sie alle bereits ins aktuelle Bild gesetzt hat. Wir haben es mit einer bislang unbekannten Tätergruppe ohne bekanntes Vorbild zu tun. Aus ermittlungstaktischen Gründen kann ich über den Stand unserer Arbeit keine Auskunft geben. Aber ich möchte betonen, dass in dieser Krise die Zusammenarbeit mit den anderen Sicherheitsbehörden ganz hervorragend läuft. Wie in den Zeiten des Linksterrorismus ist es nur eine Frage der Zeit, bis wir Fahndungserfolge erzielen werden. Horst Herold sagte damals: ›Wir kriegen sie alle‹. Und das Gleiche sage ich Ihnen heute.«

Das war nur der halbe mit Bogk abgestimmte Text, leider nur der Teil mit dessen platter Rhetorik. Außerdem waren noch immer nicht alle RAF-Terroristen gefasst. Thürmer allerdings begann zu klatschen, die Kanzlerin und das restliche Podium zogen pflichtschuldig nach, nicht aber die Journalisten. Peinlicher hätte der Termin für Ellen kaum verlaufen können.

Während ihr Fahrer sie zur Dienststelle in Treptow fuhr, verfolgte Ellen den Kurs des GPS-Senders. Das auf der elektronischen Karte als Punkt angezeigte Fahrzeug steuerte zunächst Richtung Dresden. Durch Zugriff auf die Kameras der Autobahnmautbrücken konnte Ellen als Signalquelle einen Fiat Dukato ausmachen. Eine Überprüfung des automatisch ausgelesenen Kennzeichens ergab, dass es gefälscht sein musste. Der Fahrer rechnete offenbar mit Kameras, denn er trug ein Hoodie mit aufgezogener Kapuze, darunter außerdem eine Schirmmütze, die das Gesicht aus der Vogelperspektive verdeckte oder wenigstens beschattete, sowie eine Sonnenbrille. Die Videos taugten kaum zur Fahndung oder einem Abgleich mit Gesichtsdatenbanken.

Der Punkt auf der Karte verließ für einen Moment die Autobahn, kehrte dann aber wieder zurück. Bei der nächsten Autobahnmautbrücke erkannte Ellen, dass der oder die Unbekannten nun in einem Van mit getönten Scheiben unterwegs waren. Wie zu erwarten, war auch dessen Kennzeichen gefälscht.

Ellen checkte, was die Überwachungskameras am Potsdamer Platz aufgezeichnet hatten. Tatsächlich war der Dukato aus der Tiefgarage von Delius' Zweitwohnung gekommen. Ellen nahm Zugriff auf die Datenbank der Security-Firma. Der Verfassungsschutz hatte im Regierungsviertel die meisten Kameras entweder gehackt oder Kuhhändel mit den Sicherheitsfirmen geschlossen. Auf den Bildern sah Ellen, dass dem Dukato vier Personen in Einwegoveralls entstiegen waren, die sich als Lackierer tarnten. Die Atemschutz-Vollmasken verhinderten jegliche Gesichtserkennung.

Die Medien hatten Spannenderes, als über Ellens missglückten Auftritt vor der Presse zu berichten. So kommentierten viele Journalisten selbstkritisch, dass man mit Delius zu hart umgesprungen sei. Man habe ignoriert, dass auch AEP-Politikerinnen und -Politiker Menschen seien. Schließlich sei die AEP eine Partei auf dem Boden der Verfassung und von mehr als einem Viertel demokratisch gewählt worden. Es sei nun an der Zeit, verbal abzurüsten, denn wenn die Ministerin diese Krise nicht überlebe, klebe deren Blut auch an den Händen der Medienvertreter, die mitunter ihr Maß verlören. Die öffentlich-rechtlichen Sender setzten am Abend ihre Unterhaltungssendungen ab.

Der AEP-Parteitag endete ohne nennenswerte Gegendemo. Eine junge Politikerin der Linkspartei tauschte demonstrativ den Avatar ihres Twitter-Accounts gegen ein Porträtfoto von Delius aus, die Entführung sei ein Angriff auf die Demokratie. Der Schritt wurde kontrovers diskutiert, etliche andere Twitternutzer folgten jedoch ihrem Beispiel. Auf Facebook breitete sich der Hashtag #IchbinFelizitas aus. In Meinungsumfragen schoss Delius zu den beliebtesten Politikern empor. Journalisten, die ihr mehr oder weniger offen die Feindschaft verkündet hatten, bekamen inzwischen keine Airtime mehr. Ein Comedian handelte sich durch einen geschmacklosen Tweet über Delius einen Shitstorm ein und wurde von seinem Sender unverzüglich rausgeworfen. Ein bekannter Sänger rappte eine Solidaritäts-Hymne auf Delius und verurteilte die Feigheit der Terroristen. Die Talkshows stellten ihre Themen um, reflektierten über die Rolle der Medien und erinnerten an den Linksterrorismus der 1970er und 1980er Jahre.

Zwei Stunden nach der Abfahrt aus Berlin hielt der Punkt erneut an, diesmal auf einem Rastplatz. Dort verharrte er etwa zwanzig Minuten, dann bewegte er sich wieder. Auf dem Monitor tauchte beim Passieren der nächsten Mautbrücke ein Audi Sport mit einem Fahrer auf. Dessen Kennzeichen war auf Loris Wirth gemeldet, einem alten Bekannten des Verfassungsschutzes.

Wirth war in den 80er Jahren ein prominenter Neonazi gewesen. Nach der Wende hatte er sich bei Riesa ein historisches Anwesen, Gut Weickershausen, gekauft, um es zu einem politischen Zentrum auszubauen. Auf seine alten Tage war es jedoch ruhig um Wirth geworden. An jedem AEP-Stammtisch fielen inzwischen bedenklichere Sprüche, als sie den Behörden von der Wirth-Gruppe zu Ohren kamen. Das sächsische Landesamt für Verfassungsschutz sah aktuell keinen Anlass für eine ausgedehnte Beobachtung, auch das Bundesamt beschränkte sich auf die elektronische Fernüberwachung. So registrierte man stets, wessen Handy sich in die gleiche Funkzelle bewegte, die Gut Weickershausen abdeckte, oder wer anrief. Prominentester Gast war vor allem der neurechte Vordenker Trutz Gerstel. Während sich die AEP vom berüchtigten Militärnarr Wirth wortreich distanzierte, war der rechtsintellektuelle Gerstel hingegen ein beliebter Redner auf Veranstaltungen der AEP.

Ellen zog sich die Akte zu Wirth. Gut Weickershausen lag in der Lommatzscher Pflege, einer Hügellandschaft südlich von Riesa. Die Gebäude gruppierten sich um einen Innenhof und bildeten beinahe eine Festung. Das Gehöft säumten Felder und Wiesen, die weithin eine gute Sicht boten. Im Dorf, welches man auf dem Weg zum Landhaus passieren musste, wurde überwiegend rechts gewählt. Die Anzahl an Personen, die der Verfassungsschutz als problematisch einstufte, war überdurchschnittlich hoch, manche Bauernhöfe in der Gegend stufte man als geradezu sektenartig rechts ein. Jedes fremde Fahrzeug, das sich Gut Weickershausen genähert hätte, wäre lange vorher aufgefallen. Nachdem es vor Jahren zu Aktionen der Antifa gekommen war, begegnete man dort Fremden gegenüber notorisch mit Misstrauen. Wirths Gelände war weiträumig umzäunt und mit Alarmanlagen und Hunden gesichert.

Gerne hätte Ellen den Leiter des Landesamts für Verfassungsschutz in Sachsen zu seiner Einschätzung befragt. Das Problem war allerdings, dass sie ihm nicht traute, schon weil er tief in den NSU-Skandal verstrickt war. Für eine Polizeirazzia hatte Ellen zu wenig, zumal die GPS-Tracker Fragen aufgeworfen hätten. Im Geheimdienstgeschäft verriet man die eigene Position allenfalls im letzten Moment. Das Risiko, bei einer falschen Fährte die richtigen Täter zu warnen, war zu hoch für eine offene Aktion. Was Ellen brauchte, war ein Einzelkämpfer mit der Fähigkeit, unsichtbar in ein paramilitärisches Objekt einzudringen und es ungesehen auch wieder zu verlassen.

36

»Berlin. Die Sorge um Ministerin Felizitas Delius hält an. In ihrer Regierungserklärung stellte die Bundeskanzlerin klar, dass die Koalition in einer Demokratie nicht zur Disposition von Extremisten stehe. Die Koalitionspartner leisteten dem Wählerauftrag konsequent Folge. Die Kanzlerin appellierte abermals an die Menschlichkeit der Entführer. Vizekanzler Thürmer forderte eine umfassende und konsequente Beobachtung linker Gruppierungen durch die Sicherheitsbehörden. Nur so lasse sich der Fortbestand parlamentarischer Demokratie gewährleisten. Thürmer kritisierte auch Journalisten, deren Kampagnen gegen das bürgerliche Lager fehlgeleitete Menschen radikalisiert hätten. Thürmer bedankte sich für die Mahnwachen vom gestrigen Abend, deren hoher Zulauf die tatsächliche Popularität von Ministerin Delius belege. In einem gemeinsamen YouTube-Video haben sich zwanzig prominente Influencer, die als AEP-kritisch gelten, zu den Werten der Demokratie bekannt und die Entführer zur Umkehr aufgefordert. Das gestern Abend online gestellte Video hat zur Stunde bereits über sieben Millionen Zugriffe. Auch in den sozialen Netzwerken bringen Millionen Nutzer unter dem Hashtag #IchbinFelizitas ihre Solidarität mit der Ministerin zum Ausdruck. Gegen 10 Uhr wird ein neues Video der Entführer erwartet. Das Morgenmagazin wird für Sie live berichten.«

Medienvertreter aus dem In- und Ausland hatten sich vor dem Bundeskanzleramt aufgebaut, wo zumindest nach offizieller Darstellung der Krisenstab tagte. Tatsächlich wurde die Arbeit überwiegend in bundesweiten Videokonferenzen erledigt.

Punkt 10 Uhr ging das neue Video online. Delius lehnte sich kraftlos an die Wand. Sie sah noch gespenstischer aus als am

Vortag. Ihren Augen waren massives Schlafdefizit und Apathie anzusehen, sie sah nicht einmal zur Kamera auf. Das schmutzige Hemd wies nun auch Blutspuren auf.

»Frau Bundeskanzlerin ...«, stöhnte Delius, »ich bin eine Naziministerin. Ich habe meine Strafe verdient. Kündigen Sie die Koalition und entlassen Sie alle politischen Gefangenen.« Danach presste sie ihre Lippen aufeinander und schloss die Augen, als ob sie zu weinen anfinge.

Nachdem das Video gesendet war, sezierten die Journalisten sofort jedes Detail.

Im Krisenstab war die Stimmung auf dem Tiefpunkt. Bundeskriminalamt und Verfassungsschutz kamen nicht weiter. Die Abgleiche, wer wo wann war und mit wem telefonierte oder die Wege gekreuzt hatte oder auch nicht, ergaben nichts Verwertbares. Arglose Menschen vermochte man mit dieser Technologie komfortabel zu überwachen, doch gegen professionelle Terroristen war sie nahezu nutzlos. Wer sein Handy zuhause ließ und seine Überzeugungen nicht mit einer Computertastatur teilte, war für die Geheimdienste nahezu unsichtbar.

Thürmer baute sich vor Ellen auf. »Frau Dr. Strachwitz, MAD-Chef Lehr hat mich unterrichtet, dass Sie ihm gegenüber nicht kooperativ sind. Ich bin, vorsichtig formuliert, entsetzt darüber, dass Sie Ihren Job nicht machen! Wenn Sie nicht sofort zur Vernunft kommen und die Fahndung nach den Attentätern kompromisslos unterstützen, hat das Konsequenzen!«

»Mit Verlaub, es ist Herr Lehr, der hier mauert. Um Verdächtige zu überprüfen, benötigen wir Zugang auch zu den Datenbanken des MAD. Schließlich ist der MAD ja auch Partner im GETZ. Sie könnten das sofort autorisieren!«

»Und wer garantiert, dass militärische Informationen nicht abfließen? Es würde völlig reichen, wenn Sie spezifische Anfragen an Herrn Lehr oder das GETZ richten.«

»Mit der gleichen Logik reicht es doch wohl aus, wenn ich mit meinem V-Mann spreche, ohne ihn dem MAD zu offenbaren, oder?«

»Also bitte, ich schütze die Sicherheit des gesamten Militärs. Bei Ihnen geht es lediglich um einen V-Mann, und es muss ja keiner erfahren, dass der MAD eingebunden wird.«

»Die Sicherheit des Militärs wird durch unseren vorübergehenden Zugriff auf die Personaldaten des MAD auch nicht gefährdet. Ich sehe keinen sachlichen Grund für diese Verweigerungshaltung. Im Übrigen haben sich die Informationen der Quelle Muskatnuss als Fehlspur erwiesen.«

»Herr Lehr glaubt das aber nicht unbesehen. Und eins noch, Frau Strachwitz: Ich lasse es nicht zu, dass Sie die Truppe pauschal faktisch zum Verdachtsfall für den Verfassungsschutz erklären. Sie beleidigen die deutsche Fahne!«

Ellen zog es vor, auf diesen Satz nicht zu antworten.

Klawitter hob beschwichtigend die Hände. »Lassen Sie uns bitte sachlich bleiben. Ich biete mich gerne als Vermittler an. Frau Strachwitz wird mich unter vier Augen über die Quelle Muskatnuss umfassend unterrichten und mir ihre Wünsche zu den MAD-Datenbanken vortragen.«

»Dann los!«, kommandierte Ellen, winkte Klawitter, ihr aus dem Raum zu folgen, und begab sich auf einen Balkon. Sie vermied es, ihren Vorgesetzten anzusehen, stattdessen richtete sie ihren Blick auf das Regierungsviertel. »Muskatnuss hat diesen Typ in der Pupille von Delius als KSK-Mann identifiziert. Der Mann ist im Moment im Ausland auf einer Stabsübung. Wir müssen sehr vorsichtig sein, weil eine Enttarnung unseren V-Mann verraten könnte, und wir haben Grund zu der Annahme, dass die Organisation Verräter liquidiert. Wir hatten noch eine andere V-Person, die über diesen Speidel-Bund und dessen Umfeld an uns berichtet hat. Diese V-Person wurde allerdings von den Nazis ermordet, vermutlich war sie aufgeflogen.«

Nun wurde auch Klawitter sichtlich nervös. 1974 war ein enttarnter V-Mann des Verfassungsschutzes von der RAF ermordet worden. Das Strafverfahren diesbezüglich hatte sich über 15 Jahre hingezogen und war damit als der längste deutsche Strafprozess in die Geschichte eingegangen. Nur wenige andere Affären hatten dem Ruf des Verfassungsschutzes massiveren Schaden zugefügt als der Eindruck, der Geheimdienst schütze seine Zuträger nicht ausreichend. Auch die im Strafprozess zutage getretenen Manipulationen des Verfahrens hatten sich auf die öffentliche Meinung kontraproduktiv ausgewirkt. Quellenschutz hatte seither fundamentale Priorität.

»Verstehe …«, stammelte der sonst so forsche Mann.

»Auch die Entführung von Delius trägt eine militärische Handschrift. Das waren keine Amateure. Sie kennen unsere Arbeitsmethoden genau, vermeiden das Hinterlassen von DNA-Spuren, tricksen die Überwachungskameras aus und haben womöglich auch Kontakte in den Sicherheitsapparat. Würden Sie aus meiner Perspektive ausgerechnet dem Militärischen Abschirmdienst vertrauen?«

»Lehr ist ein sehr integrer Mann. Ich würde nicht für alle im MAD die Hand ins Feuer legen, aber auf Lehr lasse ich nichts kommen.«

»Lehr steht unter militärischem Befehl des Verteidigungsministers. Jemand, der eine Partei anführt, die ich lieber heute als morgen beobachten lassen würde.«

»Dramatisierst du das nicht zu sehr? Thürmer ist sicherlich sehr konservativ, aber da wilde Verdächtigungen aufzustellen, geht doch wohl zu weit.«

»Ausschließen kann ich nichts. Jedenfalls bin ich nicht bereit, die Identität des V-Manns zu opfern. Nicht einmal dir gegenüber.«

»Na schön. Was willst du vom MAD wissen?«

»Alles, was er über den Speidel-Bund hat. Im Windschatten des Speidel-Bunds haben sich paramilitärische Netzwerke formiert, deren Umfang wir nicht beurteilen können. Diese Leute verhalten sich konspirativ, wir haben da leider keine V-Leute drin. Unsere Zurückhaltung dort war Konsequenz der von dir mit deinem Freund Lehr ausgehandelten Revierabsprache, obwohl es sich beim Speidel-Bund nicht um eine Organisation im Arbeitsbereich des Verteidigungsministeriums handelt. Ich werde langfristig erklären müssen, warum es der Verfassungsschutz versäumt hat, im Vorfeld aufzuklären.«

»Bleiben wir bitte professionell. Was konkret brauchst du?«

»Ich will alles, was sich mit Speidel-Bund und KSK überschnei-det!«

»Ich werde sehen, was ich tun kann.«

37

Auf dem Monitor von Ellens Berliner Dienststelle erschien Sann-wald.

»Guten Morgen, Frau Präsidentin!«

»Hallo, Herr Sannwald. Mir wurde gerade berichtet, dass Sie die Kündigung eingereicht haben. Sie können uns doch nicht mitten in der Krise verlassen! Gerade jetzt, wo der Linksterrorismus wieder in der Vordergrund tritt. Wo drückt denn der Schuh?«

»Der Linksterrorismus …«, paraphrasierte Sannwald sarkastisch, »der also in den Vordergrund tritt …«

»Was genau wollen Sie mir damit sagen?«

»Frau Präsidentin, ich sehe doch, wie das weitergeht! Nun sollen die Linken wieder als Terrorsympathisanten diskreditiert werden. Als ob wir nichts aus der Geschichte gelernt hätten. Sie wissen so gut wie ich, warum der Verfassungsschutz gegründet wurde. Es ging den Rechten darum, die Kommunisten und andere Linke mit subversiven Methoden zu bekämpfen und aus dem Staat rauszuhalten. In den Geheimdiensten hatte man damals die Legende von einer ›Roten Kapelle‹ gepflegt, einem von Moskau gesteuerten kommunistischen Netzwerk, das die Gesellschaft ideologisch infiltriert und Sabotage bis hin zum Staatsstreich vorbereitet. Es gab aber keine ›Rote Kapelle‹. Trotzdem hat dieses Hirngespinst alten Nazi-Eliten in den Geheimdiensten dazu gedient, Politiker und Journalisten als verkappte Kommunisten zu diskreditieren und abzuservieren. Und die Altnazis wurden dafür mit Beamtenstellen belohnt.«

»Das war in den 50ern und 60ern. Hätte man damals das Bundesamt für Verfassungsschutz nicht als separaten Geheimdienst in Köln gegründet, hätten die Ultrarechten aus der Münchner Geheimdienstszene weiter im Inland geschnüffelt und die Demokratie beschädigt.«

»Sie wissen aber schon, dass jede Menge Nazis dann auch im Verfassungsschutz hohe Karrieren gemacht haben? Bis einschließlich auf den Chefsessel, auf dem Sie heute sitzen, Frau Präsidentin! Das Ausschnüffeln von linken Politikern ist hier erst vor wenigen Jahren beendet worden, aber erst nachdem das Bundesverfassungsgericht feststellen musste, dass das vollkommen verfassungswidrig war.«

»Blicken wir nach vorne!«

»Der Verfassungsschutz war über seine V-Leute und Provokateure Geburtshelfer der RAF. Wir haben mit dem V-Mann-System sowohl den Linksterrorismus als auch den Rechtsterrorismus gezüchtet und dann auch noch islamistische Strukturen aufgebaut. Und jetzt wird hier wieder eine Jagd gegen eine linke Phantomorganisation eröffnet, die es so wohl gar nicht gibt. Ohne charismatische Anführer glaube ich nicht an Linksterroristen. Diese ›Nie wieder 33!‹-Gruppe wirkt für mich wie auf dem Reißbrett geplant. Die RAF-Hysterie führte zu den Notstandsgesetzen und zum Radikalenerlass, und genau das wird politisch gerade wieder gefordert. Und wenn sich jetzt ausgerechnet meine Abteilung an einer Propagandakampagne gegen linksgerichtete Bewegungen beteiligt, dann ist das Maß für mich voll. Wer immer die Delius entführt haben mag, von den Linken war es niemand. An dieser Heuchelei werde ich nicht mitmachen. Wenn wir jetzt sogar die Rechten in der Regierung haben, dann haben wir ohnehin versagt. Ich bin Ermittler, kein Erfüllungsgehilfe rechter Parteien!«

»Gerade dann, wenn wir eine problematische Regierung haben, benötigen wir im Geheimdienst gute Leute mit Rückgrat und soliden Moralvorstellungen, und sei es nur, um zu verhindern, dass gefährliche Personen an diese Position kommen.«

»Eine noble Einstellung, aber ich halte mich da lieber an meine Prinzipien. Ich bin es V-Leuten wie Janina schuldig, dass ich keinem Geheimdienst diene, der Nazis in der Regierung duldet. Außerdem hätte ich Janina besser schützen müssen. Mein Entschluss steht fest.«

»Herr Sannwald, ich muss jetzt in die Bundespressekonferenz!
Lassen Sie uns die Woche noch mal sprechen.«

»Nicht nötig.«

38

Der in Blau gehaltene Raum am Berliner Schiffbauerdamm war überfüllt mit Journalisten aus dem In- und Ausland.

»Guten Morgen, liebe Kolleginnen und Kollegen, ich begrüße Sie in der Bundespressekonferenz!«, leitete der Moderator ein. »Wir alle sind tief betroffen von den jüngsten Ereignissen. Frau Delius war an diesem Tisch in den vergangenen Wochen häufiger Gast, und wir hoffen natürlich, sie möglichst bald hier wieder bei uns zu sehen. Zu Gast haben wir heute den Bundesinnenminister Herrn Schwerd, den BKA-Präsidenten Herrn Vetter, die Verfassungsschutzpräsidentin Frau Dr. Strachwitz sowie Kanzleramtsminister Herrn Bogk. Herr Schwerd, gibt es neue Erkenntnisse über die Entführung von Frau Delius?«

»Leider nein. Wir haben außer den YouTube-Videos, die Sie ja auch kennen, keinerlei Kontakt zu den Entführern. Wir haben es offenbar mit einer hochprofessionellen Variante des Linksextremismus zu tun. Angesichts der militärischen Präzision der Entführung können wir auch nicht ausschließen, dass ausländische Terroristen beteiligt sind. Die Älteren unter Ihnen werden sich an die Kooperation der RAF mit palästinensischen Terrororganisationen erinnern. Leider haben wir nach wie vor keine heiße Spur. Und leider steht uns auch die Vorratsdatenspeicherung nicht zur Verfügung, denn wie Sie wissen, werden wir durch einen ideologisch überfrachteten Streit an effizienten Ermittlungen behindert. Die irrationalen Befürchtungen mancher Verfassungsrechtler könnten zur Folge haben, dass nun ein Mensch mit dem Leben bezahlen wird!«

›Du Dummschwätzer‹, dachte sich Ellen im Stillen. Die Terroristen hatten ja gerade elektronische Spuren vermieden. Dass Schwerd den Termin zur Werbung für die Vorratsdatenspeicherung missbrauchte, war nicht abgesprochen. Doch Ellen würde den Teufel tun, politischen Vorgesetzten öffentlich zu widersprechen.

»Frau Strachwitz, Ihre Behörde hat die Aufgabe, Terrorismus möglichst im Vorfeld zu erkennen. Sie sind das politische Frühwarnsystem unserer Demokratie. Wie schätzen Sie die Situation ein?«

»Guten Morgen! Dem Verfassungsschutz liegen über die Gruppe, die für die Entführung der Frau Ministerin verantwortlich ist, zur Stunde keine belastbaren Erkenntnisse vor. Normalerweise können wir inländischen Terrorismus relativ schnell einer bestimmten Strömung zuordnen, da wir die Entwicklungen extremistischer Bestrebungen im Vorfeld weitgehend beobachten. Nach unserer Vermutung waren bis zu 20 Personen in diese Entführung involviert, was eine untypische Größe für ein solches Kommando darstellt. Normalerweise wäre zu erwarten, dass eine extremistische Gruppe dieser Größenordnung den Sicherheitsbehörden in irgendeiner Weise aufgefallen wäre, vorliegend allerdings hat sich die Gruppe professionell konspirativ verhalten. Derartige Logistik kennt man bislang eigentlich nur bei Beteiligung ausländischer Geheimdienste. Allerdings haben wir aktuell keinerlei Anhaltspunkte hierzu. Wir sind daher noch ganz am Anfang unserer Ermittlungen.«

»Herr Vetter, müssen unsere Politiker besser gesichert werden?«

»Das Sicherheitsaufgebot für Ministerin Delius war grundsätzlich ausreichend gewesen. Vorliegend hätte die Entführung praktisch nur durch eine Absperrung des Toilettenbereichs der Autobahnraststätte verhindert werden können. Das Risiko erschien vertretbar, da der genaue Stopp als spontan erschien. Vorläufig haben wir verfügt, dass solche Zwischenhalte an öffentlichen Orten grundsätzlich nicht mehr gemacht werden. Außerdem stellen wir nunmehr besonders gefährdeten Politikern ab einer Entfernung von 150 Kilometern kostenfrei Helikopter von Polizei und Bundesgrenzschutz zur Verfügung. Sollte es zu Engpässen kommen, hat die Bundeswehr unbürokratische Amtshilfe zugesagt, sowie die gesetzlichen Rahmenbedingungen dies erlauben.«

»Wenn ich das mal ergänzen darf«, meldete sich Kanzleramtsminister Bogk zu Wort. »Wir haben nunmehr jedem Parlamentarier der AEP Polizeischutz gewährt. Auch der Einsatz von Drohnen zur Luftüberwachung etwa solcher Konvois wie dem der Ministerin wird geprüft. Die Bundesregierung hat einen Katalog an Gesetzen zur Verbesserung der Sicherheit entwickelt, den wir morgen in den Bundestag zur Abstimmung einbringen werden. Es darf nicht sein, dass demokratisch gewählte Volksvertreterinnen und Volksvertreter in Angst leben müssen. Wir stehen für die wehrhafte Demokratie!«

»Wie sehen denn Ihre konkreten Vorschläge aus?«

»Zum einen muss, wie bereits angesprochen, die Überwachung endlich ausgebaut werden. Anständige Menschen haben nichts zu verbergen. Die reaktiven Kräfte des Staates müssen deutlich signalisieren, dass sich unsere Demokratie von Terroristen nichts diktieren lässt! Außerdem muss dem Hass in den sozialen Netzwerken nunmehr auch in Bezug auf Politiker ebenso effizient begegnet werden, wie dies bei anderen sozialen Gruppen auch der Fall ist. Wir planen daher die Verschärfung des Netzwerkdurchsetzungsgesetzes sowie des Strafgesetzbuchs, dass Hetze gegen Politikerinnen und Politiker nicht mehr hingenommen werden darf. Plattformen müssen solchen Hass sofort und unaufgefordert löschen und auch den Strafverfolgungsbehörden melden. Meinungsfreiheit kann man auch sachlich ausüben. Und schließlich müssen wir dringend in unsere Cyber-Kompetenz investieren!«

Wenn Ellen das Wort »cyber« von einem Politiker hörte, war klar, dass nur noch Dummgeschwätz folgen würde. Daher nutzte sie die Zeit für eine SMS-Konversation auf ihrem Krypto-Handy.

CHEESE: »Operation ›Ride on a cannonball‹ is ready. Is 2.30 pm good for you?«

POTATO: »Great! I will confirm as soon as our man agrees!«

CHEESE: »What if he doesn't? I offer to send you one of ours!«

POTATO: »Thanks, but no way. I cannot allow foreign fighters to operate in Germany, not even secretly.«

CHEESE: »Even if you will lose your politician?«

POTATO: »Give me an hour. I will do everything to convince him. He is the perfect one for the situation.«

39

Der Lehrgang in Kampf-IT war aufschlussreich. Die Software, die Kommandosoldaten zur Verfügung hatten, war kinderleicht zu bedienen.

Erwin hatte sich bislang nicht zurückgemeldet. In seiner Freizeit saß Jörg in der Kantine, um »zufällig« Cedric zu treffen oder einem Speidler die Gelegenheit zu bieten, ihn anzusprechen. Doch nichts geschah. Seine Karriere als Spion hatte sich Jörg spannender vorgestellt. Eine Vibration des Handys versprach Abwechslung. Eine als Spiel getarnte Voice-over-IP-App des Verfassungsschutzes meldete eine SMS.

»*Sind Sie bereit, Delius zu retten?*«

»*Wie?*«

»*Wir haben einen Verdacht und suchen jemanden für eine diskrete Kommandoaktion.*«

»*Sache der Polizei!*«

»*Wir brauchen einen Mann, der in paramilitärisch gesichertem Gelände ermittelt.*«

»*???*«

»*Wir benötigen gerade einen Teufelskerl! Jemanden, der genau Ihre Fähigkeiten hat.*«

»*?*«

Jetzt rief der Verfassungsschutz an. Jörg suchte sich im Freien ein ruhiges Plätzchen und nahm das Gespräch an.

»Hier Strachwitz. Ich habe eine mögliche Aufenthaltsposition von Delius im Inland. Ich nehme an, dass es sich um die Basis der Entführer handelt. Allerdings kann ich diese Information nicht offiziell machen. Ich suche jemanden, der die Spur diskret überprüft und sich in dem Objekt umsieht.«

»Im Inland? Das ist was für die GSG 9 oder sonst ein SEK. Außerdem: Dienstweg!«

»Gibt es nicht. Militär arbeitet nicht für zivile Behörden.«

»Eben. Und ich arbeite nicht in einem fremden Team.«

»Kein Team! Ich brauche einen Einzelkämpfer, der das Objekt auskundschaftet und notfalls dort eine Person befreit. Wir vom Verfassungsschutz haben für Eingriffe weder die Befugnis noch Personal. Die GSG 9 macht keine Aufklärungsmissionen. Ich suche jemanden, der bereit ist, ein abgelegenes Anwesen in Sachsen auszukundschaften und möglicherweise eine Rettungsmission durchzuführen. Die Hausherren haben militärischen Hintergrund, und das Gelände ist höchstwahrscheinlich professionell gesichert. Wenn wir Spezialkommandos schicken, könnte es außerdem zu einer Belagerungssituation kommen, inklusive Drama in Social Media. Das wäre beim Objekt, um das es geht, politisch verheerend. Es handelt sich um einen Gutshof mit freiem Sichtfeld und kooperativen Objekten im Umfeld. Wenn wir die Trachtengruppe einsetzen, wird die schon fünf Kilometer vor dem Einsatzziel entdeckt. Ich will da lieber einen flexiblen und unabhängigen Einzelkämpfer, der notfalls das Überraschungsmoment nutzt!«

»Ausgeschlossen. Wir arbeiten nur in Vierer-Teams. Alles andere wäre Hollywood-Kino oder Wahnsinn.«

»Herr Weberling, ich dachte, Sie wären so ein Wahnsinniger … Sind Sie denn nicht dieser geheimnisvolle Superman, der da neulich im Indischen Ozean auf einem Schiff im Alleingang aufgeräumt hat …?«

»Ich weiß nicht, wovon Sie sprechen.«

»Sparen Sie sich Ihr Dementi, in Sachen Terror werde ich auch über militärische Operationen informiert.«

»Warum sollte ich für Sie einen offensichtlich illegalen Einsatz leisten?«

»Weil Sie dann wahrscheinlich ein Held sein werden. Das ist genau die Art von Einsatz, für die Sie ein Jahrzehnt trainiert haben. Und da wollen Sie jetzt kneifen?«

»Sie verlangen von mir, dass ich als Bundeswehrangehöriger einen möglicherweise paramilitärischen Einsatz im Inland ohne gesetzliche Grundlage durchführen soll. Habe ich Sie da richtig verstanden?«

»Eigentlich will ich von Ihnen, dass Sie sich nicht erwischen lassen …«

»Und was habe ich davon, ausgerechnet für Sie den Kopf hinzuhalten?«

»Sie bekommen den spannendsten und wichtigsten Einsatz Ihres Lebens! Männer wie Sie suchen doch die Herausforderung. Wenn mich der Verteidigungsminister fragt, warum wir zur Rettung seiner Parteifreundin ausländische Streitkräfte bemühen müssen, soll ich ihm dann sagen, sein bester Elitekrieger hätte gekniffen?«

»Kommen Sie mir bitte nicht so!«

»Sie haben Deutschland Ihren Eid geschworen, dass Sie entführte Deutsche aus dem Ausland befreien. Wo immer die Ministerin ist, definiere ich hiermit als politisches Ausland! Jetzt zieren Sie sich nicht so! Oder wollen Sie lieber Däumchen drehen, bis die Ministerin tot ist?«

»Sie manipulieren mich wieder.«

»Muss ich denn den Hund zum Jagen tragen? Soweit ich hörte, ist für KSK-Leute der ritterliche Kampfeinsatz erotischer als Sex!«

»Was Sie so alles gehört haben …«

»Ich kann Ihnen natürlich auch eine Nacht mit mir anbieten, als Belohnung sozusagen …!«

»Ich wäre eher bereit, den Einsatz zu machen, wenn ich dann sicher sein kann, nicht mit Ihnen in die Kiste zu müssen!«

»Deal! Eisen Sie sich in Calw los und begeben Sie sich zum Flugplatz Malmsheim. Sie werden um 14.30 Uhr von dort ausgeflogen. Bringen Sie sprunggeeignetes Schuhwerk mit, alles andere stellen wir Ihnen.«

»Das ist doch jetzt nicht Ihr Ernst.«

»Doch, ist es.«

»Ich habe nicht ›Ja‹ gesagt.«

»Wenn Sie den Job nicht machen, dann wird das Risiko ein ausländischer Kollege eingehen. Das wäre aber sehr peinlich. Sie wissen doch, warum das KSK gegründet werden musste?«

»Weil Deutschland 1994 keine geeigneten Kräfte zur Evakuierung von Deutschen aus Ruanda hatte. Und?«

»Damals mussten belgische Spezialkräfte aushelfen, und vier von denen sind dabei ums Leben gekommen. Wollen Sie Ihrem Land wirklich wieder so eine Schande bereiten? Soll ein Ausländer für Deutschland fallen, weil ein KSK-Mann gekniffen hat?«

»Soll ich etwa für Sie fallen?«

»Nur aus einem Flugzeug. Ihr Codename ist Raubvogel. Sie bekommen alle Details über Ihren Zielort aufs Handy. Ich schlage vor, Sie stärken sich jetzt ein bisschen und machen sich auf den Weg. Und lassen Sie Ihr Handy bei der Anfahrt unbedingt ausgeschaltet. Strachwitz: Ende!«

Jörg war von Ellens Impertinenz ungehalten, doch als die Mail mit den Einsatzplänen auf dem Handy ankam, öffnete er sie begierig. Sie enthielt als »geheim« klassifiziertes Material wie Personenbeschreibungen möglicher Gegner, Luftbilder und Baupläne der Gebäude. In einem hatte die Frau recht: Ein KSK-Mann konnte sich unmöglich diese Herausforderung entgehen lassen.

Jörg warf einen Blick auf das Gelände in Calw. Der Spaß von früher war bisher nicht zurückgekehrt, neue Kameraden hatte er noch keine gefunden. Die rechten Sprücheklopfer, die hier im KSK geduldet wurden, waren ihm peinlich. Ob heute mehr als früher, vermochte er nicht mit letzter Sicherheit zu sagen, vielleicht hatte sich auch nur seine Perspektive geändert. So wie in alten Zeiten würde es nicht mehr werden, auch die eigene sportliche Kondition ließ sich auf diesem Niveau nicht ewig halten. Wenn er den Abgang mit einem interessanten Kampfeinsatz wie dem Ausheben eines Nazinestes verband, dann war das genau nach seinem Geschmack. Dass er dies ausgerechnet für die ihm verhasste Geheimdienstchefin erledigen sollte, nervte ihn allerdings gewaltig.

Höch meldete sich telefonisch. »Ellen, ich habe gute Neuigkeiten. Klawitter hat über Bogk Druck ausgeübt. Der MAD gewährt mir jetzt Zugriff auf seine Datenbank, aber nur unter Aufsicht.«

»Das kommt leider ein bisschen spät. Das Ultimatum läuft heute Nacht ab.«

»Ich werde sofort einen Abgleich rund um den Speidel-Bund und das KSK vornehmen.«

»Nein! Auf keinen Fall. Wenn sie dich beobachten, könnte dadurch jemand irgendwie gewarnt werden. Mache bitte nur allgemeine Anfragen zu Nazis, damit niemand Verdacht schöpft.«

»Aber das ist unser einziger Ermittlungsansatz. Das bringt so doch überhaupt nichts.«

»Doch. Es wiegt mögliche Gegner in falscher Sicherheit.«

40

Am Flugplatz Malmsheim beobachtete Jörg, wie eine einmotorige Cessna 2008 mit Schweizer Kennung landete. Äußerlich handelte es sich um ein ziviles Mehrzweckflugzeug. Der Co-Pilot, ein älterer, aber schneidiger Mann mit gepflegtem Schnurrbart in ziviler Kleidung, drehte sich neben dem Flieger eine Zigarette. Er winkte Jörg heran und musterte ihn.

»You are the bird of prey, aren't you?«, fragte er freundlich in einem Englisch mit französischem Akzent.

»I think so.«

Der Mann grüßte militärisch. »A nice girlfriend said to me you are going to fight against Nazis today, aren't you?«

»Yes, I do.«

Der Mann reichte Jörg die Hand und sah ihm tief in die Augen. »Mein Großvater war in der Resistance!«, kam es auf einmal in brauchbarem Deutsch, jedoch mit französischem Akzent. »Damals gegen die Nazis. Er hat unserer Nation einen großen Dienst erwiesen.«

Jörg nickte anerkennend.

»Ich beneide Sie um das Privileg, solchen Scheißkerlen aufs Maul hauen zu dürfen!« Der Mann gab Jörg einen Klaps auf den Oberarm. »Im Flugzeug finden Sie einen Gleitschirm, Kampfuniformen ohne Hoheitszeichen in mehreren Kleidergrößen, eine Standardausrüstung für militärische Spezialeinheiten und eine ›Tarnkappe‹ mit Kühlaggregaten! Als Primärwaffe kriegen Sie ein G 36 und als Sekundärwaffe eine P12 mit Schalldämpfer. Die Munition erlaubt keinen Rückschluss über ihre Herkunft.«

»Wer sind Sie eigentlich?«

Der Fremde grinste. »Sagen wir mal, ich pflege exzellente Beziehungen zur Direction Générale de la Sécurité Extérieure …!«

Der Mann sah Jörg wieder tief in die Augen und grinste breit. Damit war Jörg klar, dass der vermeintliche Co-Pilot irgendein hohes Tier im französischen Geheimdienst sein musste.

»In einer Stunde wird es über dem Zielgebiet regnen. Sie springen im Regen mit dem Gleitschirm in fünf Kilometer Entfernung ab. Aktuell sind im Zielobjekt vielleicht zehn Personen anwesend. Wir setzen Sie ab und sind dann aus dem Spiel. Falls Sie gefangen oder von den Behörden festgenommen werden, werden Sie unseren Beitrag zu Ihrem kleinen Abenteuer nicht erwähnen, wenn ich bitten darf.«

»Ich soll im Regen springen? Ausgeschlossen. Die Windverhältnisse sind bei Regen unberechenbar.«

»Wissen Sie, warum die Landung in der Normandie am D-Day so erfolgreich war?«

»Natürlich weiß ich das. Die Deutschen dachten, es sei bloß ein Ablenkungsmanöver, weil sie die eigentliche Landung bei Calais erwarteten.«

»Genau. Ihr Herr Rommel konnte sich nicht vorstellen, dass Churchill seine Soldaten bei Sturm in den Atlantik über die weite Route in die Normandie schicken würde!«

»Diese Taktik war ja auch unverantwortlich gegenüber den eigenen Leuten. Es gab unsagbare Verluste schon bei der Anreise.«

»Diese Taktik war wagemutig. Aber das Opfer hat sich gelohnt, man war erfolgreich. Sie werden es ebenfalls sein. Überraschen Sie die Nazis!«

Jörg bereute in dem Moment, worauf er sich da eingelassen hatte. »Sind Sie schon mal bei Regen gesprungen?«

»Mehrfach! Und nun steigen Sie ein, Raubvogel.« Der Mann warf die Zigarette weg.

»Ich muss noch den Schirm kontrollieren!«

»Dazu ist jetzt keine Zeit, der Regen wartet nicht auf uns. Ich springe seit vierzig Jahren und habe das Ding persönlich gepackt.«

Auf Ellens Monitor erschien das Emblem des *Bezpe nostní informa ní služba.*

»Victor, Sie müssen die Zielperson Cedric unverzüglich befragen.«

»Da sind wir leider zu spät. Ich habe gerade erfahren, dass dieser Mann tödlich verunglückt ist. Ich wollte Sie gerade anrufen!«

»Was war das denn für ein Unfall?«

»Der Mann ist irgendwo runtergestürzt. Oder gesprungen.«

»Ein Soldat vom KSK soll irgendwo runterstürzen? Diese Leute sind im Bergsteigen und im Erkennen von Gefahren trainiert. Und so einer soll sich ausgerechnet jetzt, wo er zum wichtigen Zeugen wird, durch einen Unfall ins Jenseits befördert haben? Das ist aber schon ein seltsamer Zufall ...«

»Wir werden das unverzüglich untersuchen. Allerdings haben wir keinen Hinweis auf Fremdverschulden, ebensowenig einen Abschiedsbrief.«

»Ich danke Ihnen, Victor.«

Die heißeste Spur zu Delius war nunmehr im wahrsten Sinne des Wortes gestorben.

Ellen ging im Kopf Szenarien durch, die einen gewaltsamen Tod erklären konnten: Vielleicht beseitigte der Adler entbehrlich gewordene Mitwisser aus Prinzip. Oder aber jemand aus dem Krisenstab hatte über Cedrics Spiegelung in den Pupillen berichtet. Vielleicht waren auch andere auf die Idee gekommen, die Videos zu vergrößern. Oder aber Victor hatte sie verraten. Die Mitglieder des Berner Clubs waren durchweg Karrieristen, oft sehr patriotisch bis rechts eingestellt. Eines aber war klar: Ihr Gegner war professionell und skrupellos. Vetter lag mit seiner Einschätzung wohl richtig: Die Wahrscheinlichkeit, Delius lebend wiederzusehen, lag im vernachlässigbaren Bereich.

41

Die Ausrüstung, die man Jörg angeboten hatte, entsprach modernem militärischem Standard für Spezialeinheiten. So wies die beschusshemmende Weste auch Schutz für den Hals- und Leistenbereich auf. An den beiden Schusswaffen und den Handgranaten waren die Seriennummern weggefeilt. Der Springerhelm enthielt ein eingebautes Funksystem, das auch mit einer Avionik für den Gleitschirmflug auf Langstrecke zusammengeschaltet war. Damit hatte Jörg noch nicht gearbeitet. Als er die in Tarnfarben lackierte Maschinenpistole G36 aus dem Gewehrkoffer auspackte, entdeckte er am Lauf eine schwenkbare Minikamera. Von diesem neuen System hatte er bisher nur gelesen. Das Bild der Kamera wurde ihm in ein Display am Helm gespielt, sodass er die Waffe wie ein Periskop benutzen und notfalls aus der Deckung zielen konnte. Beim KSK bezweifelte man die Einsatztauglichkeit dieses Systems und hielt die Sache für eine Spielerei, Jörg aber fand die Idee praktisch.

Die Maschine näherte sich dem Zielgebiet. Von oben sah auch eine Regenwolke weiß aus. Springen bei Regen war strengstens untersagt. Zum einen fehlte die Sicht, zum andern konnte der Landeanflug durch Böen oder Abwinde in Bodennähe in einem nicht mehr korrigierbaren Ausmaß beeinflusst werden. Ein weiteres Risiko barg die Landung auf rutschigem Untergrund. Wer immer diesen Einsatz geplant hatte, hielt Jörg offenbar für Superman. Doch gegen ein gebrochenes Kreuz war auch ein Elitesoldat mit Schutzanzug nicht gefeit.

Jörg setzte den Helm auf und schaltete das Kommunikationssystem ein.

»Hallo, Raubvogel! Können Sie mich hören?«

Ellens Stimme hatte Jörg nicht erwartet. »Ja, laut und deutlich. Sie leiten persönlich diesen Einsatz?«

»Korrekt!«

»Sind Sie denn für so etwas überhaupt qualifiziert?«

»Nun ja, ich habe mal ein Handbuch gelesen …! Mal im Ernst, ich habe das Gemeinsame Antiterrorzentrum aufgebaut. Viel muss ich Ihnen wohl auch nicht mehr sagen: Ihr Auftrag lautet, die Ministerin zu finden. Sie wird möglicherweise im Keller gefangen gehalten. Weiterer Anhaltspunkt ist ein GPS-Tracker, der vielleicht die Position der Ministerin anzeigt. Sie schleichen sich da rein, und wenn wir falschliegen, ziehen Sie sich bitte zurück, ohne dass Ihre Anwesenheit auffällt.«

»Ich schlage vor, wir halten Funkstille, bis ich im Objekt bin!« Ohne eine Antwort abzuwarten, schaltete Jörg den Funk ab. Von einer Zivilistin auch noch konkrete Einsatzbefehle anzunehmen, kam für ihn nicht in Betracht, von der schon gar nicht. Widerwillig schnallte er sich die unförmige Bauchtasche um.

Der Franzose öffnete die Seitentür. »Und jetzt gehen Sie und versohlen Sie ein paar Nazis gehörig den Arsch!« Er grüßte militärisch.

»Hat die Avionik eigentlich einen Modus für Regenflug?«

Statt einer Antwort griff der Franzose in Jörgs Gurtzug und zog ihn ruckartig Richtung Tür. »Allez hopp!« Während Jörg versuchte, das Gleichgewicht zu wahren, gab ihm der Franzose einen Tritt in den Hintern. Jörg fiel ins Freie, öffnete aber sofort den Gleitschirm, denn der Flug ging auf Strecke. Nachdem sich der Schirm stabilisiert hatte, schwebte Jörg auf die weiße Wolkendecke zu. In das Helmdisplay wurden die Koordinaten eingespielt, auf dem Kopfhörer gab es computergesteuerte Durchsagen zu Höhe und Position. Dann tauchte er in den weißen Nebel ein. Im Blindflug korrigierte er nach den Anweisungen des Systems den Kurs. Erwartungsgemäß war das System für normales Sprungwetter programmiert. Bei Aufnahme von Nässe jedoch verhielt sich der Schirm anders, von den Windböen ganz zu schweigen.

»Ziel in vier Kilometern. Kurskorrektur 17 Grad Ost. Warnung: Flughöhe fällt zu schnell. Warnung: Flughöhe fällt zu schnell.« Der Nebel lichtete sich, und Jörg sah unter sich die erwarteten Waldgebiete. Und schon spürte er die Regentropfen, die er bei großer Geschwindigkeit schnitt. Wie Hagelkörner prallten die Tropfen gegen das Visier des Sprunghelms. »Warnung: Flughöhe fällt zu schnell. Ziel nicht mehr erreichbar.« Jörg versuchte, aus der Regenzone herauszusteuern. Wo auch immer er landen würde, es wäre sicherer, wenn auf trockenem Grund. Lieber ein weiter Fußmarsch als eine Bruchlandung. Die Auswahl eines Landeplatzes erledigte sich, als Jörg von einem Aufwind schlagartig nach oben gerissen wurde.

Die Situation war nicht ungefährlich. Bei Gewitterlagen konnte derlei einen Fallschirmspringer in Höhen von bis zu 10 000 Metern hieven, wo ohne Sauerstoffversorgung bei minus 40 Grad Bewusstlosigkeit drohte. Bislang wusste man nur von einem Springer, der einen Trip in solcher Höhe überlebt hatte. Jörg bewahrte Ruhe und prüfte, ob das Messer zum Losschneiden vom Schirm da saß, wo es sollte. Notfalls würde er den Schirm abwerfen und dann in Bodennähe den Reservefallschirm auslösen und hoffen, nicht erneut in Aufwind zu geraten.

Nach einer halben Minute Aufstieg wurde Jörg aus dem Luftstrom ausgeworfen und geriet ins Trudeln. Schließlich bekam er den Schirm wieder unter Kontrolle. In den wenigen Sekunden war er um fast 2 000 Meter aufgestiegen.

»Ziel in drei Kilometern. Kurskorrektur 59 Grad West.« Leider steuerte Jörg das Gelände nun aus anderer Richtung an. Eigentlich sollte er flach anfliegen, um möglichst ungesehen auf einer Anhöhe hinter dem Haus zu landen. Dies war vom aktuellen Kurs aus nicht mehr zu schaffen, stattdessen musste er die Anlage in großem Bogen umfliegen, um keinem möglichen Beobachter aufzufallen.

»Warnung: Flughöhe fällt zu schnell.« Jörg strich den Umweg und peilte nun ein Waldstück an, das hinter dem Gebäude lag. Der bewölkte Himmel würde einen verräterischen Schattenwurf über dem Gelände verhindern; also hieß es, Nerven zu bewahren und zu hoffen, dass der Schirm kein Geräusch verursachte. Noch immer nieselte es leicht, die Sicht ließ zu wünschen übrig. »Bodenabstand unter 70 Meter! Warnung: Flughöhe fällt zu schnell.« Jörg überflog nun direkt das Ensemble des Gehöfts und erkannte hierbei auf dem Hof unter einem Vordach zwei Männer beim Rauchen. Soweit erkennbar, sahen sie nicht zu ihm auf. Die anvisierte Lichtung war mit seiner zu niedrigen Flughöhe unerreichbar, also entschied er sich für eine Baumlandung. Das Gepäck auf dem Bauch würde den Aufprall abfangen.

Er zielte auf einen Baumwipfel, bremste den Schirm ab und versuchte, die Baumkrone zu umklammern, doch er fand keinen Halt. Der Gleitschirm wickelte sich beim Abrutschen um den Baumwipfel, das Schnürwerk verhakte sich im Geäst, und mit einem Ruck hing Jörg in seinem Gurt einige Meter über dem Grund. Er warf sein Gepäck ab, schnitt sich los und rutschte den Rest des Stammes runter. Sofort entsicherte er die Maschinenpistole und verharrte regungslos in seiner Position. Die Chancen, dass die Raucher Jörg nicht gesehen hatten, standen gut.

Jörg checkte den Äther. Der auf dem Rücken befindliche Rechner meldete jede Menge WLAN-Signale im Umkreis von 500 Metern. Offenbar war auch hier ein Mesh-Net an Wildkameras installiert. Die Geräte waren so unsicher, dass die Softwaretools sie nicht nur orteten, sondern Jörg die gesendeten Bilder anzeigten. Der IT-Lehrgang hatte sich bewährt. Mit seiner Absturzstelle hatte er Glück, offenbar war er außerhalb einer beobachteten Stelle gelandet.

Jörg wechselte den Fallschirmspringerhelm gegen den Gefechtshelm, versteckte den Schirm und die Taschen notdürftig im Unterholz und rollte nun die ›Tarnkappe‹ aus. Hierbei handelte es sich um eine unregelmäßig geschnittene Matte, deren eine Seite mit einem bräunlichen Flecktarnmuster bedruckt war. Die andere war mit künstlichen Farnen und Gräsern versehen. Innen waren Packungen mit Gel eingenäht, wie man es zum Kühlen von Verletzungen verwendete. Im Flugzeug war die Matte bis kurz vor dem

Absprung gekühlt worden. Etwa eine halbe Stunde würde das Gel Körperwärme gegen Bewegungsmelder abschirmen. Ein unter der Matte mit den Kühlpackungen kriechender Angreifer verursachte allenfalls eine geringe Wärme-Silhouette, die von gängigen Systemen als Tier interpretiert wurde. Jörg hakte die Matte mit dem Flecktarnmuster nach oben an seinen Ärmeln ein und steckte die Waffe in eine dafür vorgesehene Schlaufe. Dann kroch er Gewehr voraus langsam in Richtung Haus. Um die ihm angezeigten Wildtierkameras machte er einen Bogen. Am Waldrand beobachtete er das 300 Meter entfernte Gehöft mit dem Feldstecher. Wie erwartet entdeckte er am Gebäude klassische Überwachungskameras mit Bewegungsmeldern und Außenscheinwerfern.

Jörg wendete die Matte. Diese hatte zwar ein anderes Grün als die Wiese, war aber dennoch unauffälliger als ein nicht getarnter sich anschleichender Mensch, außerdem täuschte sie die auf Wärme reagierenden Bewegungsmelder. Er nutzte nun die Minikamera am Gewehrschaft zur Orientierung und robbte langsam zur Wiese. Als die Gräser von einem Windstoß bewegt wurden, kroch er in Richtung der Gebäude und hielt inne, sowie die Wiese zur Ruhe kam. Sorgen bereiteten ihm vor allem die Hunde, die Gerüche und Laute um ein Vielfaches effizienter witterten als Menschen, bislang aber blieb es ruhig. Das Manöver wiederholte er mit jedem Windstoß, bis er die Mauer vom Herrenhaus erreichte. Langsam robbte er sich zur Hausecke vor und klärte mit der Gewehrkamera die Lage. Da die Luft rein war, ließ Jörg die Tarnkappe zurück, richtete sich auf und presste sich an die Wand. Erstmals aktivierte er jetzt die Videoübertragung zu Ellen, die sowohl das Bild der Helmkamera als auch der Kamera am Gewehr verfolgte.

Langsam lugte er mit dem ungewöhnlichen Periskop um die Ecke und inspizierte das Hofinnere. Aus der Ferne hörte Jörg die Hunde bellen. Möglich, dass sie seine Witterung aufgenommen hatten, aber offenbar waren sie im Zwinger oder angeleint, und niemand schien sich für ihr Gebell zu interessieren. Jörg bewegte sich nun vorsichtig weiter zur Tür des Herrenhauses. Dann entschied er sich für Risiko, öffnete die unverschlossene Tür und stand mit Gewehr im Anschlag in der Diele.

Niemand war zu sehen. An der Wand sah Jörg ein aufgemaltes Wappen, das ihm vertraut war: ein Schwert mit einem darum geschwungenen Fragezeichen – das Zeichen der Division Brandenburg. Auch weitere Symbole der legendären Kommandoeinheit wie ein Schwert mit einer stilisierten Theatermaske zierten die Diele. Der Hausherr hatte offenbar eine große Affinität zu der berüchtigten Eliteeinheit der Wehrmacht. Dies erschien Jörg deshalb ungewöhnlich, weil Nazis eigentlich eher einen Uniformkult trieben und soldatische Tugenden priesen, die mit Operationen unter falscher Flagge nur schwer vereinbar waren.

Von irgendwoher kam Musik, offenbar Rechtsrock. Jörgs Auftrag lautete allerdings, nach einem Kellerversteck mit Delius zu suchen. So schlich er sich mit Gewehr im Anschlag die Kellertreppe hinunter, klappte die Nachtsichtobjektive herunter und öffnete so geräuschlos wie möglich die Kellertür. Das Kellergewölbe passte nicht zu dem Beton, den man auf den Videos hinter Delius sah. Trotzdem inspizierte Jörg gründlich das Terrain. Hier waren hauptsächlich Lebensmittelvorräte und Treibstoffkanister gelagert. Waffen oder anderes Kriegsgerät, was etwa bei einer Razzia den Hausherrn in Verlegenheit hätte bringen können, fand er jedoch nicht.

»Zielperson nicht im Keller.«

»Danke, Raubvogel. Sie haben Ihren Auftrag damit erledigt. Den Versuch war es wert. Ziehen Sie sich zurück. Verlassen Sie das Zielgebiet, wir sammeln Sie dann in einer Stunde an der Landstraße Treffpunkt 2 auf.«

›Typisch Geheimdienst‹, dachte Jörg. Riesenaufwand, wenig Ertrag und nur untätig zusehen. Er war nicht den aufwendigen Weg durch die Luft gekommen, um dann gänzlich unverrichteter Dinge wieder abzuziehen. »Woher wollen Sie denn wissen, dass die Zielperson die ganze Zeit in einem Keller gehalten wird? Die kann ja trotzdem inzwischen hier irgendwo sein.«

»Da spricht aber nichts dafür.«

Jörg hörte Schritte über sich, offenbar passierten zwei Personen die Diele und gingen ins Freie.

»Und was ist mit ihrem GPS-Sender? Der ist hier im Haus. Ich kriege die Signale. Ich sehe mich mal ein bisschen um!«

»Negativ! Sie sind hier fertig.«

Jörg ignorierte Ellens Anweisung. Von Zivilisten akzeptierte er keine direkten Befehle. In der Diele stieg er Gewehr im Anschlag die Treppe hoch, um erst einmal zu erkunden, woher die Musik kam. Der Flur im ersten Stock führte wie bei einem Hotel links und rechts zu Zimmern. Der Raum, aus dem die Geräusche drangen, entsprach der Position des GPS-Senders. Jörg öffnete die Tür einen Spalt und lugte mit dem Gewehr mit der aufmontierten Kamera in den Raum. Auf dem Display konnte er Tische mit Monitoren erkennen, an denen einige Männer geschäftig arbeiteten. Keine Ministerin, sondern Nerds. Bevor jemand die Kamera bemerkte, zog Jörg sich zurück.

Ellen starte gebannt auf den Monitor, der die Bilder aus Helmkamera und Gewehrkamera zeigte. Was Jörg wohl gemacht hätte, wenn eine der Türen aufgegangen wäre?

»Rückzug! Das ist nicht zielführend! Sie verraten Ihre Position! Sie warnen den Feind!«

Befehle von Ellen bewirkten bei Jörg allerdings das Gegenteil. Er entdeckte eine Tür mit der in Sütterlin kalligraphierten Aufschrift ›Oberste Heeresleitung‹.

»Es reicht jetzt!«, protestierte Ellen. »Sehen Sie zu, dass Sie da rauskommen! Mission definitiv beenden!«

Jörg war im Begriff, den Flur zurückzugehen, als jemand die nach außen schwingende Tür aus dem Computerraum öffnete. Jörg schaffte es gerade noch rechtzeitig, sich in einen als WC gekennzeichneten Raum zu flüchten. Sein Training, die Waffe ohne anzustoßen zu führen, machte sich bezahlt. Sofort steuerte Jörg eine der Kabinen an und schloss sich lautlos ein. Wie er es befürchtet hatte, suchte der Fremde das gleiche Ziel auf und wählte die Kabine daneben. Kaltblütig betätigte Jörg die Spülung, verließ die Kabine und drehte den Wasserhahn auf, um einen authentischen Toilettengang vorzutäuschen. Als er wieder ins Erdgeschoss schleichen wollte, hörte er von draußen mehrere Motorengeräusche. Seine Flucht musste er wohl oder übel aufschieben. Als Versteck erschien ihm am ehesten der Dachboden geeignet.

»Was machen Sie im Augenblick?«, fragte Ellen.

»Hier treffen gerade mehrere Fahrzeuge ein.«

Ellen warf einen Blick auf einen anderen Monitor, auf dem die Kennung von Handys angezeigt war, die sich in den umliegenden Funkzellen befanden.

»Erstaunlich. Keiner von denen hat sein Handy an oder dabei. Wir müssen davon ausgehen, dass es sich um ein konspiratives Treffen handelt.«

»Haben Sie vorhin die Symbole der Brandenburger erkannt?«

»Ja, habe ich. Mir ist auch der Kult um die Brandenburger bekannt, den manche beim KSK pflegen.«

In der Dachschräge gab es keine Fenster zum Hof, sondern nur zur Seite. Jörg sondierte mit der Gewehrkamera die Lage und beobachtete, wie im Hof Personen in ziviler Outdoorkleidung mit Sturmhauben Aufstellung nahmen. Offenbar sollten die Typen auch einander unbekannt bleiben. Die meisten waren Männer, aber auch einige Frauen waren dabei. Ohne die Sturmhauben hätten sie wie Jäger und Wanderer gewirkt, manche trugen jedoch Klamotten aus dem Military Shop. Immer mehr Fahrzeuge trafen ein und parkten entlang der Zufahrtsstraße.

Einer der Typen aus dem Computerraum lief dort nun ebenfalls mit Sturmhaube herum und kontrollierte mit einem Klemmbrett die Anwesenheit. Ein älterer Mann brüllte Befehle in einer Art, die Jörg bekannt vorkam.

»Der Typ, der da unten das Kommando führt, ist ein früherer KSK-Mann. Ich erkenne ihn an der Stimme. Rogalla heißt er. Der ist vor ein paar Jahren zusammen mit anderen rausgeflogen, weil sie es mit dem Nationalstolz etwas übertrieben hatten. Wenn Rogalla der Adler ist, haben Sie ein Problem. Der Mann hat in Afghanistan krasse Sachen gemacht.«

»Danke, das ist ein wertvoller Hinweis. Aber jetzt sehen Sie zu, dass Sie da so bald wie möglich rauskommen!«

Jörg hörte Gebell und zog seine Waffe mit der Kamera gerade noch rechtzeitig ein, als unten jemand mit einem Hund um die Ecke kam. Jörg ließ die Kamera nur wenige Zentimeter überstehen und erkannte zu seinem Schrecken, dass der Mann mit dem Hund die Tarnkappe gefunden hatte. Würde der Mann Alarm auslösen, war mit einer Durchsuchung des Gebäudes zu rechnen. Noch hatte er die Möglichkeit, das Überraschungsmoment zu nutzen und sich den Weg freizuschießen. Doch der Mann mit dem Hund machte keine Anstalten, Alarm zu geben. Stattdessen wartete er seelenruhig ab, bis der Appell im Hof beendet war, und hängte dann die Matte zum Trocknen auf. Offenbar waren solche Tarnmittel für die Wehrsportler hier nichts Ungewöhnliches. Vermutlich glaubte der Finder, die Matte gehörte jemandem von den eigenen Leuten.

Also hielt Jörg seine Position. Inzwischen warfen die Maskierten den Grill an und ließen im Hof Rechtsrock erklingen. Auch im Flur im ersten Stock herrschte nun reger Betrieb. »Die machen hier offenbar ein Grillfest. Das wird hier wohl etwas länger dauern, bis ich freie Bahn zum Abzug habe.«

»Negativ! Wir haben eigentlich nicht so viel Zeit hier geplant. Ich muss jetzt wieder zurück nach Berlin zum Krisenstab. Wenn wir die Ministerin gefunden hätten, wäre es etwas anderes!«

»Und warum fahren Sie nicht einfach?«

»Ich bin Ihre Fahrerin!«

»Moment. Soll das heißen, Sie leiten diese Mission alleine und sind als Einzige hier in der Nähe?«

»Die Mission ist absolut geheim, da sie ohne Rechtsgrundlage erfolgt und Partnerdienste belasten könnte. Daher darf niemand sonst etwas davon erfahren, damit wir alles plausibel abstreiten könnten. Nur Sie und ich wissen Bescheid.«

»Sie lassen mich hier ohne Back-up arbeiten?«

»Sie sind doch vom KSK! Sie haben da auch kein Back-up.«

»Wir arbeiten aber immer im Team und haben trainierte Pläne.«

»Beim nächsten Mal werde ich Ihre Vorschläge berücksichtigen.«

»Fahren Sie ruhig nach Berlin. Ich kann mich später rausschleichen und den Bus nehmen, falls einer fährt.«

»Mit Ihrer Dienstkleidung und dem Sturmgewehr werden Sie auffallen. Ich warte dann halt auch.«

Jörg wusste nicht, ob er sich mehr über die Nazis oder mehr über Ellen ärgern sollte, entschied sich dann aber für Professionalität und wartete zwei geschlagene Stunden ab.

In ihrem Wagen nahm Ellen mit dem Notebook auf den Knien an den Beratungen des Krisenstabs teil. In einer Pause informierte Höch darüber, dass es bei den Organisatoren der für Berlin geplanten Demo massiven Streit gab, wie man mit der Situation umgehen solle. Manche Bündnispartner und Redner hatten ihre Mitwirkung bereits abgesagt, weil sie nicht in geistiger Nähe zu mordenden Terroristen wahrgenommen werden wollten. Aus dem Kanzleramt bekamen die Spitzen der Sicherheitsbehörden zur Abstimmung des Wordings vorab eine Entwurfsfassung der Rede, mit welcher die Kanzlerin den Tod von Delius kommentieren würde, wenn es dazu käme.

Jörg amüsierte sich darüber, wie die Nazis trotz der Hauben ihr Grillgut verzehrten. Einer hatte Flecktarnhosen aus dem Army Shop, die Jörgs Kampfuniform ähnelten. Erst jetzt fiel ihm auf, dass er mit seiner unter dem Helm getragenen Sturmhaube genauso wie die maskierten Nazis im Hof aussah. Nicht ins Bild passten natürlich das G36, die beschusshemmende Kleidung und der Helm. »Ich habe einen Plan und bin hoffentlich in einer halben Stunde am Treffpunkt. Ich beende jetzt den Funkkontakt und melde mich später notfalls über das Handy.«

»Das Handy sollten Sie auf keinen Fall benutzen. Es sei denn, Sie haben eine SIM-Karte zum einmaligen Gebrauch.«

»Leider nicht. Raubvogel Ende!«

Jörg zog nun den Helm, die Schutzweste und das Oberteil seiner Uniform aus und versteckte alles gemeinsam mit dem Gewehr auf dem Dachboden. Dann steckte er die P12 am Rücken in den Hosenbund, damit sie unter dem Hemd nicht auftrug, und verstaute den Schalldämpfer und ein Ersatzmagazin in den Stiefeln. Mit seiner Sturmhaube war er von den anderen Gästen nunmehr kaum zu unterscheiden – bei gut 25 Personen, die sich untereinander kaum kannten, hatte er mit seiner Tarnung gute Chancen. Er würde so tun, als hätte er etwas aus dem Auto vergessen, um sich dann heimlich abzusetzen. Ruhigen Schritts ging er die Treppe hinab, trat durch die Haustür ins Freie – und lief dabei einem Mann in die Arme, der einen Karton trug. Da sich alle anderen zu einem Raum am Ende des Ganges bewegten, fiel Jörgs entgegengesetzte Richtung auf. Der Mann hielt Jörg den Karton hin.

»Wohin damit?«, fragte Jörg geistesgegenwärtig.

»Na, zu den anderen im großen Saal natürlich!« Der Fremde machte kehrt, um noch weitere Sachen aus einem Auto auszuladen. Jörg nickte freundlich und tat, was man ihm aufgetragen hatte. Einer mehr oder weniger im großen Raum würde hoffentlich nicht auffallen.

Alle standen in einem Halbkreis um den Mann herum, denn Jörg nun ganz sicher als KSK-Ausbilder Rogalla identifizierte. Auch die Typen, die Jörg vorhin im Computerzimmer gesehen hatte, trugen inzwischen alle Sturmhauben. Mit der Anonymisierung nahm es die Organisation offenbar sehr genau. Einer der gleichfalls maskierten Gastgeber nahm Jörg den Karton ab. Für den Moment hielten die Gäste offenbar Jörg für einen der Gastgeber und die Gastgeber Jörg für einen der Gäste. Es war jedoch nur eine Frage der Zeit, bis jemandem auffallen würde, dass Jörgs Kleidung nicht so recht zu den Outdoorjacken der anderen passte, zumal die Hose verdreckt war. Die Nazis verteilten Sektgläser, was erneut zu Erheiterung führte, weil die meisten Sturmhauben keine Mundöffnung hatten.

Jörg beobachtete, wie einer der Nazis Orden aus dem Karton holte und auf einem Tisch drapierte. Offenbar war hier so etwas wie eine Zeremonie geplant. Allerdings waren die Orden wohl abgezählt, sodass ein Mann zu viel auffallen musste.

Jörg schnappte sich leere Sektflaschen, um den Raum als vermeintlicher Gastgeber unauffällig zu verlassen. Die Teilnehmer waren ohnehin durch Rogalla abgelenkt.

»Habt ihr noch was davon?«, fragte ihn eine der Teilnehmerinnen, unter deren Sturmhaube braune Haare hervorlugten.

»Klar!«, antwortete Jörg. »Kommt sofort!«

Seelenruhig verließ er den Raum, stellte die leeren Sektflaschen im Flur ab und verließ das Gebäude. Um einem möglichen Beobachter als harmlos zu erscheinen, nahm er ohne Hast seine Tarnkappe von dem Haken, an den sie der Mann mit dem Hund vorhin zum Trocknen aufgehängt hatte, faltete sie zusammen und begab sich zu den abseits parkenden Autos. Der Hund bellte laut, aber Jörg blieb cool. Dann jedoch hörte er Motorengeräusche aus der Ferne und sah die Scheinwerfer eines herannahenden Wagens. Er duckte sich zwischen den parkenden Fahrzeugen und ließ einen Mercedes S-Klasse passieren. Offenbar fand sich noch ein prominenter Gast ein. Als der Wagen außer Sicht war, verlor Jörg keine Zeit und entfaltete die Tarnkappe. Wenn jemandem im Haus auffiel, dass der Typ mit der dreckigen Hose verschwunden war, wollte er möglichst weit weg sein. Damit er vom Haus aus nicht gesehen wurde, robbte er zunächst neben der Zubringerstraße. Ohne Arbeitshandschuhe und die Kampfuniform, die er auf dem Dachboden zurückgelassen hatte, schmerzte dies jedoch rasch. Nach gut hundert Metern riskierte er es und lief geduckt weiter, die Tarnkappe noch immer über sich.

Weil der Hund nicht mit dem Bellen aufhörte und die Braunhaarige wohl nicht ewig auf den versprochenen Sekt wartete, wurde Jörg nervös. Ohne die Funkausrüstung, die er ebenfalls auf dem Dachboden zurückgelassen hatte, blieb ihm zum Anfordern eines früheren Treffens mit dem Fluchtwagen nur sein Handy. Ihm war bewusst, dass er auf diese Weise die Funkstille im GSM-Netz brach und die Anwesenheit seines Handys verriet.

»Treffpunkt 3 in fünf Minuten!«

»Okay!«

»Kommen Sie ohne Beleuchtung.«

Jörg sah sich um. Von den Gebäuden war keine Aktivität zu erkennen, auch das Hundegebell blieb in der Ferne. Inzwischen rannte Jörg, wenn auch geduckt. Eine möglichst niedrige Silhouette verringerte nicht nur die Wahrscheinlichkeit, gesehen zu werden, sie würde auch einem Scharfschützen die Arbeit erschweren. Jörg erinnerte sich an eine ähnliche Situation in Afghanistan, bei der er in Taliban-verseuchtes Gebiet geraten war. Diese Nazis hier würden mit Spionen nicht anders verfahren als die Gotteskrieger.

Endlich sah er die Kreuzung, nicht aber sein Fluchtfahrzeug. Also versteckte er sich im Straßengraben unter der Tarnungsmatte und lauschte. Zwei endlose Minuten blieb es ruhig, dann aber nahte ein Wagen mit ausgeschalteten Scheinwerfern. Es handelte sich um einen Mercedes E-Klasse. Jörg erschien wie aus dem Nichts, setzte sich auf den Beifahrersitz und kommandierte: »Losfahren!«

»Zu Befehl«, flachste Ellen und gab Gas.

»Sie haben nicht einmal Personenschützer dabei?«

»Das ist ein inoffizieller Einsatz. Wo sind eigentlich Ihre Sachen?«

»Musste ich zurücklassen, um unauffällig wegzukommen. Habe mich als einen von denen getarnt, um aus dem Haus rauszukommen. Das ganze Zeug ist auf dem Dachboden versteckt!«

»Dann haben wir ein Problem. Die Aktion muss unbedingt geheim bleiben.«

»Sie haben noch ein ganz anderes Problem. Die Leute da haben gerade Besuch bekommen von einem, der in der Hierarchie vermutlich über Rogalla steht.«

»Sie meinen den Mercedes, der da gerade auf den Hof gefahren ist? Den hab ich eben auch gesehen. Hat ein gefälschtes Kennzeichen und auch kein eingeloggtes Handy. Woraus schließen Sie, dass der in der Hierarchie höher steht?«

»Jemand, der eine S-Klasse fährt und es sich leisten kann, als Letzter zur Party zu kommen – im militärischen Umfeld ist das eindeutig der Ranghöhere. Ich tippe auf den Adler.«

»Dann habe ich auch eine Theorie, wer der Eigentümer der S-Klasse sein dürfte.«

»Nämlich?«

»Als Rogalla entlassen wurde, mussten auch andere Leute gehen – wie der stellvertretende KSK-Kommandant Lemnitz. Und wie ich eben überprüft habe, besitzt der genauso einen S-Klasse-Mercedes wie der, der da vorhin vorbeigefahren ist! Es würde mich nicht überraschen, wenn Lemnitz der Adler wäre.«

»Das macht Sinn. Der Mann beherrscht sein Handwerk. Er hat seine Operationen im Jugoslawienkrieg immer perfekt durchgezogen und viel mit Kriegslist gearbeitet. Wenn der hier eine Untergrundbrigade aufgebaut hat, wundert es mich nicht, dass die unentdeckt geblieben ist. Der nimmt Regeln und Pläne mehr als genau.«

»Kannten Sie Lemnitz persönlich?«

»In Afghanistan habe ich ihn als dortigen Befehlshaber erlebt. Knallharter Typ. Aber er trinkt zu viel.«

»Dass ihn der Bundespräsident ohne den üblichen Dank entlassen hat, wird ihn verbittert haben.«

»Davon ist auszugehen.«

»Wenn die alle konspirative Nazis sind, warum haben sie sich ausgerechnet jetzt getroffen, wo alle Sicherheitsbehörden so nervös sind? Wäre es nicht logischer, sich in Spannungszeiten unauffällig zu verhalten?«

»Wäre es. Aber Sie unterschätzen die Bedeutung militärischer Rituale. Ich wette, dass diese Leute bislang nur mit Rogalla zu tun hatten, der wohl die Rolle eines ersten Offiziers spielt. Ein Ritterschlag durch den Adler ist für diese Typen das Größte. Sie können eine solche Operation wie die Delius-Entführung nur durchführen, wenn sie perfekt motivierte Kämpfer haben. Das ist wie bei einer Sekte. Außerdem können sie untereinander gefahrlos mit ihrem Beitrag prahlen.«

»Dann wird es jetzt Zeit für die Bekehrung. Wir fordern die GSG 9 an.«

»Keine gute Idee. Die Leute auf dem Hof sind vermutlich bewaffnet und sehr entschlossen. Sie dürfen außerdem davon ausgehen, dass Lemnitz gute Verbindungen zu allen Einsatzkommandos hat. Lemnitz ist eine Legende bei den Spezialeinheiten! Bis die GSG 9 oder andere SEKs hier sind und ein konkretes Zugriffskonzept haben, dauert es außerdem mindestens zwei Stunden. Bis dahin haben die das Treffen vielleicht längst beendet. Morgen ist ein Werktag, die Leute werden nicht bis in die Nacht feiern.«

»Was schlagen Sie denn vor?«

»Also, wenn Sie mich fragen ...«

Hinter einer Kurve versperrte plötzlich ein quer stehendes Auto die Fahrbahn. Der Bremsweg reichte trotz ABS nicht, sodass Ellens Wagen auf das Fahrzeug prallte. Sofort legte sie den Rückwärtsgang ein. Und nach der Kurve führte sie eine Fluchtwende um 180 Grad durch, wie sie es mal in einem Fahrsicherheitstraining der Sicherungsgruppe gelernt hatte.

»Haben Sie Waffen an Bord?«

»Nein! Wir sind der Verfassungsschutz, wir beobachten nur.«

In der Ferne sah man Scheinwerfer, die sich näherten.

»Da vorne der Feldweg, fahren Sie da rein! Was für eine Panzerung hat dieser Wagen?«

»VR 4.«

Jörg beobachtete, wie auch die fremden Fahrzeuge ihnen auf den Feldweg folgten. »VR 4 hält Kurzwaffen stand. Wir könnten uns hier drin einschließen und warten, bis die Polizei kommt. Aber wenn die vernünftige Gewehre haben, ist das keine Option! Lassen Sie mich dort an den Bäumen raus, ich halte Ihnen den Rücken frei, und Sie fliehen und rufen das SEK!«

»Ich möchte keine Schießerei!«, beschwerte sich Ellen.

»Anhalten!«, kommandierte Jörg und tippte dabei mit seiner Waffe energisch an ihre Schulter, bis sie abbremste. Er griff zur Tarnkappe und sprang mit einem Satz aus dem Auto. »Abfahrt!«

»Viel Glück!«

Die P12 war die einzige Waffe, die Jörg von seiner Ausrüstung noch dabeihatte. Er robbte sich in eine günstige Position neben dem Feldweg, legte die in der Dunkelheit besonders effektive Tarnkappe über sich und montierte den Schalldämpfer auf die P12.

Insgesamt drei Wagen näherten sich, zwei zivile und ein geländegängiger Rover. Jörg ließ das erste Fahrzeug passieren, zielte auf dessen Reifen und gab mehrere Schüsse ab. Im gleichen Moment rauschte ein Golf an ihm vorbei, bremste jedoch, da der Vordermann offenbar ein Problem hatte. Das dritte Fahrzeug, der Rover, hielt nun direkt neben Jörg. Nach kurzer Konfusion versuchte der Golf, um das Führungsfahrzeug herumzufahren. Als der Rover anfuhr, nutzte Jörg die Geräuschkulisse und schoss eine Serie in die Reifen des Golfs. Da der Rover wegen des blockierten Wegs nicht weiterkam, stiegen die Insassen aus, um die Lage zu peilen und ihren Kameraden zu Hilfe zu eilen.

Jörg nutzte kaltblütig die unerwartete Chance und robbte zum Rover. Die blendenden Scheinwerfer und offen stehenden Türen boten für den Positionswechsel ausreichend Deckung. Jörg setzte sich ans Steuer, legte den Rückwärtsgang ein, stellte das Licht aus und gab Gas. Als sich die Nazis verdutzt umdrehten, blendete er voll auf, was den Verfolgern kurzzeitig jede Sicht nahm.

Nachdem Jörg wieder an der Straße angelangt war, erschien es ihm sinnlos, erneut in die blockierte Richtung zu fahren. Also entschied er sich für den Plan, mit dem der Feind wohl am wenigsten rechnete: Er fuhr zum Hof zurück. Als er dort ankam, standen einige Männer draußen und verstanden die Situation nicht. Jörg blendete auf, hupte und gab Gas. Er hoffte, dass die Nazis nicht ohne Not auf das Auto eines Kameraden schießen würden, sicherheitshalber duckte er seinen Oberkörper auf den Beifahrersitz und fuhr die letzten Sekunden blind. Wie erhofft, sprangen die Männer zur Seite. In voller Fahrt lenkte Jörg kurz nach rechts, stieg dabei in die Eisen und setzte den quer rutschenden Wagen vor die Eingangstür des Hauses. Sofort machte er einen Satz in Richtung Tür. Mit vorgehaltener Pistole betrat Jörg im Entengang die Eingangshalle.

Da hier niemand zu sehen war, schlich er die Treppe hinauf bis zum Speicher, stürzte sich dort auf die zuvor zurückgelassene Maschinenpistole und legte notdürftig Schutzweste und Helm an.

Den Zeitvorsprung und die Desorientierung seiner Gegner wollte Jörg so effizient wie möglich nutzen.

Er stellte jetzt eine Kiste so in den Schwenkbereich der Tür zum Treppenhaus, um diesen nach zwei Dritteln zu blockieren. Der blinde Winkel wäre das perfekte Versteck, um Eindringlingen aufzulauern. Nichts rührte sich. Mit dem Gewehrlauf zerschlug Jörg die Lampen, um den Vorteil seines Nachtsichtgeräts zu nutzen. Außerdem improvisierte er einen Täuschkörper, indem er eine Kommode in die Mitte des Raums rückte. Er schaltete die Taschenlampenfunktion des Handys an und platzierte es so an dem Möbelstück, dass es jemanden vom Treppenhaus aus blendete. Dahinter lehnte er einen Besen und stülpte einen Eimer über den Stiel. Wer immer den Dachboden stürmte, würde als Erstes auf diese Silhouette schießen, dabei Munition vergeuden und eine brauchbare Zielscheibe abgeben. Dann kauerte sich Jörg in die Ecke, die von der blockierten Tür verdeckt werden würde, und entsicherte sein G36. Noch immer blieb es ruhig.

»Hier Raubvogel, bitte kommen!«

»Chefin hier!«

»Wo sind Sie? Sind Sie entkommen?«

»Nein. Der Feldweg führte nirgendwohin, außer zur Rückseite des Gutshofs. Ich stehe ein paar Hundert Meter weiter im Wald. Wo sind Sie?«

»Wieder im Haus, ich habe mich auf dem Speicher verbarrikadiert. Hier gibt es gleich eine Schießerei!«

»Nein! Kein Massaker! Um jeden Preis vermeiden. Gewinnen Sie Zeit. Versuchen Sie zu verhandeln.«

»Wie soll das gehen?« Jörg vernahm Geräusche und stellte daher den Funk ab.

»He, du da!«, rief jemand aus dem Treppenhaus. »Komm raus oder wir kommen rein!«

Jörg reagierte nicht.

»Du hast zehn Sekunden, um rauszukommen!«

Jörg erkannte die Stimme von Rogalla erkannt.

»Okay, die Zeit ist um, Kamerad! Wirf deine Waffe rüber, und es wird dir nichts geschehen.«

Jörg entwickelte nun den verwegenen Plan, sich scheinbar zu stellen und die entladene Pistole die Treppe herunterzuwerfen. Seine Gegner würde er auf dem Dachboden dann in voller Kampfmontur mit dem G36 überraschen. Da vernahm er eine andere Stimme, die offenbar einem älteren Mann gehörte. »Kamerad! Respekt für deinen Mut! Wir wollen dich nicht verletzen! Lass uns reden!«

Jörg zeigte keine Reaktion. Er war darauf trainiert, sich in solchen Momenten nicht zu Fehlern provozieren zu lassen.

»Also gut, ich komme jetzt hoch. Du kannst mich ja dann erschießen. Du musst danach aber noch an gut 40 Kameraden vorbei. Wie viele Patronen hast du denn noch in deiner Pistole, mein Freund?«

›Zwei Magazine à 30 Schuss aus dem G36 und eine Handgranate sollten reichen‹, dachte Jörg.

»Hast du gehört? Ich komme jetzt hoch. Unbewaffnet! Ich vertraue dir, Kamerad. Ich vertraue dir mein Leben an!«

Der Fremde stieg langsam die Treppe hoch. Darauf, dass der Mann tatsächlich ohne Waffe kam, wollte Jörg nicht wetten. Er senkte den Kopf nach vorne, sodass Kugeln vom Helm abprallen würden.

»Ich mache jetzt die Tür auf. Ich bin unbewaffnet.«

Langsam schwenkte die Tür auf. Wenn der Fremde ebenfalls Profi war, würde er kaum auf Jörgs Täuschkörper hereinfallen – und ihn vielleicht genau da vermuten, wo er sich jetzt befand. Womöglich hatte der Mann auch ganz andere Tricks auf Lager und würde blind mit einer Maschinenpistole durch den Speicher pflügen.

Plötzlich hörte man von draußen ein Hupen. Der Fremde hielt inne. Männer riefen vom Hof, jemand machte Meldung im Treppenhaus.

»Ich komme nachher wieder«, verkündete der Fremde und zog sich zurück.

Ellen stand breitbeinig am Auto mit den Händen auf dem Dach und ließ sich von maskierten Männern filzen.

»Das reicht jetzt!«, protestierte sie. »Oder ist das hier eine Fetischparty? Bringt mich zu eurem Häuptling!«

Der Mann, den Jörg als Rogalla erkannt hatte, trat mit einer Sturmhaube aus der Tür. »Wer sind Sie?«

»Mein Name ist Dr. Strachwitz, ich bin vom Bundesamt für Verfassungsschutz. Und Sie sind ›Herr R.‹, nehme ich an. Wollen Sie mich nicht hereinbitten?«

»Bringt sie in das Büro von Wirth!«

»Mit Ihnen möchte ich eigentlich keine Zeit verschwenden. Bringen Sie mich zu Ihrem Adler! Der ist doch heute Abend hier eingeflogen, oder? Er heißt ›Herr L.‹, nehme ich an.«

Die Männer sahen ratlos zu Rogalla.

»Ins Büro mit ihr!«

Ellen wurde in ein Büro im Erdgeschoss abgeführt und von zwei maskierten Männern bewacht. In einem Bücherschrank stand allerhand Literatur über Militaria, an der Wand hing eine Fahne der Reichswehr, einer Organisation, die einst als Staat im Staate galt. Jemand brachte Gegenstände herein, die man in Ellens Wagen gefunden hatte, darunter mehrere Notebooks. Minuten später kam Rogalla mit einem anderen maskierten Herrn, riss das Telefonkabel aus der Dose und wies Ellens Bewacher an, den Raum zu verlassen. Der andere deutete auf eines von ihren Notebooks, das man zum Blue-Force-Tracking von Soldaten benutzte.

»Welche Einheit ist hier unterwegs, wie viele Männer sind in der Gegend und wer hat das Kommando?«

Ellen hatte nicht die Absicht, taktische Informationen preiszugeben. »Meine Herren, Sie können den Mummenschanz jetzt genauso gut auch lassen. Herr Rogalla! Herr Lemnitz!«

Widerwillig nahmen die Männer die Sturmhauben ab.

»Bevor wir hier Höflichkeiten austauschen«, eröffnete Lemnitz. »Hier ist ein Mann mit einer Schusswaffe auf dem Dachboden! Wer ist das? Und haben Sie ihn unter Kontrolle?«

»Den Mann gibt es offiziell nicht, aber wenn Sie ihm ein Haar krümmen, haben Sie alle Spezialeinheiten der westlichen Welt an den Hacken. Und wenn Sie jemandem erklären möchten, warum Sie die Präsidentin des Bundesamts für Verfassungsschutz festsetzen oder vielleicht töten, brauchen Sie eine sehr gute Geschichte.«

»Ziehen Sie den Mann da oben ab! Ansonsten lasse ich jetzt stürmen!«, drohte Lemnitz.

»Ihre Leute hier sind Amateure. Der Mann da oben ist Profi.«

»Sie glauben doch nicht ernsthaft, dass Sie ausgerechnet mir Angst machen können?«

»Gerade Sie, Herr Lemnitz, müssten doch die Gefährlichkeit der Situation professionell erkennen. Haben Sie denn noch nicht genug Witwen und Mütter getroffen, denen Sie den Verlust ihrer Männer und Söhne erklären mussten? Das stelle ich mir bei Ihrer Geheimarmee hier gerade ziemlich unpraktikabel vor.«

»Und wenn wir Ihrem Rambo da oben erzählen, dass Sie nun unsere Geisel sind und wir Sie erschießen werden, wenn er nicht aufgibt?«, provozierte Rogalla.

»Dann wird er erst recht nicht rauskommen, weil es keine Gewinnperspektive gibt. Und wenn Sie ihn in die Enge treiben, kommt es vielleicht zu einem gemeingefährlichen Verzweiflungsangriff. Aber solche Dinge wissen Sie besser als ich, oder?«

»Ihr Bluff ist armselig. Der Mann hat gerade einmal eine Pistole mit einem Magazin von 12 Schuss, wenn er überhaupt noch Munition hat!«, warf Rogalla ein.

»Wenn Sie das so genau wissen … Sie haben allerdings gerade hier unten erheblich größere Probleme als einen Cowboy auf dem Dachboden! Lassen Sie uns lösungsorientiert diskutieren.«

»Ich weiß nicht, wovon Sie sprechen. Wir haben hier eine private Veranstaltung, Ihr Mann da oben begeht Hausfriedensbruch. Außerdem hat der Verfassungsschutz keine Berechtigung, Polizeiaktionen durchzuführen! Sie dürfen beobachten, mehr nicht.«

»Herr Lemnitz, wir reden hier außer Protokoll. Wir wissen, dass Sie mit der Entführung der Ministerin Frau Delius zu tun haben. Vorschlag: Sie geben mir Delius und meinen Mann da oben, Ihre Schattenkrieger suchen sich ein neues Hobby, und wir alle haken die Sache als Staatsgeheimnis ab. Kronzeugenregelung, Amnestie und so weiter. Ein besseres Angebot werden Sie nicht kriegen!«

Rogalla und Lemnitz schwiegen und bemühten sich um ein Pokerface.

»Sind wir uns dann einig?«, konstatierte Ellen.

»Quatsch! Ihre wirre Anschuldigung ist so absurd, dass wir Sie einfach reden lassen!«, fauchte Rogalla. Lemnitz gab Rogalla mit einem Blick zu verstehen, dass dieser ihm das Reden überlassen sollte.

»Wie kommen Sie zu so schwerwiegenden Anschuldigungen? Wir hätten doch nicht das geringste Motiv zu so einer hässlichen Tat. Was führt Sie überhaupt hier zu uns?«

Ellen legte ihren Kopf zur Seite. »Sie erwarten doch nicht etwa, dass der Verfassungsschutz seine Methoden und Quellen offenlegt?«

»Erstens liegen Sie falsch, und zweitens glaube ich nicht, dass von meinen Leuten jemand reden würde oder irgendwie unvorsichtig wäre. Wenn Sie absolut treue Männer suchen, dann finden Sie solche bei uns. Also erzählen Sie uns mal bitte, weshalb Sie uns so einen Spion schicken.«

»Ich bin nicht zum Kaffeekränzchen hier. Geben Sie mir Delius, und wir lassen die Sache auf sich beruhen.«

Lemnitz lächelte gequält. »Sehen Sie sich doch um. Wenn Sie hier eine Ministerin finden, dürfen Sie sie gerne mitnehmen. Ich fürchte allerdings …«

»Wenn ich glauben würde, dass Frau Delius hier wäre, säßen Sie jetzt in Handschellen vor mir und würden nach einem Anwalt winseln.«

»Wer ist alles in Ihre seltsame Aktion hier involviert?«

Ellen zuckte die Schulter, hielt dabei die Handflächen nach oben und stierte für einen Moment demonstrativ zur Decke. »Wenn Sie mir Delius geben, sorge ich dafür, dass niemand sich an irgendwas erinnern kann. Das gilt auch für Ihre Gefolgsleute.

Wie Sie wissen, haben wir auch den NSU mit allen für uns negativen Konsequenzen vertuscht. Wenn es hier allerdings zu einer offiziellen Polizeiaktion kommt, kann ich Ihnen diese Option natürlich nicht mehr anbieten. Also zögern Sie nicht zu lange! Und wenn Delius oder dem Herrn da oben etwas passiert, hat sich das Angebot ohnehin erledigt.«

»Bevor wir hier über irgendwas reden, pfeifen Sie Ihren Rambo zurück!«

»Er wird nicht auf mich hören. Er ist Einzelkämpfer und verlässt sich nicht auf warme Worte. Also reden wir über Delius!«

»Schlimme Sache, das mit der Delius!«, kommentierte Lemnitz sarkastisch. »Ich hoffe, Sie bekommen sie an einem Stück wieder. Aber wir können Ihnen nicht helfen.«

»Wenn ich meine Erkenntnisse im Detail mit dem Bundesanwalt teile, wird der zu anderen Schlüssen kommen.«

»Sie bluffen! Was soll Ihre Komödie? Wir sind ein paar Militärenthusiasten, die sich wegen der frischen Witterung Motorradmasken aufsetzen und soldatische Traditionen pflegen. Und leider mussten wir von unserem Hausrecht Gebrauch machen und zwei Eindringlinge beim Hausfriedensbruch festsetzen.« Lemnitz grinste. »Und wer weiß, vielleicht kommt es zu einer Notwehrsituation, bei der die Eindringlinge Schaden nehmen …«

»Sie strapazieren meine Geduld.«

»Sie haben meine Fragen noch nicht beantwortet. Was genau führt Sie zu uns?«

»Irgendwelche maskierten Herrschaften haben das Appartement von Ministerin Delius durchsucht, und nun befindet sich die Beute in diesem Haus, ebenfalls unter lauter Maskierten. Sieht komisch aus, finden Sie nicht?«

»Was denn für ein Appartement?«, mischte sich Rogalla ein. »Weißt du, wovon sie spricht?«

Das Gesicht von Lemnitz verdüsterte sich. »Wer weiß alles, dass Sie hier sind?«

Ellen lächelte. »Mein lieber General, wenn Sie nichts zu verbergen haben und mir nichts anbieten wollen, dann möchte ich

Ihre Gastfreundschaft nicht weiter in Anspruch nehmen.« Ellen erhob sich. »Ich muss noch eine Ministerin suchen gehen.«

Lemnitz versperrte ihr den Weg. »Wenn Sie sich doch schon den weiten Weg gemacht haben, sollten wir noch ein bisschen plaudern.«

»Das ist Freiheitsberaubung. Sie haben keine privaten Festnahmerechte.«

»Aber nein, wir halten Sie hier nicht fest! Aber solange sich ein Terrorist in diesem Haus verschanzt, kann ich Ihre Abreise leider nicht verantworten. Also, was haben Sie da von einem Appartement erzählt?«

»Sie wissen ganz genau, wovon ich spreche!«

»Ich höre heraus, dass Sie offenbar ein Appartement von Frau Delius überwacht haben. Darf ich erfahren, weshalb der Verfassungsschutz Politiker der AEP ausspioniert – in dem Fall sogar die eigene politische Vorgesetzte?«

»Tun wir nicht. Aber wir erfahren nun einmal Dinge. Und wir haben eine belastbare Verbindung zwischen diesem Gutshof hier und einer dubiosen Aktion im Appartement der Frau Delius, das Sie gar nicht kennen dürften.«

»Sie hatten von Appartement gesprochen, ich habe Sie lediglich zitiert.«

»So wird es wohl gewesen sein!«

»Mal hypothetisch angenommen, ich hätte die Entführung der Frau Ministerin befohlen – warum hätte ich Derartiges tun sollen? Sie ist doch die Hoffnungsträgerin einer Partei, die für die deutsche Sache eintritt und immerhin Regierungsverantwortung hat. Oder muss man sich als guter Demokrat schämen, wenn man sich zur Wahlgewinnerin bekennt?«

»Die Bewertung von Politik ist nicht meine Aufgabe, ich bin zuständig für die Gefahrenabwehr.«

»Sie werden sicher verstehen, dass wir uns in puncto Gefahrenabwehr wohl kaum auf den Verfassungsschutz verlassen wollen. Das können wir selber effizienter.«

Von draußen hörte man einen Wagen, der sich näherte.

»Und da kommen auch schon unsere Spezialisten! Das sind zwei freundliche Herren einer Antiterroreinheit, allerdings nach Dienstschluss. Die werden sich jetzt um Ihren Freund da oben, den es offiziell nicht gibt, auf angemessene Weise kümmern!«

Jörg hatte längst den Helmfunk wieder eingeschaltet. Da Ellens Notebook auch im zusammengeklappten Zustand den Ton übertrug, war er Zeuge der sensiblen Unterhaltung geworden. Gegen zwei gleichwertig geschützte und bewaffnete Gegner hatte er keine Chance, jedenfalls nicht in seiner gegenwärtigen Position. Noch hatte er die Möglichkeit, einem Angriff durch einen Ausfall zuvorzukommen. Er schaltete die Gewehrkamera ein, ging auf die Tür zu und checkte die Lage. Der Weg war frei. Stufe um Stufe ging er Gewehr voraus bis zum Absatz und lugte dann mit seiner Sonde nach einem Bild vom Flur. Dort standen in etwa zehn Metern Entfernung nur drei Männer, die seine Schritte offenbar gehört hatten und nun ihre Handfeuerwaffen auf die Treppe richteten. Keiner hatte eine brauchbare Deckung oder Schutzweste. Die Kerle erwarteten einen ähnlich schwach bewaffneten Gegner.

Vom Erdgeschoss unten hörte man, wie zwei Männer die Eingangshalle betraten, den Flur entlangliefen und dort ihre Sachen abstellten. Über den Helmfunk hörte Jörg, wie Rogalla die Antiterrorspezialisten instruierte. Da sich die im PKW angereisten Männer wohl erst noch kampfbereit machten, hatte Jörg einen Vorsprung.

Mit lässig gesenktem G36 schritt er die Stufen herunter und achtete, dass sein Kopf mit dem ungeschützten Gesicht oberhalb einer Schusslinie blieb. Damit zeigte er seinen Gegnern, dass mit ihren Kurzwaffen gegen die beschusshemmende Weste wenig auszurichten war, die Reaktion durch Vollmantelgeschosse dieses Kalibers aber tödlich wäre. Dramatisch entsicherte er das G36 und nutzte dann die Gewehrkamera. Zwei der Typen hatten ihre Waffen inzwischen gesenkt, der dritte allerdings zielte stur mit beiden ausgestreckten Armen weiter auf Jörg. Langsam richtete Jörg den Lauf auf den Nachzügler und verharrte. Der Mann starrte für endlos scheinende Sekunden in die Mündung des G36, bis er endlich begriff, dass Jörg ihn offenbar sehen konnte. Langsam senkte auch der dritte Gegner seine Waffe. Jörg nahm nun die letzten Stufen. Mit dem Lauf deutete er auf die Pistolen und dann auf den Boden. Die Männer verstanden und legten ihre Waffen ab.

Auf dem Helmfunk verfolgte Jörg den Streit zwischen Ellen und dem Adler weiter. Mit der Maschinenpistole und einer Kopfgeste bedeutete Jörg seinen Gefangenen, die Treppe ganz hinunter zu gehen. Die drei gehorchten, Jörg folgte in kurzem Abstand. Wer immer sie im Erdgeschoss antreffen würde, konnte nicht erkennen, ob der Mann mit dem Helm hinter den drei mit den Sturmmasken Freund oder Feind war.

Im Flur legten zwei professionell ausgestattete Männer ihre Sachen an. Der eine hantierte an seiner Schutzweste, die Waffe lag noch im Gewehrkoffer. Der andere steckte jetzt ein Magazin ebenfalls in ein G36.

Im Vorbeigehen knipste Jörg den Lichtschalter aus und klappte das Nachtsichtvisier mit den vier Okularen herunter. Bevor die Gegner ihre Situation begriffen, hielt Jörg dem einen die Waffe an den Kopf. »Freeze!«, kommandierte er und sah dabei auch zum anderen. Die in mehrere Winkel abstehenden Okulare verdeckten Jörgs Blickrichtung, sodass sich beide Krieger unter direkter Beobachtung wähnten. »Waffe her!« Die überrumpelten Männer erkannten sofort, dass sie keine Chance hatten.

»Schussweste und Helm! Ausziehen und mitkommen! Sofort!«

Beide gehorchten widerwillig. Jörg klemmte sich die fremde Waffe unter den Arm und schob den Gewehrkoffer des anderen mit den Füßen vor sich her. Wegen des dunklen Flurs verriet ein Lichtschein unter einer Tür, wo das Büro mit Ellen sein musste. »Werft die Schutzwesten und Helme da rein! Los!«

Die beiden gehorchten und trafen im Büro auf drei verdutzte Gesichter. Als Jörg an den Männern vorbeiging, ergriff einer der Gegner seine Chance und versuchte sich auf Jörg zu werfen. Der hatte das Manöver allerdings nicht nur erwartet, sondern provoziert. Ein blind mit dem Gewehrkolben ausgeführter Stoß beendete den Angriff. Schulmäßig wendete Jörg die Waffe rückwärts, drehte sich dabei wie ein Karatekämpfer blitzschnell auf den Versen und hielt dem anderen der beiden Krieger die Mündung des G36 ins Gesicht. Sofort machte der eine Unterwerfungsgeste und trat mehrere Schritte zurück. Die anderen drei Männer auf dem Flur blieben erstarrt.

Als Lemnitz die Situation verstand und sich nach der auf den Boden gefallenen Maschinenpistole bückte, hatte sich Jörg wieder auf den Versen gewendet und zielte nun auf den General. Der hielt ein und richtete sich dann ohne ausdrückliche Erlaubnis langsam auf. Jörg kickte die am Boden liegende Waffe und den Gewehrkoffer außer Reichweite von Rogalla und Lemnitz, schloss die Tür und warf Ellen eine der Schutzwesten zu. »Anziehen!«

Ellen war es zwar nicht gewohnt, Befehle entgegenzunehmen, aber dieser erschien ihr hilfreich zu sein. Jörg nahm das Magazin aus der am Boden liegenden Waffe, schob einen Schrank vor die Tür und ließ am Fenster den Rollladen herunter.

»Den Helm auch!«, kommandierte er.

Ellen gehorchte nach leichtem Zögern. Dann stand sie auf und nahm demonstrativ ihre Handtasche an sich, welche die Nazis vorhin durchsucht hatten. »Das waren also Ihre germanischen Elitekrieger …?«, fragte sie schnippisch.

»Gute Arbeit, Soldat!«, kommentierte Lemnitz anerkennend. »Wirklich beeindruckend! Sie sind Kommandosoldat, das steht mal fest. So eine kaltblütige Nummer zieht kein Polizist durch.«

Jörg ließ ihn auflaufen und richtete seine Waffe auf Lemnitz. »Umdrehen und Hände an die Wand!«

Jörg durchsuchte die Männer und legte deren Handys, Brieftaschen und Schlüsselbunde auf den Tisch. »Hinsetzen und Hände da lassen, wo ich sie sehe!«

»Ich finde auch, dass Sie gute Arbeit gemacht haben …!«, lobte Ellen und provozierte: »Ach, guck mal an, der Adler benutzt also doch noch Handys!«

Sie schaltete das Smartphone ein. »Wie leichtsinnig! Ich dachte eigentlich, dass Sie so schrecklich konspirativ kommunizieren würden. Wo kommt denn dieser Kratzer her?«

Ellen hielt das Handy Lemnitz hin, der verdutzt nach einer vermeintlichen Beschädigung suchte. Bevor er den wahren Grund für Ellens Frage realisierte, hatte die Gesichtserkennung bereits das Handy entsperrt. Im Display wurden zwei Anrufversuche in der letzten Viertelstunde angezeigt, jedoch als Telefonnummern ohne Namen. Zweifellos nutzten die Beteiligten ihre Handys als »Burner«, um sie nur in Notfällen einzusetzen und zur Vermeidung von Spuren nach einmaligem Gebrauch zu vernichten. Doch irgendetwas musste die geheimen Partner eben in Aufruhr versetzt haben, vermutlich Jörgs Aktion.

Ellen klappte eines der Notebooks auf und tippte die Nummern in ein Programm, das mit der Zentrale verbunden war. Tatsächlich handelte es sich um bislang unbenutzte Prepaid-Karten. Das Handy des einen Anrufers hatte sich in einer Funkzelle im Bereich der Konrad-Adenauer-Kaserne in Köln eingebucht – dem Sitz des MAD. Die andere lag in Berlin und deckte das Bundeskanzleramt ab.

»So, meine Herren! Wenn Sie beide mit mir noch verhandeln wollen, dann müssen Sie das jetzt tun. In einigen Minuten wird die Polizei hier mit einem Großaufgebot eintreffen. Und die wird dann hier in Ihrem Haus mindestens diese beiden Schusswaffen vorfinden, deren Besitz und Anwendung nicht im Einklang mit dem Kriegswaffenkontrollgesetz stehen. Und dann wird gegen alle hier anwesenden Herrschaften wegen Mitgliedschaft in einer terroristischen Vereinigung ermittelt werden. Sie als Rädelsführer kriegen eine Mindeststrafe von drei Jahren. Sie werden Ihren Ruf als KSK-Legende und Ihre Pension verlieren, und alle Ihre Gefolgsleute werden aus dem Staatsdienst entfernt und vorbestraft. Und der Verfassungsschutz wird künftig als die Behörde angesehen werden, die das gefährlichste Nazinetzwerk aller Zeiten zur Strecke gebracht hat. Ja, so sollten wir es machen!«

Rogalla und Lemnitz schwiegen eisern.

»Tja, das BKA kann Ihnen leider nicht die Deals anbieten, die der Geheimdienst für Sie hätte. Die halten sich an Recht und Gesetz!«

»Blödsinn!«, protestierte Lemnitz. »Ich habe früher für das BKA selber die Drecksarbeit gemacht. Ich weiß genau, wie die arbeiten. Und ich habe mit denen einige gemeinsame Leichen im Keller. Die können mir überhaupt nichts.«

»Wir werden sehen«, kommentierte Ellen. »Es spricht jedoch viel dafür, dass Sie als der Mann in die Geschichte eingehen, der seinen Kameraden, die ihm blind und treu gefolgt sind, viel Ärger hätte ersparen können. Und außerdem ist in jedem Fall Schluss mit Ihrer Geheimarmee. Sie hätten dann sowohl Ihren Staat blamiert als auch Ihre so schrecklich geheime Privatarmee. Anders wäre es natürlich, wenn wir Ihre Leute in irgendeiner Weise unter staatliche Kontrolle bekämen. Ich könnte Sie alle als V-Leute für den Verfassungsschutz rekrutieren, und wir bekämen diese leidige Angelegenheit irgendwie wieder unter die Decke. Ach, könnten wir vielleicht hier irgendwo einen Kaffee bekommen?«

»Mal angenommen, Ihre Verschwörungstheorie würde zutreffen und meine Leute hätten Frau Delius entführt! Warum sollten wir dann jetzt wissen, wo sie ist? Für eine Entführung brauchen Sie Soldaten, für eine Geiselhaft nur einen Wärter. Und schon deshalb macht es keinen Sinn, uns irgendwie erpressen zu wollen. Wir können Ihnen leider nicht helfen.«

»Aber Sie wissen vermutlich, wer mir weiterhelfen könnte.«

»Wir haben keinen Anlass für einen Deal mit Ihnen. Aber mal rein hypothetisch gesprochen: Wie stellen Sie sich so ein Arrangement vor?«

»Sie verschaffen mir Delius und stimmen künftig Ihre Aktivitäten mit Kontaktbeamten von MAD, BND und BfV ab. Wenn wir schon eine Geheimarmee haben, dann wollen wir Geheimdienste darüber die Kontrolle! Wie schon zu Gladio-Zeiten. Und Sie wären fein raus, weil Sie dann als V-Mann quasi im staatlichen Auftrag arbeiten. Und Ihre Partisanen würden wir ebenfalls als V-Leute betrachten und notfalls decken.«

»Ihr Angebot klingt interessant, aber leider haben wir Frau Delius nicht.«

»Na, wer denn sonst? Nur Sie waren in der Lage, diese generalstabsmäßige Entführung durchzuziehen, und es gibt eine eindeutige Verbindung zwischen der Vertuschungsaktion in Delius' Appartement und diesem Gutshof. Um Ihre Organisation auszuheben, brauchen wir Ihre Hilfe gar nicht, Sie könnten also genauso gut auch kooperieren.«

»Sie bluffen.«

»Keineswegs. Das Haus ist voller Fingerabdrücke und DNA. Jeder Mensch verliert Tausende Hautteilchen innerhalb einer Minute. Ein halber Quadratmillimeter reicht. Die gleichen wir mit unserer DNA-Datenbank ab. Wir werden auch Reifenabdrücke und Lackspuren zuordnen. Wir werden uns Ihre Computer da oben forensisch ansehen und Verbindungsdaten rekonstruieren. Es ist nur eine Frage der Zeit, bis wir alle Ihre Leute eingefangen haben. Jeden einzelnen. Außerdem können wir Satellitendaten auswerten und nachverfolgen, woher die Fahrzeuge zu diesem Treffen heute Abend gekommen sind.«

»Sie bluffen. Der deutsche Geheimdienst hat keine Spionagesatelliten, die das leisten könnten.«

»Wir haben die nicht, aber im Berner Club gibt es genug Mitglieder, die welche haben. Frau Delius hat diese Zeit aber leider nicht. Noch können wir uns arrangieren.«

Jemand klopfte an die Tür. »Alles in Ordnung da drinnen?«

Ellen sah zu Lemnitz. »Lassen Sie endlich den verdammten Kaffee bringen!«

»Adler an Wiesel: Bringen Sie uns bitte Kaffee!«

»Jawohl!«, kam es von draußen.

Lemnitz deutete auf Jörg. »Unser Einzelkämpfer hier hat keine Sicherheitsfreigabe für die Dinge, welche Sie mit uns verhandeln wollen.«

»Lassen Sie das meine Sorge sein!«

»Na schön, Frau Strachwitz, haben Sie schon einmal die Option in Betracht gezogen, dass Ihre Forderung nach Delius gar nicht mehr erfüllbar sein könnte?«

»Was genau wollen Sie damit sagen?«

»Wenn Delius tot ist, haben Sie keinen Vorteil weiterer Ermittlungen. Aber was Sie ändern können, ist der strategische Umgang damit. Für das Ansehen Deutschlands wäre es fatal, wenn eine mögliche Verwicklung der Bundesregierung in diese Sache bekannt würde. Ich bin sicher, dass Ihr Herr Klawitter die Frage der Staatsräson genauso beurteilen wird. Und Sie als renommierte Geheimdienstchefin sollten nun endlich wieder zu Ihrer Professionalität zurückfinden!«

»Mich interessiert nur eines: Haben Sie Informationen darüber, ob Frau Delius noch am Leben ist?«

Lemnitz' Handy klingelte in diesem Moment und zeigte die Nummer im Display, die dem Teilnehmer in Berlin zugeordnet war. Ellen zögerte einen Moment, da jeglicher Kontakt den Gegner warnen und die weitere Beobachtung gefährden konnte. Doch das Leben von Delius duldete keinen Aufschub, also nahm Ellen das Gespräch an.

»Halt bloß den Mund, wir werden abgehört!«, brüllte Lemnitz.

Mitleidig zeigte Ellen das Display: Sie hatte bei Gesprächsannahme die Stummschalten-Taste gedrückt.

»Was ist da bei euch los?«, erkundigte sich jemand. »Theo hat mir etwas von so einem Typen erzählt, der bei euch rumschleicht und rumballert. Wie konnte das passieren?«

Ellen erkannte die Stimme und öffnete nun das Mikrofon. »Guten Abend, Herr Thürmer. Hier spricht Frau Dr. Strachwitz. Ich sitze hier in netter Runde mit Herrn Lemnitz und Herrn Rogalla.« Dem Anrufer verschlug es die Sprache, und so fuhr Ellen fort. »Herr Thürmer, solange Sie mit mir sprechen, haben Sie noch Optionen, um mit einem blauen Auge aus der Sache herauszukommen. Also sollten Sie besser kooperieren. Wenn Sie jetzt auflegen, kriegen die Medien den größten Geheimdienstskandal der deutschen Nachkriegsgeschichte! Und Sie werden der Staatsanwaltschaft, Ihrer Partei und der Öffentlichkeit Ihre Kontaktaufnahme zu Lemnitz in dieser Situation erklären müssen.«

»Lassen Sie uns in Ruhe darüber reden!«

»Solange Frau Delius nicht in Sicherheit ist, habe ich aber keine Ruhe!«

»Geben Sie mir bitte Herrn General Lemnitz!«

»Den brauchen Sie jetzt nicht mehr. Sie können nur noch den Schaden begrenzen. Sie haben genau zwei Optionen: Wenn Sie mir Delius geben und sich danach wie ein Offizier selbst erschießen, verspreche ich Ihnen, dass weder Ihre Familie noch sonst jemand etwas von Ihrem Geheimnis erfährt und das Andenken an Sie gewahrt bleibt. Falls Sie aber zulassen, dass Delius stirbt, werde ich dafür sorgen, dass die Erinnerung an Sie auf ewig mit Schande für Deutschland assoziiert wird. Der Schande für Ihre Familie werden Sie sich auch auch mit einem Suizid nicht entziehen können!«

Thürmer legte auf.

Es klopfte an der Tür. »Kaffee und Wasser!«

Jörg griff Ellen am Arm, bugsierte sie in die Ecke und gab ihr die zweite Sicherheitsweste. »Halten Sie die vor Gesicht und Hände!« Dann klappte er das Kamera-Display vor das rechte Auge, stellte sich neben den Türrahmen und entsicherte das Gewehr. »Tür auf und Hände zeigen!«

»Wolfszeit!«, kommandierte Lemnitz plötzlich.

»Kommando zurück!«, rief Jörg. »Wir wollen nichts mehr! Verschwindet, oder ich schieße durch die Tür!«

Jörg wartete, bis keine Geräusche mehr zu hören waren, und warf Rogalla Kabelbinder zu. »Verpack deinen Adler!«

»Das wäre ein eines Offiziers unwürdiges Verhalten. Das werde ich nicht tun. Wollen Sie mich jetzt erschießen?«

Jörg blickte Ellen an. »Brauchen wir mehr als einen dieser Vögel?«

»Wir brauchen gar keinen von denen. Denn wenn sie nicht wissen, wo Delius ist, sind sie nur noch ein Fall für die Staatsanwaltschaft. Für den Verfassungsschutz sind die beiden Krieger hier wertlos.«

»Wenn das so ist«, erwiderte Jörg, »dann können wir die ja auf der Flucht erschießen! So macht man das in Afghanistan mit Terroristen.«

»Ich würde die beiden nicht vermissen.«

Draußen hörte man, wie Personen in die Autos einstiegen und den Hof verließen.

»Sie haben gerade Wolfszeit gerufen? Was bedeutet das?«

»Nun, die Männer haben den Befehl, sich nicht erwischen zu lassen«, kommentierte Lemnitz. »Die Organisation muss weiterleben. Daher ziehen sich jetzt alle zurück.«

Ellen schüttelte den Kopf. »Nutzen wird es denen nichts. Wir finden alle.«

Jörg bemerkte, dass Rogalla ungewöhnlich erregt war. Seine Unterlippe bebte, in den Augen hatte er Tränen. Jörg erkannte diesen Blick. Er hatte ihn bei einem Selbstmordattentäter in Afghanistan gesehen, der im letzten Moment einen Rückzieher gemacht hatte.

»Wolfszeit bedeutet etwas anderes, nicht wahr? Die wollen Ihren Adler opfern. Hier geht gleich eine Bombe oder so hoch!«

Lemnitz sprang auf und salutierte. Rogalla erhob sich langsam, salutierte ebenfalls und atmete heftig. »Es ist Wolfszeit!«, sprach er ehrfürchtig.

Jörg riss den Rollladen hoch, öffnete das Fenster und checkte mit vorgehaltenem Gewehr die Lage. Kein Mensch war mehr da. »Raus hier!«

Ellen hatte ihre Handtasche ergriffen und versuchte, Jörg zu folgen, doch Rogalla stürzte sich auf sie. Reflexartig feuerte Jörg Rogalla in die Brust, und der Angreifer fiel leblos zu Boden. Jörg zerrte Ellen über das Fenster ins Freie, beide liefen zur Hausecke. Als sie die erreichten, drehte sich Jörg um und klärte kurz die Situation.

»War es wirklich notwendig zu schießen?«, protestierte Ellen und wischte sich Blutspritzer aus dem Gesicht.

»In Deckung bleiben!« Jörg zielte an der Hauswand entlang auf die Höhe des Fensters, wo er Lemnitz erwartete. Tatsächlich streckte dieser seinen Kopf heraus. Dann sah Jörg, wie der General herauskletterte, mit dem inzwischen geladenen G36.

»Freeze!«, brüllte Jörg.

»Soldat! Schießen Sie wie ein Mann! Wenn schon, dann will ich ehrenhaft im Gefecht sterben!«

»Waffe weg!«

Mehrere Sekunden standen sie sich gegenüber. Dann beendete eine Explosion aus dem Gebäude den kritischen Moment. Lemnitz wurde von der Druckwelle zu Boden geschleudert. Als er sich wieder orientiert hatte, riss er im Liegen die Waffe nach vorne und feuerte auf Jörg. Der schaffte es gerade noch, hinter die Hauskante zu flüchten.

»Er hat noch 27 Schuss. Entweder erledigen wir ihn oder er uns.«

»Wir können den Wagen nehmen. Der ist gepanzert.«

»Aber nur gegen Kurzwaffen. Aber mit den Schutzwesten könnte es reichen. Schlüssel?«

»Unter dem Sitz ist eine geheime Notzündung eingebaut.«

Zwischen der Hauskante und dem Wagen lagen jedoch zwanzig Meter freies Schussfeld.

Jörg klappte das Nachtsichtvisier herab und lugte auf den Hof. Sofort ertönte eine Salve, ein Projektil streifte Jörgs Helm, andere schlugen Teile der Hauskante weg. In Jörgs Arsenal befanden sich eine Blendgranate und ein scharfes Sprengmittel. Lemnitz hatte beides mit Sicherheit vorhin an Jörgs Gürtel gesehen. Jörg entschied sich für die Blendgranate, warf sie auf den Hof und rollte sich im Moment des Lichtblitzes aus der Deckung. Doch Lemnitz war nicht zu sehen. Vom Haus her flackerte ein Feuerschein, der tanzende Schatten erzeugte und damit das Erspähen von Unregelmäßigkeiten erschwerte. Jörg rollte sich wieder zurück. Neben ihm schlug ein weiterer Schuss von Lemnitz ein.

»Ich sehe ihn nicht!«

»Geben Sie mir Feuerschutz, dann hole ich den Wagen«, schlug Ellen vor.

»Zu gefährlich! Der lauert da irgendwo.«

»Wenn wir ihm Zeit geben, ändert er seine Position und greift uns vielleicht von hinten an. Wir müssen jetzt handeln.«

»Na gut. Warten Sie auf mein Zeichen!«

Jörg feuerte zunächst blind quer über den Hof, dann machte er einen Ausfallschritt und brüllte: »Los!« Während Ellen rannte, gab Jörg Feuerstöße auf mögliche Verstecke ab, bis die Munition aufgebraucht war. Als sie den Wagen erreicht hatte, bezog sie dahinter Deckung, öffnete leise die Fahrertür und huschte hinein. Dann betätigte sie zwei versteckte Knöpfe, der Wagen sprang an, und sie setzte das Fahrzeug rückwärts neben das Haus. Auf den letzten Metern schlugen feindliche Kugeln in den Kühler ein.

Jörg öffnete die Beifahrertür, »Wenn es knallt, geben Sie Gas!« Dann warf er die scharfe Granate um die Ecke auf den Hof, stieg ein und schloss die Tür. Als die Explosion ertönte, gab Ellen Vollgas, fuhr durch die Staubwolke und raste den Weg entlang zur Hauptstraße.

»Schneller! Das Teil schießt 800 Meter weit!«

Im nächsten Moment schlugen Kugeln am Heck ein und Jörg spürte einen Schlag am Helm. Dank der Panzerung des Wagens und des Helms würde nur ein blauer Fleck bleiben. In der gepanzerten Windschutzscheibe entdeckte er die Reste eines weiteren Projektils. Er schaute zu Ellen, offenbar hatte sich nichts abbekommen.

In sicherer Entfernung hielten sie an, um die Lage zu klären. In der Ferne sah man den Schein des lodernden Feuers, ein Motorengeräusch war nicht zu hören. Auch irgendwelche Gestalten waren nirgends zu erkennen.

Ellen und Jörg stiegen aus und schnappten nach Luft. In der Krise hatte Ellen funktioniert, aber die Tatsache, dass eben direkt neben ihr ein Mensch erschossen wurde und dass beide Militärs bereit waren, für ihre Ideologie in den Tod zu gehen, musste sie erst noch verarbeiten. Sie sah an ihrer Schutzweste herab, an der Rogallas Blut und Gewebe klebten. Sofort überkam sie ein Gefühl des Ekels.

»Das war sehr mutig von Ihnen«, lobte Jörg. »Diese Position ist sicher. Wir warten jetzt hier, bis die Polizei endlich da ist!«

»Ich habe keine Polizei gerufen. Ich habe geblufft.«

»Sind Sie völlig wahnsinnig? Warum haben Sie in dieser Situation keine Hilfe geholt?«

»Wir sind der Geheimdienst. Wir versuchen grundsätzlich, Gegner lieber zu rekrutieren und nicht aufzufallen. Wir schalten die Polizei nur im letzten Moment ein. Jetzt ist hierzu kein Bedarf mehr.«

Jörg sah Ellen ungläubig an. »Dann verschwinden wir jetzt aber ganz schnell.« Er half ihr aus der Weste.

»Bringen wir es zu Ende. Kurs Berlin!«

»Das sind zwei Stunden. Haben Sie dafür genug Energie?«

»Muss ich! Vielleicht können wir Frau Delius noch retten!«

Jörg schwang sich auf den Fahrersitz. »Dann mal los.«

42

Höch war am Telefon außer sich. »Ellen, wo warst du die letzten Stunden? Klawitter versucht, dich dringend zu erreichen!«

»Später. Ich suche einen vermutlich hochrangigen MAD-Mitarbeiter mit Vornamen Theo. Mach mir mal eine Liste und finde heraus, welche Theos heute Abend in Köln waren. Der hat da offenbar eine Nachtschicht in der Behörde gemacht! Und gib mir alles, was wir über General Lemnitz haben.«

»Lemnitz? Dieser ehemalige KSK-General?«

»Ja, genau der. Ich will alle Kontakte zwischen dem und Thürmer. Ich habe zurzeit keine EDV griffbereit, ich bin in Sachsen unterwegs. Ellen, Ende!« Dann kippte sie die Sitzlehne nach hinten. »Ich brauche mal einen Moment!«

Jörg fuhr weiter durch die Nacht und sinnierte darüber, was er von der Gesamtsituation halten und wie es wohl mit ihm weitergehen sollte. Er war gerade von einem Mann beschossen worden, für den er vor Jahren durchs Feuer gegangen war.

Das Klingeln des Krypto-Handys riss Ellen aus dem Schlaf. Es war gegen 1 Uhr nachts.

»Frau Strachwitz, können wir reden, sind Sie alleine?«, fragte Kanzleramtsminister Bogk.

»Nein, ein Kollege ist anwesend, kann Sie aber nicht hören.«

»Das reicht nicht. Dieser Anruf ist absolut sensibel.«

Ellen ließ das Handy sinken. »Fahren Sie bitte rechts ran, ich muss dienstlich telefonieren.«

Jörg hielt verbotenerweise auf dem Standstreifen der Autobahn und vertrat sich die Beine.

»Wir können jetzt reden.«

»Herr Thürmer war bis eben bei uns hier im Kanzleramt. Er

hat ein Geständnis abgelegt. Er hatte Kontakt zu einem rechtsradikalen Netzwerk mit paramilitärischem Einschlag. Sie sind ihm offenbar auf die Schliche gekommen. Die Verwicklung eines hohen Regierungsmitglieds in die Entführung von Frau Delius darf unmöglich bekannt werden. Deutschland würde als Bananenrepublik dastehen, die Geheimdienste wären blamiert, und die Bündnispartner verlören vielleicht das Vertrauen in uns. Im schlimmsten Fall könnte eine solche Krise sogar soziale Unruhen auslösen. Spannungen haben wir derzeit ja genug. Eine Regierungskrise können wir uns unmöglich leisten.«

»Verstehe.«

»Da sich die Bundesregierung entschieden hat, aus Gründen der Staatsräson die Koalition fortzusetzen, fällt die Vertuschung auch auf die Bundeskanzlerin zurück. Das Staatsgeheimnis muss daher mit allen Mitteln abgeschirmt werden. Damit niemand Verdacht schöpft, wird Thürmer vorerst im Amt bleiben. Wir machen business as usual, nur mit dem Unterschied, dass wir Thürmer ab sofort im Griff haben. Das wird ab jetzt die entspannteste Koalition, die man sich vorstellen kann. Thürmer wird spätestens zur nächsten Wahl abtreten und bekommt jetzt im Amt einen Aufpasser zur Seite gestellt.«

»Was ist mit Frau Delius?«

»Sie ist bereits tot.«

»Wie sicher ist diese Information?«

»Thürmer geht davon aus. Er hat nur indirekt mit der Sache zu tun. Was den Entführungsfall betrifft, so bleiben wir bei der Sprachregelung, dass es sich um einen Anschlag von Linksextremisten gehandelt hat. ›Unsichtbare fünfte Generation der RAF‹ oder so. Da darf absolut kein Staub aufgewirbelt werden, sonst kriegen wir den Geist nicht mehr in die Flasche zurück!«

»Ich will absolute Gewissheit darüber, was mit Delius ist!«

»Das wird leider nicht möglich sein.«

»Das ist nicht verhandelbar. Das ist eine Frage der Menschenwürde! Oberstes Prinzip der Verfassung, die ich schütze. Ich will sie sofort sehen!«

»Frau Strachwitz, die Sache ist entschieden, da gibt es nichts mehr zu verhandeln.«

»Thürmer soll mir Zugang zu Delius verschaffen, oder ich spiele nicht mit!«

»Frau Strachwitz, ich erteile Ihnen die Weisung, absolutes Stillschweigen über die Sache zu wahren!«

»Und wenn nicht, wollen Sie mich dann wegen Landesverrats anklagen? Weil ich keine Nazis decken will, die unsere Ministerin entführen und womöglich ermorden?«

»Frau Strachwitz, bitte werden Sie nicht emotional!«

»Ich bin völlig rational! Nazis aus der Regierung zu halten, ist mein Hauptberuf. Thürmer soll mir Delius geben, oder ich werde ihn erledigen.«

»Also bitte, Frau Strachwitz!«

»Es gibt kein ›Also bitte, Frau Strachwitz!‹. Hören Sie mal, auf mich ist vorhin scharf geschossen worden. Ihr toller Kommandogeneral Lemnitz persönlich hat vorhin auf mich geschossen! Ich bin langsam durch mit dieser Scheiße!«

»Aber Thürmer weiß wahrscheinlich gar nicht, wo die Ministerin ist!«

»Dann soll er es eben rauskriegen. Ich will zu ihr. Wenn es irgendeine Chance gibt, Frau Delius zu retten, werde ich sie nutzen.«

»Es ist doch wohl klar, dass der Deal mit Thürmer unter allen Umständen geheim bleiben muss. Wenn Thürmer jetzt Druck auf seine Leute ausübt, gefährdet das die Geheimhaltung. Wir müssen unbedingt alles unter Kontrolle halten und für möglichst alle Beteiligten Normalität signalisieren.«

»Wenn ich Delius kriege, kriegt ihr den Deal. Strachwitz, Ende!«

Ellen winkte Jörg zum Weiterfahren heran.

»Lassen Sie mich raten: Die Ehre der Truppe soll nicht besudelt werden ... Es soll jetzt alles vertuscht werden.«

»Kein Kommentar«, murmelte Ellen. Das nach Tagen bemessene Ultimatum war um Mitternacht abgelaufen. Sie erinnerte sich eben an den Moment, an dem sie Delius das erste Mal geküsst hatte. Wie sie sich beide dann im Sauerland gefunden hatten. Und mit welchem Lied David Bowie den süßen Moment begleitet hatte. Der Gedanke, dass diese Frau nun nicht mehr lebte, war unerträglich.

Bogk versuchte es mehrfach auf dem Handy, aber Ellen ging nicht dran. Der Kanzleramtsminister würde sie nur belabern. Wenn er wirklich Informationen hatte, konnte er ihr eine Kurznachricht schicken.

Dann klingelte Thürmer.

»Hier Strachwitz!«

Türmer atmete schwer. »Ich habe eine Adresse in Aussicht, wo die Ministerin sein soll. Wenn ich Ihnen diese Adresse gebe, können Sie uns bedingungslos garantieren, dass alles endgültig geheim bleibt?«

»Ja, das garantiere ich.«

»Gut. Ich schicke Ihnen gleich die Adresse. Ich sorge dafür, dass Sie Zugang bekommen. Kann ich mich auf Sie verlassen?«

»Die Frau Bundeskanzlerin und der Herr Innenminister können sich auf mich verlassen!«

»Nur, damit Sie es wissen: Ich habe das Gespräch aufgezeichnet.«

»Machen Sie, was Sie wollen, aber geben Sie mir Delius.«

Thürmer legte auf.

»War das der Verteidigungsminister?«, fragte Jörg.

»Kein Kommentar.«

»Haben Sie sich schon einmal überlegt, dass Sie selbst Ziel Ihres eigenen Systems werden könnten? Wenn Sie einem Bundesminister drohen, der zu einigem fähig ist … Ich an Ihrer Stelle würde meine Position nicht durch ein Handy verraten.«

»Er weiß bereits, wo wir hinfahren. Wir bekommen gleich eine Adresse, wo wir angeblich Delius finden werden.«

Kurz darauf ertönte der Signalton einer SMS.

»Wir müssen nach Beelitz, das liegt im westlichen Brandenburg!«

»Da werden wir eine gute Stunde benötigen. Genug Zeit, um einen Hinterhalt zu organisieren.«

»Ich habe doch einen fähigen Beschützer an meiner Seite!«

43

Kurz vor dem Ziel legte Jörg einen Zwischenstopp ein, um wieder Schutzweste und Helm anzulegen. Er lud das Ersatzmagazin in das G36.

»Wollen Sie nicht auch besser die Schutzweste anlegen?«

»Mit dem Blut und den Gedärmen von Rogalla dran? Nein, danke.«

»Wie Sie meinen. Bleiben Sie dann wenigstens im Wagen, bis ich Ihnen Freigabe erteile.«

Kurz darauf hielten sie direkt vor einem stillgelegten Bundeswehrobjekt. Es handelte sich um einen ehemaligen Verwaltungsbau aus NVA-Zeiten, der in abgelegenem Gelände lag. Das Tor der Umzäunung war angelehnt.

Jörg setzte den Wagen so nah wie möglich an die Einfahrt, um einem denkbaren Scharfschützen ein geringes Schussfeld zu bieten. »Schließen Sie sich ein, und rutschen Sie auf den Fahrersitz! Wenn es knallt, fahren Sie sofort los. Ich komme schon zurecht. Meine Chancen sind höher, wenn Sie bei Feindkontakt Hilfe holen. Und diesmal sollten Sie wirklich die Polizei rufen.«

Jörg aktivierte das Nachtsichtvisier, stieg aus und beging mit vorgehaltenem Gewehr die nähere Umgebung. Er kontrollierte alle Positionen im Umkreis, an denen er sich selbst für einen Hinterhalt versteckt hätte. Ein weit entfernter Scharfschütze war nicht auszuschließen. Langsam näherte sich Jörg der einst weiß gestrichenen Tür mit den rostigen Scharnieren. Jemand hatte die Tür aufgesperrt und den Riegel so hervorstehen lassen, dass dieser ein Zufallen blockierte. Der Restlichtverstärker ersparte das Risiko, eine Sprengfalle etwa per Lichtschalter auszulösen.

Das fensterlose Gebäude war nahezu leergeräumt, der Beton passte zu den Aufnahmen aus den YouTube-Videos. Im Raum gab es eine weitere Tür, die jemand in gleicher Weise wie die Haupttür aufgesperrt und angelehnt hatte. Auch das konnte eine Sprengfalle sein. Jörg griff zum Verbandszeug, das zur Standardausrüstung seiner Kampfuniform gehörte, und knotete eine Bandage an den Türgriff. Dann kauerte er sich in der am weitesten entfernten Ecke des Raums zusammen, senkte das Gesicht zu Boden, öffnete den Mund zum Druckausgleich einer möglichen Explosion und zog langsam die Tür auf. Nichts rührte sich. Mit vorgehaltener Waffe näherte er sich der Tür.

Ellen wartete gespannt im Wagen und versuchte, sich auf alles Mögliche einzustellen. Dann sah sie Jörg in der Tür. Er schüttelte langsam den Kopf. Sie verstand die Geste, Tränen schossen ihr ins Gesicht. Als sie aussteigen wollte, schirmte Jörg sie mit seinem Körper gegen einen möglichen Schützen ab. »Gehen Sie bitte nicht da rein. Das wollen Sie nicht sehen.«

Ellen gab Jörg mit einer Geste zu verstehen, dass sie seiner Fürsorge nicht bedurfte, und stieg aus. Sie schaltete die Taschenlampe ihres Handys ein und inspizierte den Vorraum, dann stellte sie sich dem Grauen. Es roch nach Exkrementen. Im hinteren Raum stand ein Stuhl mit einem aufgeklappten Notebook darauf, dessen Kamera auf einen leblosen Körper gerichtet war. Delius saß an die Wand gelehnt. Zwei Ketten, die nicht im Bildausschnitt auf den YouTube-Videos zu sehen waren, hatten sie fixiert. Hinter dem Notebook standen ein Scheinwerfer und Kartons, die tatsächlich Salzsäure-Flaschen enthielten. Ellen legte die Hand an den Hals von Delius und suchte nach einem Pulsschlag. Doch die Kälte der Haut und die Regungslosigkeit des Körpers ließen keinen Zweifel daran, dass jedes Leben aus ihr entwichen war. Wahrscheinlich hatte man sie einfach verdursten lassen.

Ellen erwachte auf der Rückbank des Wagens. An den hohen Häuserfassaden erkannte sie, dass sie durch Berlin fuhren.

»Bleiben Sie liegen. Sie haben einen Schock. Ruhen Sie sich aus.«

»Blödsinn!« Ellen richtete sich auf.

»Sie sind vorhin zusammengeklappt.«

›Dann war es also kein Alptraum‹, dachte Ellen.

3.20 Uhr. Auf dem Handy waren diverse Anrufe von Bogk. Sie rief zurück. »Thürmer hat Wort gehalten. Ich habe die Leiche von Frau Delius gesehen.«

»Haben wir einen Deal?«

»Wir haben einen Deal. Unsere Ermittlungen gegen mutmaßliche Rechtsterroristen folgten einer Fehlspur. Der Verdacht, es gäbe rechte Paramilitärs, hat sich als Verschwörungstheorie erwiesen. Die RAF 4.0 hat die Ministerin feige ermordet. Der Verfassungsschutz wird nicht eher ruhen, bis jeder Linksterrorist der Justiz zugeführt wird. Wir kriegen sie alle! Strachwitz, Ende.«

»Verstehe ich das jetzt richtig, dass die Mörder von Janina unbehelligt bleiben?«

»Es gibt keine Mörder. Janina hatte einen Autounfall.«

44

Die afrikanische Sonne knallte unerbittlich. Jörg lag bei 40 Grad im Schatten in einer Hängematte, die zwischen zwei Mahagonibäumen aufgespannt war. Im Internet las er vom Streit über ein Delius-Denkmal, das nach Meinung der AEP vor dem Reichstag aufgestellt werden müsse. Auch eine Mehrzweckhalle in Delius' Geburtsort wollte man nach ihr benennen.

Die angekündigten Sicherheitsgesetze waren im Rekordtempo allesamt beschlossen worden. »Wir kriegen sie alle!«, hatte Innenminister Schwerd in jede Kamera geschworen. Dank der Cyberpolizei sei es nur eine Frage der Zeit, bis man die Terroristen der RAF 4.0 fasse. Hatte der Protest gegen die Koalition mit der AEP monatelang die Schlagzeilen bestimmt, war nun die Angst vor dem neuen Linksterrorismus das beherrschende Medienthema. Die »größte Demo aller Zeiten« in Berlin zog nach dem Mord an der Ministerin nicht einmal die Hälfte der ursprünglich erwarteten Teilnehmer an. Die AEP-Wähler sahen sich in ihrem Protest gegen das Establishment bestätigt, die Kolumnisten riefen zur Rückbesinnung auf das bürgerliche Lager auf, in dem auch Platz für AEP-Positionen sein müsse. Große Aufregung gab es in Sachsen, wo die Antifa, wie es hieß, das Gut Weickershausen in Brand gesetzt hatte.

Jörg legte sein Tablet aus der Hand und leerte die nächste Wasserflasche. Er war einer von einer Handvoll Bundeswehrsoldaten des Heers, die an einer UN-Mission im Südsudan teilnahmen. Im KSK hatte er sich bei den Tests verstellt und durch vermeintliche Formschwäche sein Ausscheiden provoziert. Stupide Tätigkeiten wie Wacheschieben im Südsudan waren zwar kein Lebensinhalt auf Dauer, aber besser als das Bluthandwerk des KSK, das Jörg inzwischen nichts mehr bedeutete.

Sein Handy klingelte.

»Weberling! Packen Sie Ihre Sachen. Wir bringen Sie zum Flughafen.«

»Wieso das denn? Ich habe doch noch einen Monat hier.«

»Ist aufgehoben. Sie wurden zum Kommando Strategische Aufklärung abkommandiert. Die haben Ihnen extra einen Flieger geschickt.«

Auf dem Flughafen von Juba wartete eine Falcon 900EX mit dem Kennzeichen D-AZEM. Es war kein Geheimnis mehr, dass dieses Geschäftsflugzeug den jeweiligen Präsidenten des BND transportierte. Die Maschine war vor Jahren in die Schlagzeilen geraten, als ein Entwicklungshilfeminister sie dazu nutzen ließ, einen unversteuerten Teppich einzufliegen.

Der Flieger war angenehm gekühlt. Auf einem der weißen Ledersitze saß Ellen vor einem Notebook und blickte zu ihm auf. Erstmals sah Jörg die Geheimdienstchefin mit zufriedener Miene. Auf einem anderen Sitz malte ein kleiner Junge Affen.

»Herr Weberling, schön, dass Sie es einrichten konnten! Wie geht es Ihnen?«

»Was verschafft mir denn diese Ehre?«

»Ich wollte mich mit Ihnen über Ihren Arbeitsplatz unterhalten. Sie sind also wieder beim einfachen Heer?«

»Im KSK konnte ich nicht bleiben. Es ist nur eine Frage der Zeit, bis sie rauskriegen, wer der Nestbeschmutzer ist. Außerdem habe ich ja in Sachsen mein Handy benutzt, das kann der MAD nachverfolgen. Im KSK kann ich niemandem mehr den Rücken zudrehen.«

»Verstehe.«

»Es ist immer dasselbe, wenn ich mich mit Ihnen einlasse: Ich verliere alles. Wenigstens musste ich diesmal nicht nach Guantanamo. Aber hier im Südsudan ist es ja ähnlich warm!«

»Ich hätte da noch eine kleine Frage. Ihr Bekannter aus Kassel, dieser Stefan, wurde neulich von einem maskierten Mann überfallen und übel zusammengeschlagen.«

»Der Stefan? Das ist ja mal ein Ding! Ich weiß von nichts.«

»Er wird sich noch sehr lange an diese Abreibung erinnern. Der unbekannte Täter hat bei gefährlicher Körperverletzung mit einer Freiheitsstrafe von sechs Monaten bis zu zehn Jahren zu rechnen.«

»Hat die Polizei denn schon eine Spur?«

»Nicht mehr. Wenn Sie das nächste Mal Selbstjustiz ausüben, achten Sie bitte darauf, etwas weniger DNA am Tatort zu hinterlassen. Wir hatten ganz schön Arbeit, die Beweismittel verschwinden zu lassen.«

Jörg zuckte mit den Schultern.

»Herr Weberling, aus Gründen der Staatsräson müssen wir die Vergangenheit hinter uns lassen, und zwar in jeder Hinsicht. Für uns ist der Fall ebenfalls abgeschlossen. Wir haben jetzt über die Gruppe von Lemnitz einen umfassenden Überblick. Dieser Theo vom MAD war auf einmal sehr gesprächsbereit. General Lemnitz hat sich auf die Philippinen verabschiedet und sein Stillschweigen zugesagt. Für jemanden, der Deutschland so sehr verehrt, muss es tragisch sein, den Lebensabend im Ausland zu verbringen!«

»Dürfen Sie mir das denn wirklich erzählen? Das sind doch Staatsgeheimnisse oberhalb meiner Gehaltsklasse, oder?«

»Dann werden wir Ihre Gehaltsklasse jetzt ändern.«

Jörg bemerkte, wie die Triebwerke angefahren wurden.

»Das Verteidigungsministerium hat Sie vorläufig zum BND ausgeliehen. Ihre Verlegung zum Kommando Strategische Aufklärung war nur eine Tarnung. Ich brauche kurzfristig jemanden für einen speziellen Auftrag in Syrien, der Arabisch spricht und die Mentalität kennt. Ihr Gesicht ist in der Geheimdienstwelt außerdem noch unbekannt, und ich weiß, dass Sie mit gefährlichen Situationen professionell umgehen.«

»Haben Sie für so etwas keine eigenen Leute? Der BND hat, soweit ich weiß, 6000 feste Mitarbeiter.«

»Der BND ist eine Schlangengrube! Jeder schuldet irgendwem Loyalität. Es wird noch Jahre dauern, bis ich den Laden wirklich im Griff habe. Außer meinem Sohn hier vertraue ich niemandem, aber er hat den Auftrag leider abgelehnt.«

»Was ist das für eine Mission?«

»Ich brauche jemanden, der mit militärischem Sachverstand eine dringende Aufklärungsmission in Syrien durchführt. Sie werden in Damaskus unsere Kontaktleute treffen und sie zu angeblichen Giftgasvorfällen begleiten. Wir wollen wissen, ob die syrische Regierung wirklich Giftgas gegen die eigene Bevölkerung einsetzt oder ob das wieder so eine CIA-Finte wie die mit den rollenden Labors im Irak ist.«

»Und da werde ich nicht einmal gefragt, ob ich überhaupt zum BND will?«

»Wozu? Solange Sie bei der Bundeswehr sind, stehen Sie unter Befehl und werden abkommandiert, wenn ich Sie anfordere. Unser geschätzter Verteidigungsminister Thürmer erfüllt mir jeden Wunsch. Und falls es Ihnen bei uns gefallen sollte, stelle ich Ihnen eine Festanstellung für besondere Aufgaben beim BND in Aussicht. Gute Leute sind im Geheimdienst rar. Sie bekommen ein besseres Gehalt nebst Gefahrenzulage. Und Sie kriegen Aufträge, die Ihren Talenten entsprechen. Ich wage sogar zu behaupten, dass es niemanden im BND gibt, der mit spannenderen Aufgaben rechnen darf.«

»Spannende Aufgaben … Im Geheimdienst? Ich weiß nicht …«

»Sie können nach Ihrer Syrienmission natürlich auch weiterhin am Arsch der Welt Munitionsdepots bewachen, wenn Sie das interessanter finden.«

Ellen nahm ihren Sohn auf den Schoß und schnallte sich an. »Sie fangen noch heute an. Wir nehmen Sie jetzt direkt mit nach Italien. Auf der Air Station Sigonella in Sizilien essen wir drei nachher noch schön ein Eis, und heute Abend geht es für Sie mit dem Boot weiter nach Syrien. Bitte schalten Sie jetzt Ihre elektronischen Geräte aus, bis die Anschnallzeichen erloschen sind. Soll ich für Sie das Programm mit den Notausgängen und den Schwimmwesten machen?«

»Bringen Sie mir denn auch Tomatensaft an den Platz?«

»Wenn es sein muss, auch das.«

45

In der riesigen BND-Zentrale in der Berliner Chausseestraße
war ein Candle-Light-Dinner für zwei Personen aufgebaut. Das
260 000 Quadratmeter umfassende Gebäude mit nicht weniger
als 4 000 Büros war das bislang größte öffentliche Bauprojekt in
Deutschland. Für das kommende Jahr war in der achtstöckigen
Aula die Eröffnungszeremonie des milliardenschweren Baus geplant. Heute Abend allerdings stand in der Mitte der abgedunkel-
ten Halle nur ein einziger Tisch, an dem Ellen ihren Vorgänger
angemessen verabschiedete. Serviert wurde Tandoori-Hähnchen
nebst indischem Wein, da Fricke ihr von seinen Botschafterplänen
für Indien erzählt hatte. Im Kontrast hierzu hatte sie als Hinter-
grundmusik Tangostücke ausgewählt, denn die BND-Präsidentin
schuldete ihrem Vorgänger noch einen Tanz.

»Am meisten schmerzt mich, dass ich jetzt vom Informationsfluss abgeklemmt bin«, jammerte Fricke. »Das mit den Geheimnissen, das macht schon irgendwie süchtig. Es frustriert, wenn
man die Nachrichten aus den Medien erfährt und sich dann die
Wahrheit daraus selbst zusammenreimen muss. Was mich derzeit
am meisten überrascht, ist die Tatsache, dass es ja nun doch nicht
zu einem Waffengang der Amerikaner in Syrien gekommen ist.
Normalerweise werden solche Sachen von US-Thinktanks lange
vorher beschlossen, und dann suchen sich die Amerikaner nur
noch einen Vorwand, um loszuschlagen. Beim Irak waren ja ausgerechnet wir dumm genug, ihnen eine Räuberpistole zu liefern.
Diese angeblichen Giftgasangriffe in Syrien scheinen nun wohl
doch nicht plausibel genug zu sein.«

»Nein, diesmal hat wohl jemand den amerikanischen Freunden ihren Kriegsgrund nachhaltig zerstört. Irgendein Geheimdienst hatte einen fähigen Mann vor Ort, der die Geschichte mit

dem angeblichen Giftgasangriff aus erster Hand widerlegt hat. Und daher mussten die großen Krieger halt ihre Flugzeugträger wieder umdrehen und sich andere Gegner suchen. Aktuell soll ja Venezuela im Angebot sein.«

»Ellen, Sie werden langsam noch zynischer als ich. Genießen Sie das ›Große Spiel‹, wie Rudyard Kipling es nannte?«

»Allerdings! Das ›Große Spiel‹ ist deutlich reizvoller als die Inlandsüberwachung.«

»Aber auch in Ihrer ehemaligen Behörde gibt es ja sehr spannende Dinge. Wenn ich mir die Ereignisse rund um die Delius-Entführung ansehe, habe ich allerdings so einige Fragezeichen. Machen wir uns nichts vor: Eine neue RAF oder was auch immer am linken Rand gibt es nicht, so viel steht fest. Irgendwas muss auch im Kanzleramt vorgefallen sein. Ich habe in den letzten Tagen meiner Amtszeit deutlich mitgekriegt, dass es kein ernsthaftes Interesse gab, die Sache mit dem Mord wirklich aufzuklären. Das erinnert mich alles stark an den Eiertanz mit dem NSU.«

»Lieber Jens, Sie werden verstehen, dass ich das Thema nicht weiter vertiefen kann.«

»Natürlich! Haben Sie mit einem alten neugierigen Mann keine Nachsicht? Dann bin ich jetzt ja wohl so eine Art renitenter Krawallrentner, oder?«

»Aber nein, Sie wollten doch aktiv bleiben und sich ja noch als Botschafter bewerben. In Indien. War es nicht so?«

»Ja, Indien, ganz genau!«

»Soweit ich weiß, haben Sie sich aber noch gar nicht für Indien oder eine andere Botschafterposition beworben … War es damit denn nicht so dringend?«

»Man kommt einfach zu nichts! Die ganzen Verabschiedungen, Sie kennen das ja.«

»Wird denn die Bundesregierung Ihre Nebentätigkeiten genehmigen?«

»Nebentätigkeiten? Was meinen Sie damit?«

»Mir liegen Informationen vor, dass Sie bei diversen Firmen für den Aufsichtsrat anheuern. Rüstungsfirmen, die zufällig in Krisengebiete liefern und langjährig von der Abdeckung solcher Geschäfte durch den BND profitiert haben. Dass Sie da jetzt plötzlich etwas dazuverdienen, ist sicher eine völlig spontane Entscheidung, oder?«

»Die Angebote kamen in der Tat überraschend!«

Ellen lächelte provokant.

»Liebe Ellen, das sehen Sie falsch. Sie konstruieren da Zusammenhänge ... Also wirklich, was denken Sie von mir?«

»Dann bin ich ja beruhigt, dass ich da falschliege ... Solange solche Interessenskonflikte bestehen, wird man Sie kaum zum Botschafter machen. Trotzdem haben Sie mir diese Indiensache aufgetischt. Was ich mich daher die ganze Zeit frage: Warum wollten Sie unbedingt so plötzlich den BND verlassen? Sie saßen doch fest im Sattel, konnten gut mit Berlin und hatten auch Ihre eigenen Leute im Griff. Warum haben Sie nicht noch zwei Jahre durchgehalten bis zu Ihrem Pensionsalter?«

Fricke lächelte. »Ach, liebe Ellen ... Wie sagte doch Bismarck? Je weniger die Leute wissen, wie Würste und Gesetze gemacht werden, desto besser schlafen sie! Mit Personalentscheidungen ist das nicht anders ...«

»Unglücklicherweise bin ich nun Europas mächtigste Geheimdienstchefin, und da bin ich halt sehr neugierig.«

»Na schön! Wissen Sie, für mich lag der Zeitpunkt auch deshalb günstig, weil ich noch ein bisschen Zeit mit meiner Frau verbringen möchte, bevor ihre Krankheiten uns das Reisen erschweren werden.«

»Ihrer Frau geht es dem Alter entsprechend blendend! Mir lag die Krankenakte vor, da sie ja Spitzenbeamtin ist. Reisen haben Sie bislang auch noch keine gebucht.«

»Sie spionieren mir nach?«

»Berufskrankheit ... Ich möchte nur verstehen: Warum war Ihnen der kontrollierte Wechsel so wichtig?«

»Nun ja, es gab auch taktische Absprachen. Wir waren alle der Ansicht, dass Sie dem BND ein schönes Gesicht geben, wie Sie es ja auch beim Verfassungsschutz geschafft haben. Dem BND stehen in den nächsten Jahren einige hässliche Enthüllungen ins Haus. Wir wissen, dass bei einigen Journalisten gerade eine Riesengeschichte in Arbeit ist, und da ist es besser, wenn der BND in dieser Zeit von jemandem geführt wird, der an alten Geschichten unbeteiligt ist. Zumal wir ja aktuell einen problematischen Koalitionspartner haben, der das Ansehen der Geheimdienste ebenfalls nicht unerheblich belastet. Sie sind sozusagen die öffentliche Geheimwaffe des BND.«

»Lieber Jens, leider habe ich das Gefühl, dass das alles noch immer nicht die ganze Wahrheit ist. Dafür war mir das alles irgendwie, nun ja, eine Spur zu arrangiert! Also, sagen Sie's doch, was war da noch?«

Fricke schmunzelte. »Es freut mich, dass der BND nun eine wirklich fähige Ermittlerin an seiner Spitze hat, die sich nicht so billig abspeisen lässt. Es gab tatsächlich ein Fernziel. Aber, liebe Ellen, Sie müssen mir versprechen, dass Sie es mir nicht verübeln werden. Immerhin habe ich Ihnen den BND zu Füßen gelegt, die interessanteste Behörde, die man in diesem Staat leiten kann. Erkennen Sie mir das an?«

»Das tue ich. Und nun machen Sie es bitte nicht so spannend!«

»Eigentlich hielt ich es für offensichtlich, sodass es meinem Ego schmeichelt, dass Sie nicht draufgekommen sind!«

Ellen wartete interessiert ab.

»Tja, um Präsidentin des BND zu werden, mussten Sie Ihren Sessel beim Verfassungsschutz räumen!«

»Ja. Ich habe mein Haus bestellt. Kommende Woche wird die Kanzlerin Höch als meinen Nachfolger bekannt geben. Sie wollen doch nicht etwa behaupten, Höch hätte meinen Wechsel betrieben?«

»Nein. Denn Höch wird es nicht werden.«

»Natürlich wird er das. Wer denn sonst?«

»Die Antwort wird Ihnen nicht gefallen.«

»Es gibt niemanden, der ernsthaft im Rennen läge.«

Fricke sah Ellen erwartungsvoll an.

»Es gibt nur Höch. Der Einzige, der für den Verfassungsschutz eine vergleichbare Kompetenz hätte, wäre Klawitter. Aber der ist ja hier in Berlin inzwischen der höchste deutsche Geheimdienstler. Das wäre ein Karriererückschritt für ihn.«

Fricke wiegte sein Haupt hin und her.

»Klawitter …«, murmelte Ellen.

»Er wollte schon immer BfV-Präsident werden, ein paar Tausender weniger auf dem Konto kratzen ihn nicht. Das BfV war sein Leben, er liebt dieses Amt und zieht es einer Karriere in Berlin vor. Zumal er dann diese Polithyänen nicht mehr um sich herum hat. Auch der Prestigewert ist höher, oder kennt irgendjemand da draußen den Geheimdienstbeauftragten der Bundesregierung?«

»Klawitter ist der Mann, der das Desaster mit dem NSU zu verantworten hatte. Er ist gewissermaßen eine lebende Altlast. Und den will Berlin zum Chef des Verfassungsschutzes machen? Dem will man Zugang zum Berner Club geben?«

»Und nicht nur das! Die Kompetenzen, die Frau Delius für ihr Heimatministerium beansprucht hatte, sollen nun direkt zum Verfassungsschutz gehen. Künftig wird damit die Terrorabwehr ohne diese ganze Kleinstaaterei effizient aus einer Hand erfolgen.«

»Das ist politisch doch völlig unrealistisch!«

»Ich fürchte, das steht bereits seit Langem fest. Wir leben in anderen Zeiten. Ich sagte Ihnen doch, dass unser werter Innenminister ein Arschloch ist! Er wollte das alles unbedingt, und Klawitter hat es ihm in die Hand versprochen. Das Kanzleramt ist einverstanden. Der Koalitionspartner ist seit Neuestem ja auch erstaunlich handzahm. Die Sache ist bereits gelaufen, man wird den Bundestag pro forma noch eine kosmetische Debatte führen lassen. Die Umsetzung wurde bereits auf der Arbeitsebene begonnen, bevor das Gesetz geändert ist.«

»Ihrem Old-Boys-Netzwerk war dieser Schachzug also meine Beförderung zum BND wert. Ich bin beeindruckt …«

Fricke antwortete mit einem verstohlenen Lächeln.

»Und vermutlich habt ihr euch auch ausgemalt, dass die Ritter der Tafelrunde des BND dann hinter meinem Rücken tun und lassen können, was sie wollen, während mir die Rolle einer Gallionsfigur zugedacht ist. So wie man es sich anfangs mit mir im Verfassungsschutz erhofft hat. Ist es nicht so?«

»Das formulieren Sie jetzt aber doch etwas sehr dramatisch!«

»So dramatisch wird es nicht.« Ellen goss Fricke Wein nach. »Ich werde nämlich Zähne zeigen und noch diese Woche mindestens drei Abteilungsleiter kaltstellen.«

Fricke verzog keine Miene.

»Der erste wird der Mann sein, der für die Abdeckung der Waffenlieferungen Ihres neuen Arbeitgebers zuständig ist. Er wird künftig die Spionageschule des BND leiten, bis er vor Langeweile von selber geht.« Ellen nahm einen Bissen und kaute genüsslich zu Ende.

»Sie tun ihm unrecht«, wandte Fricke ein, »der Kollege führt nur aus, was der Sicherheitsrat beschlossen hat.«

»Ich habe eher den Eindruck, der Bundessicherheitsrat beschließt, was der Kollege plant. Vielleicht wäre ja auch der Sicherheitsrat mal der Beobachtung wert …« Ellen nahm einen Schluck. »Und dann ist da noch ein Mitarbeiter, der für Reptilienfonds des BND zuständig ist. Der pflegt erstaunliche Kontakte zur AEP und hat die Partei offenbar zur verdeckten Parteienfinanzierung beraten. Den schicke ich in die BND-Residenz auf den Faröer-Inseln. Da kann er dann versuchen, mit braunen Schafen anzubandeln. Er wird wohl von selber kündigen, unter Verzicht auf seine Pensionsbezüge. Er weiß noch nichts von seinem Glück, aber morgen habe ich mit dem Herrn ein Arbeitsgespräch. Ein kurzes.« Ellen nahm einen weiteren Bissen. »Schließlich werde ich den Vertrag mit dieser amerikanischen Wirtschaftsberatung vorzeitig auflösen. Es bestehen massive Sicherheitsbedenken, außerdem gab es Unregelmäßigkeiten bei der Ausschreibung, die eigentlich nur durch Korruption zu erklären sind. In Verdacht habe ich einen Abteilungsleiter, der Washington wohl näher ist als Berlin. Der darf von mir aus gleich ganz über den großen Teich auswandern, hier werden seine Dienste nicht mehr benötigt.«

»Werden Sie denn fähigen Ersatz rekrutieren? Das Angebot an nachrichtendienstlichen Talenten ist rar.«

»Das wird sich finden. Loyalität und Verfassungstreue gehen mir vor. Und Typen, die ihre Sekretärinnen nach Oberweite einstellen, kommen mir so unersetzlich nicht vor.«

Fricke griff zum Weinglas. »Das ausgesprochen leckere Murgh Tandoori hat jetzt leider einen faden Nachgeschmack. Den werde ich wohl nur mit reichlich Alkohol desinfizieren können. Dieser Wein hier ist vorzüglich. Wussten Sie, dass im Klima Indiens die Reben zweimal im Jahr tragen?«

»Sie können die Flasche gerne mitnehmen. Hier im Haus herrscht ab morgen ja wieder strenges Alkoholverbot!« Ellen verkorkte die Flasche und stellte sie vor Fricke ab.

»Sie sind so gut zu mir …«

»Sie haben mich immer davor gewarnt, dass man in Berlin niemandem trauen darf …«

Fricke grinste. »Wie ich sehe, haben Sie meinen Rat beherzigt. Den versprochenen Tango lassen wir wohl besser ausfallen. Ich bezweifle, dass Sie sich leicht führen lassen … Auf die Ära Strachwitz!« Er prostete Ellen zu, leerte sein Glas, stand auf und nahm die Flasche an sich. »Und nun ist es dann wohl wirklich an der Zeit, den Geheimdienst zu verlassen.«

Fricke ließ seinen Blick über die pharaonisch gebaute Aula mit den achtstöckigen Emporen schweifen und seufzte genießerisch. »Ich finde alleine raus. Ich habe dieses Haus ja immerhin gebaut. Machen Sie es gut, liebe Ellen. Ich wünsche Ihnen eine glückliche Hand.«

Ohne Handschlag ließ er Ellen in der riesigen Halle alleine zurück.

An Frickes Platz stand noch die als Nachtisch gedachte indische Mangocreme.

Ellen lehnte sich zurück, genoss den Moment der Ruhe und starrte durch ihr Weinglas auf das Flackern einer der Kerzenflammen. Sie stellte sich vor, dass Delius am andern Tischende säße und die Mangocreme auslöffelte. Delius' warmer Blick, ihr schöner Körper und ihre charismatische Ausstrahlung, das alles vermisste Ellen sehr. In diesem einsamen Haus der staatlichen Geheimnisse war für ihr eigenes kein Platz.

Sie seufzte, leerte ihr Glas und blies die Kerzen aus.

Übersicht über staatliche Organisationen und Ämter, die in diesem Roman vorkommen:

Bundespräsidialamt

Bundestag

> Parlamentarisches Kontrollgremium (PKGr): ständiger Untersuchungsausschuss aus Abgeordneten aller Parteien. Zuständig für Überprüfung der Arbeit der Geheimdienste.

Bundessicherheitsrat (BSR): aus dem Kabinett gebildeter Ausschuss zur Entscheidung über Kriegswaffenexporte, arbeitet überwiegend geheim und ohne parlamentarische Kontrolle. Gegründet 1955 als Bundesverteidigungsrat.

Bundeskanzleramt (BKAmt)

> Chef des Bundeskanzleramts (ChefBK) und Bundesminister für besondere Aufgaben: zuständig u. a. für Aufsicht über die Abteilung 7 (Geheimdienste).

> > Beauftragter für die Nachrichtendienste des Bundes (Geheimdienstbeauftragter): faktisch nationaler Geheimdienstdirektor, weisungsberechtigt gegenüber BND.
> > (Bis 2014 war ChefBK gleichzeitig Geheimdienstbeauftragter.)

Bundesnachrichtendienst (BND): Auslandsgeheimdienst. Zuständig für die Beobachtung des Auslands mit nachrichtendienstlichen Mitteln. Gegründet 1956 als Nachfolger der informellen Organisation Gehlen. Sitz ursprünglich in Pullach bei München, seit 2019 in Berlin-Mitte.

Koordinator der Nachrichtendienste des Bundes (Geheimdienstkoordinator): berichtet dem ChefBK und dem Geheimdienstbeauftragten über BfV, BKA, BND, KdoStratAufkl und MAD.

Bundesministerium des Innern, für Bau und Heimat (BMI): gegründet 1879 als Reichsamt des Innern, Sitz in Berlin. Seit 2018 neuer Geschäftsbereich Heimat.
(Die Herauslösung eines eigenständigen Heimatministeriums im Roman ist fiktiv.)

Bundesamt für Verfassungsschutz (BfV): Inlandsgeheimdienst. Zuständig ursprünglich zur Abwehr kommunistischer Einflüsse, heute zur Bekämpfung politisch motivierter Kriminalität wie Spionage, Terrorismus und Extremismus. Gegründet 1950, Sitz in Köln, Zweigstelle in Berlin-Treptow.

Bundeskriminalamt (BKA): Polizeibehörde. Zuständig u. a. für Ermittlungen gegen Terrorismus und Organisierte Kriminalität, arbeitet mit nachrichtendienstlichen Methoden. Gegründet 1951, Sitz in Wiesbaden.

Sicherungsgruppe (SG): zuständig u. a. für Personenschutz von Regierungsmitgliedern. Gegründet 1950 als Reaktion auf Paketbomben als Sicherungsgruppe Bonn. Wurde 1968 während der Spiegel-Affäre vom Verteidigungsminister zur Besetzung einer Redaktion eingesetzt. Sitz seit 1999 in Berlin-Treptow.

Bundespolizei (BPOL): ursprünglich als Bundesgrenzschutz und Bahnpolizei gegründete Polizei des Bundes. Zuständig u. a. für Schutz von Bahn, Grenzen und Verfassungsorganen. Neugegründet 2005 als Bundespolizei.

> Grenzschutzgruppe 9 (GSG 9): Elitespezialkommando zur Terrorbekämpfung. Gegründet 1972 als Reaktion auf den Terror bei den Olympischen Spielen, Sitz in St. Augustin.

> Beweissicherungs- und Festnahmeeinheit der BPOL (BFE+): Polizei zur Entlastung der GSG 9 u. a. bei Terrorlagen. Gegründet 2015, Sitz in Potsdam.

Bundesamt für Sicherheit in der Informationstechnik (BSI): zuständig zur präventiven Förderung der Informations- und Cyber-Sicherheit, um den sicheren Einsatz von Informations- und Kommunikationstechnik zu gewährleisten. Hervorgegangen aus der Zentralstelle für Sicherheit in der Informationstechnik des BND. Gegründet 1991, Sitz in Bonn.

Bundesministerium der Verteidigung. Gegründet 1955, Sitz in Bonn und Berlin.

> Einsatzführungskommando der Bundeswehr (EinsFüKdoBw): zuständig für Planung und Führung der Auslandseinsätze der Bundeswehr. Gegründet 2001, Sitz in Geltow bei Potsdam.

> Kommando Strategische Aufklärung (KdoStratAufkl): zuständig für Informationsbeschaffung für die Bundeswehr aus dem Ausland. Gegründet 2002, Sitz in Grafschaft bei Ahrweiler.

Bundesamt für Militärischen Abschirmdienst (BMAD/ MAD): zuständig für den Schutz von Einrichtungen der Bundeswehr, insbesondere zur Sicherheitsüberprüfung von Soldaten und deren Umfeld, arbeitet mit nachrichtendienstlichen Methoden. Gegründet 1956, Sitz in Köln.

Bundesakademie für Sicherheitspolitik: ressortübergreifende Weiterbildungsstätte für Sicherheitsbehörden. Gegründet 1992, Sitz in Berlin-Pankow.

Bundesheer: Teilstreitkraft.

Kommando Heer (Kdo H): Stabsstelle. Gegründet 2012, Sitz in Straußberg.

Kommando Spezialkräfte (KSK): Eliteeinheit, ursprünglich konzipiert zur Befreiung und Evakuierung von Deutschen im Ausland. Faktische Aufgabe sind militärische Einsätze vor und hinter feindlichen Linien. Gegründet 1996, Sitz in Calw.

Bundesmarine: Teilstreitkraft.

Seebataillon: zuständig u. a. für Kommando Spezialkräfte der Marine und Kooperation mit niederländischer Marine. Gegründet 2014, Sitz in Eckernförde.

Bundesluftwaffe: Teilstreitkraft.

Feldjäger: Militärpolizei.

Bundesländer

Landesinnenministerien

Landespolizei

Landeskriminalämter (LKA): Ermittlungsbehörden, zuständig u. a. für Staatsschutz zum Zweck der Strafverfolgung, arbeiten mit nachrichtendienstlichen Methoden.

Landesämter für Verfassungsschutz: Inlandsgeheimdienste, zuständig u. a. für Staatsschutz zum Zweck der Ermittlung.

Sondereinsatzkommandos (SEK): Spezialeinsatzkommandos für Festnahmen, Geiselbefreiung und Terrorlagen.

Gemeinsames Antiterrorzentrum (GTAZ): Kooperations- und Kommunikationsplattform von 40 nationalen Behörden aus dem Bereich der inneren Sicherheit, welche die Zusammenarbeit von Polizei und Geheimdiensten gegen islamistischen Terrorismus koordiniert. Gegründet 2004 in Reaktion auf die mangelhafte Beobachtung der Hamburger Terrorzelle, Sitz in Berlin-Treptow.

Gemeinsames Extremismus- und Terrorismusabwehrzentrum (GETZ): Arbeitskreis von über 40 Bundes- und Landesbehörden zur Abwehr von Rechtsextremismus, Linksextremismus, Ausländerextremismus und Spionage. Gegründet 2012 als Reaktion auf die mangelnde Koordinierung der Beobachtung des Nationalsozialistischen Untergrunds (NSU), Sitz in Köln.

Europäische Agentur für die Grenz- und Küstenwache (FRONTEX): Agentur für die operative Zusammenarbeit der EU-Mitgliedstaaten im Bereich des Schutzes der EU-Außengrenzen. Gegründet 2004, Sitz in Warschau.

Europäisches Polizeiamt (Europol): Polizeibehörde zur Koordination der Bekämpfung grenzüberschreitender Organisierter Kriminalität und Terrorismus. Gegründet 1999, Sitz in Den Haag.

European Counter Terrorism Centre (ECTC): Europäisches Koordinationszentrum zur Abwehr vor allem islamistischen Terrorismus. Gegründet 2016.

Berner Club: informeller Zusammenschluss der Präsidenten westlicher Inlandsgeheimdienste, die einander unbürokratisch und unkontrolliert unterstützen. Gegründet 1969 als Reaktion auf die linken Studentenbewegungen.

Counter Terrorism Group (CTG): Als Reaktion auf 9/11 länderübergreifend eingerichtetes informelles nachrichtendienstliches Gremium für Bedrohungsanalysen für führende Politiker auf EU-Ebene. Gegründet 2001.

EU Intelligence Analysis Centre (INTCEN): inoffizielle Behörde zur Erstellung von nachrichtendienstlichen Bewertungen unter Heranziehung aller Informationsquellen. Gegründet 2003, Sitz in Brüssel.

Central Intelligence Agency (CIA): Auslandsgeheimdienst der USA. Zuständig für die nachrichtendienstliche Beobachtung des Auslands sowie Durchführung verdeckter militärischer Operationen und Liquidationen durch eigene Spezialeinheiten und bewaffnete Drohnen. Gegründet 1947 in Washington, seit 1950er Jahren Sitz in Langley, Maryland.

National Security Agency (NSA): Abhörgeheimdienst der USA. Zuständig zur Sammlung und Dechiffrierung von Signalen. Gegründet 1952, Sitz in Fort Meade, Maryland.

Five Eyes Club: enge Kooperation der Abhörgeheimdienste von ursprünglich USA und Großbritannien mit denen von Kanada, Australien und Neuseeland. Gründung 1946.

Direction Générale de la Sécurité Extérieure (DGSE): französischer Auslandsgeheimdienst. Neugründung 1982, Sitz in Paris.

Bezpečnostní informační služba (BIS): tschechischer Inlandsgeheimdienst. Gegründet 1993 in Prag.

Koninklijke Marine: Seestreitkräfte der Niederlande. Gegründet 1488.

Historische halbstaatliche Organisationen, die im Roman vorkommen:

Schwarze Reichswehr: verdeckte paramilitärische Organisationen, mit denen die im Versailler Vertrag festgelegte Begrenzung der Reichswehr auf 100000 Mann unterlaufen wurde. Gegründet in den 20er Jahren, aufgelöst bzw. aufgegangen in der Sturmabteilung (SA) 1933.

Brandenburger/Division Brandenburg: Spezialkommando des militärischen Geheimdienstes von Reichswehr und Wehrmacht. Zuständig u.a. für geheime Kommandosachen und Täuschungsoperationen zwischen 1939 und 1945.

Stay Behind: Ursprünglich von US-Militärgeheimdiensten und später vom BND heimlich ausgebildete Zivilisten, die im Falle eines Überfalls als Partisanen im Hinterland sabotieren sollten. Gegründet 1946, aufgelöst 1991.

Organisation Gehlen: US-amerikanischer Geheimdienst mit deutschem aus Waffen-SS und Wehrmacht rekrutierten Personal, der gegen kommunistische Einflüsse im In- und Ausland operierte und verdeckte Wiederbewaffnung anstrebte. Gegründet 1946, umgewandelt 1956 zum BND, Sitz in München.

Schnez-Truppe: Geheimarmee ehemaliger Offiziere von Waffen-SS und Wehrmacht. Gegründet 1949, aufgegangen in der Bundeswehr 1955.

Bund Deutscher Jugend (BDJ) mit geheimer Unterorganisation Technischer Dienst: antikommunistischer Verein zum Training von Partisanenkriegern, verdeckt finanziert von US-Geheimdiensten. Gegründet 1950. Als verfassungswidrige rechtsextreme Organisation verboten 1953.